中國學術思想 研究輯刊

二八編
林慶彰 主編

第 10 冊

周海門哲學思想研究

代超 著

花木蘭文化事業有限公司

國家圖書館出版品預行編目資料

周海門哲學思想研究／代超 著 — 初版 — 新北市：花木蘭文
化事業有限公司，2018〔民 107〕

目 2+214 面；19×26 公分

（中國學術思想研究輯刊 二八編；第 10 冊）

ISBN 978-986-485-482-0（精裝）

1.（明）周汝登 2. 學術思想 3. 陽明學

030.8　　　　　　　　　　　　　　　　107011431

ISBN-978-986-485-482-0

9 789864 854820

中國學術思想研究輯刊

二八編 第 十 冊　　　　　ISBN：978-986-485-482-0

周海門哲學思想研究

作　　者　代超
主　　編　林慶彰
總 編 輯　杜潔祥
副總編輯　楊嘉樂
編　　輯　許郁翎、王 筑　美術編輯　陳逸婷
出　　版　花木蘭文化事業有限公司
發 行 人　高小娟
聯絡地址　235 新北市中和區中安街七二號十三樓
　　　　　電話：02-2923-1455 ／傳眞：02-2923-1452
網　　址　http://www.huamulan.tw 信箱 hml810518@gmail.com
印　　刷　普羅文化出版廣告事業
封面設計　劉開工作室
初　　版　2018 年 9 月
全書字數　178329 字
定　　價　二八編 12 冊（精裝）新台幣 22,000 元

周海門哲學思想研究

代超 著

作者簡介

代超，男，1982 年生，2004 ～ 2006 年就讀於中國人民大學西方哲學專業，獲西方哲學碩士學位。2006 ～ 2010 年就讀於北京大學儒臧編纂與研究中心，獲中國哲學博士學位。

提　要

　　周海門繼承王陽明、王龍溪一脈的思想，以良知心體爲核心構建其哲學思想。首先周海門以爲心爲萬物的本原。此一思想並非是以心爲本原生成宇宙萬物。而是指只有通過心體的感知作用，世界萬物才被揭示爲存在。同時，周海門還強調心體的意向性作用賦予存在物以道德、審美的價值，是對王陽明「心外無物」思想的進一步擴展。

　　周海門的心學思想來自於王龍溪，爲了維護王龍溪「心體之無善無惡」的思想，提出生命主體在道德實踐時，心體自然感應萬物而呈現道德價值，「心體之無善無惡」所體現的是心體周流萬物而不滯的道德境界，他不僅以「無善無惡」爲道德的圓熟境界，同時也解讀爲人的本性是無善無惡的。

　　周海門的修養理論與王龍溪一脈相承，強調即本體爲工夫的修養理論，並且引用禪宗參禪之法來徹悟良知本體，在一念之微上做爲善去惡的工夫。周海門強調生命的眞實感悟，在實踐中理解道德理論的眞實內涵，反對在思維上對道德理論作辨析。

　　周海門的思想也深深地受到佛教的影響。他認爲儒佛之心同，但是因爲不同的因緣條件呈現不同的形式，不能根據二者形式上的矛盾而相互攻擊。故而儒不應排斥佛教，但是也不必捨儒而入佛。佛教不必攻擊儒家，也無需捨佛而入儒。

目

次

導　論

一、歷史背景

　　周汝登，字海門，爲王陽明的再傳弟子。周海門之學是陽明學的進一步開展，是對王陽明心學的進一步闡釋。因而，周海門之學在學術界被納入陽明後學之列，陽明學與陽明後學作爲一種學術思潮，在明代中晚期成爲影響社會政治、文化、重要力量之一，是中晚明思想界最具影響力的學術思想。黃宗羲的《明儒學案》一書，收列有明一代儒家各學派學者的生平與思想，其中，陽明心學一系的學者占去極大篇幅，雖然黃宗羲身爲陽明心學的門人難免有重視師門之嫌，然而陽明學的興盛也是不爭的事實。陽明學的產生與興盛，固然與王陽明本人在哲學思想上的造詣、個人的人格魅力及卓越事功有關，但同時與當時的時代背景有極大的關係〔註1〕。

　　依照唐君毅先生的說法，陽明之學是承朱熹而來〔註2〕。唐先生所論是也，然而陽明學之興起，除從義理學意義上的朱熹之學轉進外，還是從不滿於作爲官方意識形態的朱熹學轉出而來。

　　王陽明出生於明憲宗成化八年（1472 年），卒於明世宗嘉靖七年（1528

〔註1〕錢穆：《王守仁》：「任何一家學說，無論他怎樣地創闢，怎樣地偉大，他終免不了時代的色澤，擺不脫共同潮流的趨勢。」商務印書館 1947 年第四版，第20 頁。

〔註2〕唐君毅：《中國哲學原論·原教篇》：「陽明之學，世皆謂其承陸學，……然自細處看，則陽明之學，雖歸宗近象山，其學之問題，則皆承朱子而來；其立義之精處，正多由朱子義，轉進一層而致。」中國社會科學出版社，2006 年12 月第 1 版，第 187 頁。

年）。在王陽明的這個時代，從國家的主流意識形態來說是朱子學。朱子學是南宋朱熹的學術思想，朱熹是宋代理學的極大成者，他吸收北宋周敦頤、程顥、程頤、張載等人的思想，建構了一個龐大的義理系統。從朱熹本人的思想傾向來看，他比較追求一種秩序的建立，這種秩序包含了思想史的秩序、自然世界的秩序以及個體生命道德生活的秩序。思想史的秩序建立是指儒家道統的建立，儒家道統的觀念由唐代韓愈提出，至朱熹的《伊洛淵源錄》編成，儒家道統的譜系才算真正完成，對《四書》的推崇意味著朱熹確立了從孔子、曾子、子思以至孟子這個先秦儒家的思想譜系，並進而通過對四書的注解與闡釋來完成這個思想譜系所代表的核心價值與標準，並以此標準來衡量這個思想譜系往後的傳承人物，從而確立一個自先秦孔子至宋代的一個儒家思想的正統體系，由此確立他心中儒家思想的邊界，並進而區分異端。對自然世界秩序的探索表現為朱熹以「理」、「氣」為核心概念所構建的一個形而上學的宇宙論系統，以「理一分殊」的思想來說明萬物之理的個別性及統一性。「理在氣先」體現「理」的優越性及其重要地位。因而，在朱熹的思想中，人所面對的自然世界是一個由理所規範的系統。對於個體生命，朱熹與傳統儒家一樣重視個體的道德，然而朱熹更加重視個體生命的道德規範，個體生命之性為天所賦予，故而，性即是理，天命之性無不善，但是性發為情則有善有惡，性與情統於心，故生命個體的心靈活動會有善惡之分，因而生命個體要通過對客觀的理的學習使得內心的活動及身體行為要合於理的規範。作為形而上的理在人們的經驗生活中便成為客觀的、普遍的、具有極強約束性的道德價值與規範。朱熹除了在哲學上凸顯理的客觀性以規範生命個體的生活秩序外，在實踐層面上，朱熹在司馬光《溫公家禮》的基礎上編著《朱子家禮》，以作為人們生活中重要活動的規範。可以說，朱熹無論在哲學上還是在現實實踐中都試圖為整個社會生活找到一個合於理的秩序，不僅在思想上確立儒家的秩序，還將人們的日常生活納入儒學的規範。因而，朱子學具有強烈的確立自然、生活秩序的特徵。

朱子試圖通過道統的建立來約束正統，來實現其政治的理想。朱子學在開始並沒有受到統治者的親睞，反而受到政治上的打擊。直至宋寧宗嘉定二年（1209 年），朝廷賜朱熹諡曰文，標誌著朱熹之學得到官方的正式承認，此後朱熹的地位在南宋朝廷的褒獎下不斷上升。宋理宗寶慶三年（1227 年），朝廷追封朱熹「太師」、「信國公」，並從祀孔廟。宋理宗淳祐元年（1241 年）。

朝廷追封周敦頤、程顥、程頤、張載並從祀孔廟,「理宗幸太學以御製道統十三贊賜國子監」〔註3〕。至此,朱熹所列的儒家道統爲官方正式確認,標誌著朱子學從民間書院的講學進入到國家政治權力中心,成爲官方的主流意識形態和讀書人科舉的內容。

在南宋,朱子學還未與官方的科舉制度掛鉤,成爲科舉取仕的標準,則朱子學還能保持其自由思想與非功利的維度,學者對於朱子學的信奉仍然來自於其內心對朱子學的眞實體悟,故而,朱子學還未完全成爲僵化的意識形態和進入科舉的工具〔註4〕。

然而,元滅南宋,朱熹的學說並沒有因爲南宋朝廷的滅亡而失去其地位,反而在新的朝廷中獲得更高的地位。元仁宗皇慶二年,「程鉅夫建言經學當主程頤、朱熹傳注,文章宜革唐宋宿命,鉅夫草詔行之,詔以科舉取士」〔註5〕,四書成爲元朝科舉取士的課本,而朱熹的《四書章句集注》成爲參考書〔註6〕。這樣,朱子學便與讀書人做官獲得權力結合起來,思想與權力形成了直接的聯繫,朱子學便關聯到無數讀書人的利益。這樣,對於很多讀書人來說,朱子學只是他們科舉考試獲得政治權力的工具,與個體對知識與道德的追求無關。因而,當朱子學越來越爲讀書人所重視時,朱子學反而失去了活力,只是淪爲獲得權力的工具,朱子學對現實政治的批判性以及所體現的生命的超越性便蕩然無存。故而,在元代,便沒有出現在朱子學上有很高造詣的人,朱子學也沒有新的發展,而是在與政治權力的結合中淪爲僵化的教條。

〔註3〕　(日)今關壽麿編撰:《宋元明清儒學年表》,2002年4月第1版,北京圖書館出版社,第54頁。

〔註4〕　葛兆光:《中國思想史》卷二:「儘管南宋後期理學已經從邊緣走向中心,在理宗以後逐漸得到官方的認可,可是,畢竟沒有成爲制度。換句話說,由於程朱理學的知識與科舉仕進的前途之間,還沒有形成制度化的鏈接,所以基本上它還是一種自由的知識和思想,信仰者只能由自己的理解來保證自己對這種知識思想的信服,因而反過來,這種知識與思想則在這種自由心情的支持下,擁有轉變和超越的可能性。」復旦大學出版社2000年12月第1版,第390頁。

〔註5〕　(日)今關壽麿編撰:《宋元明清儒學年表》,第73頁。

〔註6〕　容肇祖:《明代思想史》:「元仁宗皇慶二年(1313年)詔行科舉,定條例,第一場爲明經經疑二問,自《四書》內出題,並用《朱熹章句集注》。經義道,各治一經,《詩》以朱熹爲主,《尚書》蔡沈爲主,《周易》以程頤爲主,《春秋》用三傳及胡安國傳,《禮記》用古注,這是明代科舉制度的先導。」上海開明書店,1941年第1版,第1頁。

元滅明興，朱子學仍然得到明朝廷的認可，沿襲其在元朝廷中的地位，明代科舉制仍然以朱子學為標準〔註7〕。知識與思想並沒有因為新朝廷的建立而獲得新的自由空氣，反而是權力進一步宰制了思想，規定了思想的界限。值得注意的一個事件是明太祖朱元璋因不滿《孟子》中一些有損君主絕對權威的思想，刪節《孟子》八十五條，不以之作為科舉取士的內容，並且除去孟子配享孔子的地位。作為明代開國之君對思想的控制於此可見。明成祖永樂十三年（1415年），詔令胡廣等人修成《四書大全》、《五經大全》、《性理大全》，以使人「家孔孟而戶程朱」。《五經大全》抄錄元人著作，墨守程朱理學，毫無思想價值。顧炎武沉痛地指出：「自八股行而古學棄，《大全》出而經說亡。」而《性理大全》以周敦頤、程顥、程頤、張載、朱熹等人的性理之書類聚成編。這些書的編成確定了士人平常閱讀的內容以及理解的方式。程朱理學客觀化的理經過整治的意識形態化形成具有政治權威的教條，並且賦予這些政治教條以合法性、普遍性與絕對性。

而在統治階級內部，一方面以程朱理學的天理要求民眾與讀書人；另一方面統治階級爭奪權力的鬥爭卻十分激烈。朱元璋時期對開國功臣的大肆殺戮，連明初文壇領袖的宋濂幾未能幸免。朱棣以臣子身份篡奪姪子建文帝的皇位，並且將反對其篡位的方孝孺株連十族，此一事件使許多堅持儒家忠孝觀念的士大夫被殺害。故而，作為統治者一方面是大力提倡忠孝仁愛等儒家的價值，另一方面自身卻殘忍好殺，對堅持儒家道德價值的讀書人施以壓迫甚至殺害。這樣一種強烈的反差使得明代程朱學成為虛偽的政治教條和意識形態，失去了其自身本具的長養人們的心靈、導正社會政治秩序的能力。

正是在這樣一個被禁錮的政治、思想環境之下，人的主體性被剝奪，只是在理的規範下生活。然而，並不是所有的讀書人都滿足於理論與內在生命相分離的局面。王陽明之前的一些儒家學者重視篤實地實踐儒家的道德價值，而個體的實踐最重要的是內心對道德理論的真實感悟與信仰，因而，「心」的作用在發動〔註8〕，人的主體性以及在道德實踐中的內心感受在不

〔註7〕（清）張廷玉等撰：《明史·選舉志二》：「科舉者，沿唐宋之舊，而稍變其試士之法，專取四子書及《易》、《書》、《詩》、《春秋》、《禮記》五經命題。……《四書》主朱子《集注》，《易》主程《傳》、朱子《本義》，《書》主蔡氏《傳》及古注疏，《詩》主朱子《集傳》，《春秋》主左氏、公羊、穀梁三傳及胡安國、張洽傳，《禮記》主古注疏。」《明史》第24冊，中華書局1974年4月第1版，第7276頁。
〔註8〕葛兆光：《中國思想史》卷二第407頁：「雖然在很長時間裏，這種被限制的

斷被凸顯。如吳與弼雖然秉承程朱之說，未有所創見，但是其篤實的道德實踐著實令人感動，讀《吳康齋先生語》，其中沒有大講程朱理學的思想概念，反而大量描述自己在日常生活中內心道德與欲望的矛盾、交戰以及自我的剖析與反省，少空洞之教條而多眞實之感悟。陳白沙雖然從吳與弼學習，於古聖賢垂訓之書，無所不讀，但終究不能入。當他回到家鄉，捨棄書冊經典，惟在靜坐，其學便於靜坐中養成，故而，陳白沙之學乃是自得之學。從這裡，我們可以看出，在王陽明之前，已經有突破程朱之學的暗流湧動，只是還未形成大的氣勢。而至王陽明出現，入於朱子學，不滿於朱子學並從朱子學轉出，針對朱子學的問題提出「心外無理」、「知行合一」、「致良知」等思想主張，強調自己的良知本體是道德價值的源泉和標準，打破了政治對道德的宰制與壟斷，僵化的道德教條不再具有絕對的權威，每個生命個體的內在良知才是裁判者。人們對知識不只是道理上的辨析與簡單的接受，而是要在踏實的實踐中獲得對道德理論的眞實理解。因而，人們不應該沉溺於對經典的純粹思辨與討論中，而是應該在實踐中獲得眞知。

　　生命主體的凸顯成爲王學最重要的特點，具有主體性活動的心體代替具有客觀理體特徵的性體成爲王學的核心概念。強調客觀秩序的理氣論漸漸褪色，代之以王陽明強調主體性的心性論。張學智教授在其《明代哲學史》的導言中對此有過說明：

　　　　明代學術的主流是理學。明代理學的一個特點是理氣論的褪色，心性論成爲思想家的學說重心。這是因爲，經過宋元諸大儒的推闡，理學發展到爛熟，越來越成爲一種價值性學說，探究萬物的終極實在已經變成了實證問題而逐漸居於人們視域的次要位置。理氣問題已經沒有多少繼續深入挖掘的空間，而心性問題代表著哲學家對人的本質、對人與宇宙的關係的根本理解。〔註9〕

　　在王陽明的心性論中，最重要的是強調儒家的道德價值內在於心，而非在心所對的事物中，而心的實踐活動本身就是內在儒家道德價值在具體經驗世界的呈現。

　　陽明學的出現糾正了已經僵化的朱子學對社會思想與精神的鉗制，爲社

　　實踐主體果眞慢慢地淹沒在浩繁的經典注釋中，然而到了明代以後，一批重視篤實踐履的儒者漸漸開始突顯『心』的意義。」

〔註9〕張學智：《明代哲學史》，北京大學出版社2000年11月第1版，第1頁。

會的學術、精神風貌注入新的活力，並由於王陽明的四處講學及其傑出的人格魅力與赫赫戰功，王陽明之學終於形成巨大的潮流，造成了明代中期至晚期這一段王學運動。周海門作為王陽明的再傳弟子，自然也受到王學思潮的影響，其思想也是沿著王陽明所開闢的道路，往下接著走下去。

二、研究意義

周海門作為王陽明的再傳弟子，雖然是承襲王陽明的思想，但是同時周海門對王門心學有了進一步的推動。周海門的心學思想有其自身的特徵。

陽明心學是明代心性論的代表，它取代朱子學在明代中後期成為明王朝的主流思想。但是，我們同時也應看到陽明學並未完全滌除超越主體之外的形而上的實體，或者說，陽明並未有意識地去對傳統哲學中形而上學的實體概念去做主體性的闡釋，如對「天」、「太極」的概念。

然而，周海門作為王陽明的再傳弟子，在突出主體性方面相對於陽明更進了一步。這表現為在形而上學方面，太極這個實體概念本身用以說明宇宙的生成。而周海門以「太極」為心，進而說明心為萬物的本原，所謂本原並非是指萬物由心生成，而是說世界被心的活動揭示為森羅萬象的存在。在解釋傳統哲學「天」這個重要概念時，周海門消除了「天」作為形而上超越實體的意義，將「天」解釋為「自然而有」，進而將「天命之性」理解為人之性是自然而有，本自存在，並不是從形而上學的天那裡獲得，從而「天」這個客體性的形而上學的內涵消除，心性主體從而獲得了最基礎的地位，不再受形而上的天道的制約。周海門還否定了氣質之性的存在，從而否定了人為惡的客觀原因，提出人為惡是因為人陷溺於外境。從以上來看，周海門哲學完全清除了以前宋明理學家思想中主體之外形而上學的實體概念，完全以心體出發建立其哲學系統。可以說，相比於陽明，周海門將心性的主體性推進到更遠，這是周海門心學的第一個重要特點。

周海門哲學思想的第二個重要特點是其心性善惡理論。在儒學史上，從孔子以來，不同的思想家對人性的善惡問題都有不同的見解。如在很多理學家看來，孟子是提倡人性本善。而荀子認為人性惡，善是偽，漢代思想家揚雄認為人性是善惡混。這基本代表了儒學人性論的三種重要觀點。而周海門對孟子學說進行了重新闡釋，提出性是無善無惡而心有善有惡，他對儒學史上以上三種人性論進行了評述，以為性善、性惡或者性善惡混都如盲人摸象，

只知心性論之一隅，而不見心性論之全體。另外，爲了調和無善無惡與善之間的衝突，周海門引用前人的思想提出心性之無善無惡即是無對之善，以從正面肯定善的價值。這是周海門哲學的第二個重要特點。

第三個重要特點是周海門對其師王龍溪的無善無惡之說的進一步倡導和詮釋，他與許孚遠關於性無善無惡與性善的論戰成爲哲學史上的一個重要公案。周海門哲學重視直接從心體的活動狀態去建構。如在對性善惡的問題上，周海門以爲善惡是已發時心體所呈現出的道德價值，而徇心體已發往前推究，心體自身是寂然而無形相的，因而是無有善惡的對待分別的，周海門以「無」這個存有狀態的概念來描述心體未發時的狀態，故周海門以心性是無善無惡，只有在發出時，才有善惡的價值規定。在道德實踐上，周海門與龍溪一樣，強調即本體而工夫的境界形態，強調實踐時心體自由而發的狀態。這樣，周海門強調無善無惡，是指道德實踐主體在其行爲實踐中，心體自然活動，而主體不做善惡之想。因而，周海門更強調道德實踐時心體自然實現道德價值的自由、自發狀態，重視圓熟形態的道德境界，不太強調道德價值作爲一種客觀的規範在人的道德實踐中的作用。這是周海門哲學的第三個特點。

周海門哲學的第四個特點是周海門在道德修養上的獨特性。周海門繼承龍溪修養理論的特點，以本體工夫作爲其道德修養的主要手段，它強調以悟心體爲主宰，在心體所發的最初一念中淨除惡念，這樣在現實的生活中綿密實踐，最終使得心體的作用完全合乎於道德，即是時時爲聖人。另外，周海門提出的修養理論有其自身的特點，如他提出要當下承當，自信己心，肯定自我的道德能力與勇氣。周海門在教導其弟子道德修養上，也頗具其特色，以當下對弟子的激蕩、呵斥使弟子能夠當下提起道德實踐的意識，破除理論的障礙，強調道德實踐活動。

周海門哲學的第五個特點是與佛教的融合。自唐末韓愈闢佛以來，許多宋明理學家都以闢佛作爲一項重要的任務。佛教與儒家始終處於一種既相互對立、又相互滲透融合的態勢，儒家與佛教的關係在歷史發展過程中也漸漸發生變化。在王陽明的思想中，至少在態度上陽明還是拒斥佛教的，但是在其弟子王龍溪的思想中，對佛教的態度與陽明相比有了變化，龍溪以爲佛教思想在儒學中本來就存在，無論其判斷是否正確，至少從儒家的立場肯定了佛教思想的正確性而非異端。至周海門，他對佛教的態度又進了一步，周海

門自己也成爲佛教的居士，並且與當時佛教界的重要人物交往密切。這樣，周海門並具有了雙重身份，一爲陽明心學的信奉者，一爲佛教居士。這樣，心學思想與佛教思想的交融在周海門的思想中體現得更爲突出。面對佛教與儒家的衝突和矛盾，周海門作了大量的融合工作。他處理儒釋關係的根本宗旨是：儒佛之心同而所應之跡相異。也就是周海門以爲佛教哲學中的心與儒家的心體是相同的，只是儒佛所面對之社會因緣條件不同，從而呈現爲不同的方式。一方面，佛教思想深刻影響了周海門的心性論，使之具有濃厚的佛教色彩。另一方面，周海門對儒釋的融合也頗具特色，既努力調和兩者之間的衝突，使之走向統一，又力圖使各自保持其獨立性，並且說明其差異的合理性。因而，周海門對儒釋的融合並非消除它們之間的差異，而是肯定兩者在統一性下差異的合理性。在儒釋關係問題上，周海門思想無疑具有獨特之處。

綜合以上周海門思想的五個特點，筆者以爲周海門思想無疑具有與王陽明思想不同的特點，是王陽明心學的進一步變化，呈現出不同的特徵。故而，筆者以爲，對周海門的思想進行深入的研究是有其意義所在的。

三、研究狀況略述

陽明學在學術界影響很大，對陽明學的研究著作也頗多。周海門作爲陽明的再傳弟子，在學術界並沒有得到較大的重視，因而研究的著作與文章並不是很多。

就筆者目前的資料查詢所知，專門研究周海門哲學思想的有四篇論文，第一篇論文是 1991 年臺灣輔仁大學哲學研究所劉浩哲的博士論文《周海門哲學思想研究》，該論文分爲了七章，第一章緒論對周海門的生平及著書作了詳細的介紹。第二、三、四、五、六章分別論述了心性本體論、無善無惡的思想、心物一體的思想及其修養論，第七章是結論，該文對周海門的思想基本上進行了敘述，但是對周海門思想挖掘的深度不夠，一方面沒有考證周海門的師承，另一方面沒有敘述周海門的思想與王龍溪思想之間的關聯，以及周海門之學相對於陽明學、龍溪學有何變化，此外，該論文似乎對周海門與佛教的關係幾乎沒有論述，忽略了周海門思想濃厚的禪學特徵。

第二篇論文是 1999 年臺灣東吳大學中國文學研究所碩士生許馨元的碩士論文《周海門及其〈聖學宗傳〉研究》，該文的對象只是針對周海門所編

撰的著作《聖學宗傳》，本文對《聖學宗傳》的體例有很好的分析，但是對於周海門的思想闡述略顯簡潔，缺乏深入的分析與探討，更不論與王龍溪、王陽明之學作對比。對於《聖學宗傳》的禪學色彩，作者也沒有進行深入探討，而只是站在周海門作爲心學學者的角度來談論其思想，忽視了周海門心學本體論、修養論中濃厚的禪學色彩。

第三篇論文是國立中央大學哲學研究所王湘齡碩士的論文《許敬庵、周海門九諦、九解研究》，該文只是對周海門與許敬庵辯論的文本《九解》、《九諦》作探討，探討的核心是王龍溪所提出的「四無說」，該文對此段辯論文本的分析較爲詳細，只是所討論的問題集中的「四無」與「四有」上，沒有對周海門其他思想的闡釋。

第四篇論文是 2009 年中國人民大學哲學系中國哲學專業陳慧琪的博士論文《會通儒釋——以周汝登爲中心對明末陽明後學的考察》。此文的目的是探討周海門的儒釋會通思想，該文對周海門的思想有詳細的介紹，但是對周海門思想內在邏輯性及系統性方面把握不夠，對周海門思想中一些重要的概念與問題意識沒有論述到，比如「天」概念的內涵，周海門對「天命之性」與「氣質之性」這兩個理學的核心概念的思想。此文的另一缺點作者試圖通過自己對兩者思想的論述找到二者的共同點，但是對佛教的思想系統闡釋不夠，以致於多只是對周海門的儒家思想與佛教思想作簡單的比附，以發現兩者思想的異同。另外，該文在論述的全面性與具體性上有所欠缺。

在一本書的某個章節論述周海門的思想有日人岡田武彥的《王陽明與明末儒學》，此書用一節的篇幅分析周海門的思想，限於篇幅，對周海門思想的介紹並不十分全面，論述到其思想的某個部分，也無法進行深入的分析和探討。故而，在論述的全面性與詳盡性方面，還是十分欠缺的。此外，該書將周海門列入現成派的羅近溪之下，似乎是將周海門作爲羅近溪的門人，對周海門的生平、師承狀況皆沒有論述和考證。

除以上著作外，也有許多研究陽明後學的著作提及周海門的思想，如嵇文甫的《左派王學》、趙偉所著的《心海禪舟－宋明心學與禪學研究》中，選取了周海門，探討其與禪學的關係。

對周海門的著作及其哲學思想進行研究的論文有這樣幾篇：

在各級刊物上發表對周海門哲學有關問題進行探討的主要有：張克偉在《汕頭大學學報（人文科學版）》，1992 年第 1 期發表的論文《周汝登哲學思

想初探》；彭國翔先生在臺灣《清華學報》新三十一卷第三期發表的論文《周海門的學派歸屬與〈明儒學案〉相關問題之檢討》，該文對周海門的學派歸屬進行了詳細的辨析，指出黃宗羲的《明儒學案》將周海門列於泰州學案之下以其爲羅近溪的弟子是有錯誤的，周海門應該屬於王龍溪的弟子，並對黃宗羲爲何要將周海門列爲羅近溪的門人進行了探討；彭國翔先生在《中國儒學》第一輯所發表的《周海門先生年譜稿》，該年譜對周海門的生平介紹詳盡具體。

四、篇章結構及內容簡介

本書一共分爲五章，包含對周海門生平及其著述的介紹，周海門的心性理論以及與儒釋會通的思想。

第一章首先介紹周海門的生平，對他的官宦生涯及學術經歷進行詳細的介紹，以發掘海門思想的來源、發展歷程及其師承關係。該章還對詳細介紹周海門一生的著作及其保存情況。

第二章分爲四節，第一節論述周海門以心體爲核心概念闡釋易學，提出以心爲萬物的本原，並對此觀點進行深入的探討。第二節論述周海門的心體與「有」、「無」這兩個存有狀態概念的關係，以闡釋周海門思想中心體從無至有的活動模式。第三節論述周海門心性論中「天」概念的內涵以及他對「天命之性」新的闡釋和對「氣質之性」的否定。第四節論述周海門思想中天性與形色的關係。

第三章分爲三節，第一節論述周海門以人性爲無善無惡的思想以及周海門對儒學史上重要人性論的評價；第二節主要論述周海門與許孚遠的九諦與九解之爭，周海門繼承其師王龍溪的四無說，以心體之無善無惡爲宗旨，強調道德實踐的自然境界，與許孚遠強調客觀道德規範形成鮮明的對比。第三節論述周海門所提出的無心爲善與有心爲惡的思想。周海門提出無善無惡的心體自由境界，批評者以爲在道德實踐中若強調心體無心而爲善，則會導致實踐個體亦可無心爲惡，從而道德實踐主體便可狂放恣睢，無所約束。周海門以爲有無心之善與有心之善，但是絕對沒有無心之惡，爲惡必是有心而發，這樣，周海門便可應對其他學者對周海門無善之善的批評。

第四章主要介紹周海門的修養理論。其中第一節介紹周海門的本體工夫，周海門以良知現成，作爲實踐主體要悟本體，以心體爲主宰，在一念之

微去其惡，這樣在生活實踐中綿密觀照克除，從而實現即本體即工夫，心體自然流行而無不是善。第二節主要介紹周海門對道德實踐與修養理論的態度，周海門強調道德的實踐活動，在實踐活動中體會其內涵，反對沉溺於道德理論的探討。強調道德實踐中心體的自然朗現，反對其中加入思考、辨析等理智活動。第三節介紹周海門其他一些重要的修行理論，如重視當下、但看自心而不外求、反照等。

第五章主要論述周海門哲學中的儒釋關係。分爲三節，第一節主要介紹周海門在當時佛教界的活動，包括與當時佛教著名高僧的交往，以及他對禪宗祖師惠能大師的推崇。第二節主要論述周海門是如何融通儒釋的，他融合儒釋的宗旨是「明判其不同之跡而不諱其不二之心」，然後再結合幾個具體的方面來說明周海門是如何貫徹此宗旨來彌補儒釋之間的差異的。第三節主要論述周海門對袁黃《立命文》的評價，袁黃《立命文》以佛教果報論爲基礎，提出人可以通過多做善事而獲得世間的福報。而從儒家立場來看，《立命文》中帶有濃厚的祈求世間福報而爲善的思想，這與儒家以道德修養爲宗旨、重義而輕利的傳統有矛盾與對立，該節論述周海門是如何看待人在世間的福報以及如何應對他人對《立命文》的質疑的。

第一章　周海門之生平、師承及其著述

第一節　周海門的生平

　　周汝登，字繼元，別號海門，嵊縣人，生於明世宗嘉靖二十六年（公元
1547 年）〔註1〕，《嵊縣志》對周海門有如下記載：

　　　　周汝登，字繼元，謨之子。讀書過目不忘，年十四而孤，十八
　　爲諸生，二十四師山陰王龍溪，示以文成之學，輒領悟。萬曆丁丑
　　第進士，授工部屯田主事，督稅蕪湖。稅額舊歲二萬，內部議增倍
　　之。汝登不忍橫征，以缺額謫兩淮運倅。時商民皆健訟，不習禮，
　　爲講鄉約，刻《四禮圖說》訓之。統轄十場，場建一學，捐俸置田，
　　以充社師費。又於東場建總學，月會十場之士，而身自提撕，習俗
　　丕變。升南京兵部車駕司主事，轉驗封司郎中，南都講會，拈《天
　　泉證道》一篇相發明。許敬庵言無善無惡不可爲宗，作《九諦》以
　　難。汝登爲《九解》以伸其說。弟子日益進，執贄者千餘人。升
　　廣東按察僉事，疏乞終養，不允。升雲南參議，再疏陳情，得旨。
　　歸里，與會稽陶石簣及郡士會於陽明祠，曰：「陽明遺教具在，正當
　　以身發明，從家庭間竭力，必以孝悌忠信爲根基，勿爲聲色貨利所

〔註1〕關於周海門的出生年，可參看《東越證學錄》第十四卷《先府君行狀》：「府
　　　君背三孤時，汝登年十四耳。」則周海門父親去世時，周海門年十四歲。又
　　　其中記載：「府君生以弘治丙辰六月十九日，卒以嘉靖庚申七月十一日。」則
　　　嘉靖庚申年，即公元 1560 年，周海門十四歲，則周海門出生年是 1547 年，
　　　即嘉靖二十六年丁未。

玷染，習心浮氣，消融務盡，改過知非，絲毫莫縱，察之隱微，見
之行事，使人知致良知之教原如是也。」升南京尚寶司卿，署京兆
篆。升太僕寺少卿，為滁人修社學，置義田。升光祿寺卿，尋升通
政使司，晉戶部右侍郎，致仕。汝登為政，以教化為先，不事刑罰，
故所至有慈祥、清白名。通籍五十年，林居三十餘年，不畜財，不
治第，不營產。年八十三，詔起工部尚書，未任，卒。學者稱海門
先生，擬諡文昭，賜祭葬如例。〔註2〕

　　依照《嵊縣志》的記載，周海門年八十三卒，則周海門卒年當為明思宗
崇禎二年（公元 1629 年）。周海門的父親名為周謨，《嵊縣志》也有周謨的
傳記，但《東越證學錄·先府君行狀》為周海門對其父親生平的追述，更為
詳實可靠。根據該文的記載，周謨，字居正，學者稱雙溪先生，周謨事父母
至孝而且喜歡讀書，但是他仕途不順，鄉試屢不中，後來授以「靜海縣學訓
導」，但是他因與官場風氣不合而絕意仕途，辭去訓導的職務。周謨所學為
程朱理學，他一生謹守程朱教旨。雖然周海門與父親生活的時間只有十四
年，但是周謨的理學思想及其道德修養對年幼的周海門應該有啟蒙的作用。

　　《嵊縣志》對周海門生平的介紹側重於他的官宦生涯與治學生涯，下面
我結合周海門的其他相關資料，分兩個部分介紹周海門的生平活動。

一、官宦生涯

　　明世宗嘉靖四十三年（1564 年），周海門「十八為諸生」〔註3〕。明神
宗萬曆元年（1573 年），「癸酉，汝登舉於鄉」〔註4〕，即是周海門該年鄉試
中舉人。萬曆五年丁丑（1577 年），周海門中進士〔註5〕。萬曆六年戊寅（1578
年），周海門任南京工部屯田主事〔註6〕。萬曆七年己卯（1579 年），周海門

〔註2〕 （清）嚴思忠修，蔡以瑺、陳仲麟纂：《嵊縣志》，中國地方志叢書華中地方
　　　　第 188 號，臺北成文出版社據清同治九年刊本影印，卷十三第 1213～1215 頁。
〔註3〕 明代經考試錄取而進入府、州、縣各級學校學習的生員。生員有增生、附生、
　　　　廩生等，統稱諸生。
〔註4〕 周海門：《周海門先生文錄》卷八《先太安人行狀》，第 302 頁下，四庫全書
　　　　存目集部第 165 冊。
〔註5〕 周海門：《周海門先生文錄》卷八《先太安人行狀》，第 302 頁下：「明年丁丑，
　　　　汝登幸舉進士。」
〔註6〕 周海門：《周海門先生文錄》卷八《先太安人行狀》第 303 頁上：「又明年（1578
　　　　年），汝登授留京司空主事。」元代以後，常以司空之銜尊稱工部，故而「留

使眞州〔註7〕。萬曆八年庚辰（1580年），周海門視蕪湖〔註8〕，依《嵊縣志》所載，因爲稅額增倍，周海門不忍橫征而以缺額謫兩淮運倅。該年六月，周海門的長兄在北京去世。十二月，周海門嫡母丁太安人亦去世〔註9〕。則從萬曆九年辛巳（1581年）起，周海門便應辭官在家守孝〔註10〕。至萬曆十二年甲申（1584年），周海門在家鄉被授予官職，但是周海門到達京口後引歸。在家鄉五年，周海門又被授以官職，但是周海門到達彭城後再次引歸。直到下一年萬曆十八年庚寅（1590年），周海門因爲生母的教誡而以秋季再赴官職〔註11〕，周海門所任官職爲鹽運司分理泰州事〔註12〕。直到萬曆二十年壬辰（1592年），周海門調職南京〔註13〕，萬曆二十一年（1593年），周海門任駕部郎，依《嵊縣志》，即爲南京兵部車駕司主事，不久又任吏部驗封司郎中。萬曆二十五年丁酉（1597年），周海門移官廣東〔註14〕。萬曆二十六

「京司空主事」當指南京工部屯田主事。

〔註7〕 周海門：《東越證學錄》卷九《題繼實兄書後》第580頁上：「己卯，余使眞州，（繼實兄）來訪，時余有所醒發，機語乃投，相視各不覺一笑。」四庫全書存目集部第165冊。

〔註8〕 周海門：《東越證學錄》卷九《題繼實兄書後》第580頁上：「庚辰，余使蕪湖，兄（周繼實）亦至，值余大病垂死，兄晝夜省視不息，病中談證，一切莫逆。」

〔註9〕 周海門：《周海門先生文錄》卷八《先太安人行狀》第303頁上：「拜命之二年，爲庚辰，汝登視榷蕪關，而吾伯兄汝強六月殞京師。太安人聞之傷甚。明年，汝登當考績，未及期而太安人卜至，乃正月五日，實辛於歲前十二月二十七日矣。」

〔註10〕 周海門：《東越證學錄》卷九《題繼實兄書後》第580頁上：「辛巳，余宅憂家食，而兄（周繼實）不常在舍。」

〔註11〕 周海門：《東越證學錄》卷十五《三發剡溪並引》第698頁上：「登有母老矣，而屝軀且善病，自辛巳歸廬，便擬承顏終老。甲申強起，抵京口引歸，居越五載，行及彭城，又自引歸。歸逾年，母命戒以果行。秋日就道。」

〔註12〕 《王心齋先生遺集》卷四《王心齋先生年譜・譜餘》：「（萬曆）十八年庚寅七月，鹽運司分理泰州事嵊郡周公海門汝登修舍祠。」

〔註13〕 周海門：《東越證學錄》卷十四《瘞亡兒志》第671頁下：「萬曆壬辰三月，余以京兆量移南發，行李戒道，乃季兒陡病作，期以十有八日行，而兒以是日死。」《東越證學錄》卷六《鄒子講義序》第526頁上：「余蓋億壬辰之夏，與鄒子論學留都。」依上所引，則萬曆二十年三月海門應是調職去南京。又《東越證學錄》卷十三《達觀大師像贊》附《紀事》曰：「予晤師在癸巳金陵賀氏園中爲駕部郎時。」癸巳年即萬曆二十一年，當時海門已經是駕部郎，則海門萬曆二十年所調任之職極可能也是駕部郎，即《嵊縣志》所稱南京兵部車駕司主事。

〔註14〕 周海門：《東越證學錄》卷七《重修曹溪志序》551頁上～552頁上：「余移官

年戊戌（1598 年），周海門任廣東按察僉事，上疏乞休﹝註15﹞，未獲應允。萬曆二十七年己亥（1599 年），周海門又升任雲南布政使司左參議，再上疏乞休，獲准﹝註16﹞。後周海門又起任南京尚寶司卿，起任年不知，但萬曆四十二年甲寅（1614 年），周海門已就任該職﹝註17﹞。後周海門又任太僕寺少卿、南京光祿寺卿。天啓四年，周海門升任通政使﹝註18﹞，晉戶部右侍郎，致仕。崇禎二年己午，周海門應詔起任工部尚書，未任而卒。

二、學問經歷

　　本節主要針對周海門作爲一個儒者，敘述其儒學的思想經歷，至於周海門佛學思想及其與佛教中人交往的經歷，筆者將在第五章敘述。

　　周海門的父親周謨篤信程朱之學，好讀書而不戀官位。幼小的海門不能不受到父親的影響，而好學的周謨也必定期望周海門能讀書以增長學問。但是周海門年方十四歲，父親便去世，故而周謨的程朱之學應該還未能影響到周海門。在父親去世後，隨著周海門年齡增長，他開始有意識地主動思考學習，這時對周海門影響較深的是其從兄周繼實﹝註19﹞及叔父瑞泉公﹝註20﹞。

《東越證學錄》卷九《題繼實兄書後》對瑞泉公、周繼實父子有描述：

> 　　繼實兄生有至稟，少自不群。十五六歲時，瑞泉叔率拜龍溪師，故其向學特早，操勵嚴謹，所至目不一邪視，親朋雖極呢狎，無一謔語。不肖幼時，對之竦然慕焉。乃兄亦謂我直腸，才弱冠即進而

　　嶺表，因得至韶水上曹溪瞻禮六祖眞身……余入嶺表在萬曆丁酉。」

﹝註15﹞周海門：《東越證學錄》卷十《乞休疏》第 598 頁下：「廣東按察司僉事臣周汝登，爲身病沈危、母年衰耄、力窮情迫，懇乞俯容休罷事。」《乞休疏》下署年「萬曆戊戌歲」。

﹝註16﹞周海門：《東越證學錄》卷十《再上乞休疏》第 599 頁上：「雲南布政使司左參議臣周汝登，爲情苦病深、新命難趨，冒死垂號，懇乞憫容休罷事。臣原任廣東按察司僉事，齋捧單役，俱疏乞休，未蒙憐允。南還在途，又蒙點升任職。」

﹝註17﹞《王心齋先生遺集》卷四《王心齋先生年譜·譜餘》：「（萬曆）四十二年甲寅夏，尚寶司卿周公海門贈扁云『東海聖人』。」

﹝註18﹞談遷：《國榷》卷八十六正月辛巳條曰：「南京太僕寺卿周汝登爲通政使。」

﹝註19﹞（清）嚴思忠修，蔡以瑞、陳仲麟纂：《嵊縣志》卷十三第 1209 頁：「周夢秀，字繼實，震之子，爲邑諸生，自少以道學名。」中國地方志叢書華中地方第 188 號，臺北成文出版社據清同治九年刊本影印。

﹝註20﹞瑞泉公即周震。

與友。乙丑，結文社相砥礪。〔註21〕

周海門叔父瑞泉公為王龍溪〔註22〕的弟子，周繼實為瑞泉公之子，他十五六歲時即向父親學習王龍溪的心學。在心學的薰陶下，周繼實表現出異於常人的氣度和品格。故而周海門對周繼實非常欽佩和嚮慕，與周繼實為友，並且在乙丑年，即嘉靖四十四年（1565年），共同結文社相互砥礪，這年周海門十九歲。在周海門青少年的這一段時期，周繼實及瑞泉公對周海門思想的影響應該是最大的。

隆慶庚午（1570年），周海門二十四歲。在這一年，周海門初遇王龍溪，《東越證學錄》中記載：

> 或曰：「子於龍溪先生及門受業乎？」（周海門）曰：「及門而未受業，受業而非及門矣。」曰：「何謂也？」曰：「予少年不知學，隆慶庚午，邑令君請先生入剡，率諸生旅拜，不肖與焉，雖侍側聽講，而不能領略，故及門而不可謂之受業。後予通籍後始知慕學，漸有所窺，思先生平日之言為有味，取會語讀之，一一皆與心契，乃切歸依而先生此時逝矣，實受業而未及門也。」〔註23〕

這次周海門在邑令的率領下旅拜王龍溪，是因為從小受到叔父與堂兄父子的影響，敬佩瑞泉公父子之學，而在瑞泉公夫子的引導下，去聽王龍溪講學。

> 予從叔震恂恂長者，不為苟從。從兄夢秀行實孤高，有伯夷之峻。父子信事先生甚篤。予拜雖令君所率，實二公所汲引。〔註24〕

周海門以為周震與周夢秀父子均是「不為苟從之人」，也就是不會輕易跟從他人學習，然而他們卻篤信王龍溪，則周海門推測王龍溪也必定是學問人品非凡之人。故而周海門是在周震父子的影響之下，才去旅拜龍溪。如此看來，周震與夢秀父子是周海門入王龍溪之門的引領人。周海門初見王龍溪，雖然聽其講學，但是不能理解王龍溪所講，故而這年的相遇在周海門看來只是「及門」，而未受業。故《嵊縣志》以為周海門「二十四師山陰王龍

〔註21〕周海門：《東越證學錄》卷九《題繼實兄書後》第579頁下。
〔註22〕黃宗羲：《明儒學案·浙中王門學案二》第237頁：「王畿，字汝中，別號龍溪，浙之山陰人。弱冠舉於鄉，嘉靖癸未下第，歸而受業於文成。」中華書局，2008年1月第2版。
〔註23〕周海門：《東越證學錄》卷五《剡中會語》，第514頁下。
〔註24〕周海門：《東越證學錄》卷五《剡中會語》，第515頁上。

溪，示以文成之學，輒領悟」，則是溢美不實之辭。周海門真正主動學習並且開始領悟王龍溪之學是在他做官之後，他閱讀了王龍溪的語錄，能夠與書中的思想自心契合，雖然此時王龍溪已經去世，並且周海門也未能真正長時間親身跟隨王龍溪學習，但是周海門此時已經在思想上歸依王龍溪。

萬曆十五年丁亥（1587年），周海門與眾學友建成鹿山書院〔註25〕。早在隆慶元年丁卯（1567）時，他便與同邑的袁日新、袁日化、丁則綬、宋應光、趙志伊、張希秩、袁日靖建立鹿山八士文行合一之會，想必八士之會開始只是八人常在鹿山聚會，切磋論學。後來漸漸有王應昌、李春榮等更多嵊縣的讀書人加入鹿山聚會。萬曆十五年，周海門無官職。在嵊縣，他與眾人積貲創建鹿山書院以教育有志於學的嵊縣學子，知縣萬民紀捐俸助成。

萬曆十八年庚寅（1590年），周海門被任命為鹽運司分理泰州事。他非常重視當地的教育，對泰州當地學校傾頹、教化不行的狀況非常痛心。《東越證學錄》卷十三《建社學文移》記載「舊有社學俱自嘉靖末年間廢弛」〔註26〕，「社學傾頹，訓導無所，各家子弟多不務為對句攻書而學抄寫狀詞，多不習為灑掃應對而談什一、興販養」〔註27〕。故而，當時的民眾習頑，多健訟，不習禮，民風大壞。周海門為了恢復社學，「為講鄉約，刻《四禮圖說》訓之。統轄十場，場建一學，捐俸置田，以充社師費。又於東場建總學，月會十場之士，而身自提撕」〔註28〕。周海門親自訂立《社學教規》以明確延師之規，設教之方。教規分為「擇師」、「稽功」〔註29〕、「處饟」〔註30〕、「修理」、「務本」、「授業」、「示禮」〔註31〕，對社學的各個方面進行了具體入微的規定，並且捐出自己的俸祿以充當延請老師的費用，還親自講學，周海門建學以興教化、講學以移風俗的熱忱於此可見。

〔註25〕（清）嚴思忠修，蔡以瑺、陳仲麟纂：《嵊縣志》卷六第565頁，中國地方志叢書，華中地方第188號，臺北成文出版社據清同治九年刊本影印。
〔註26〕周海門：《東越證學錄》卷十三《建社學文移》，第660頁下。
〔註27〕同上。
〔註28〕（清）嚴思忠修，蔡以瑺、陳仲麟纂：《嵊縣志》，卷六第566頁，中國地方志叢書華中地方第188號，臺北成文出版社據清同治九年刊本影印。
〔註29〕稽功，是指對老師教學成果的考核，以確定給予老師的獎懲。
〔註30〕處饟：是指為了支付老師的酬勞，各貧富不同的學生應該繳納不同學費，使貧窮者可以上學，利用學田及學店的租稅來支付酬勞，具體的帳務應該明確無誤。
〔註31〕示禮的內容主要是冠、婚、喪、祭四禮，周海門以為當遵循朱子家禮。

　　萬曆二十年壬辰（1592 年），周海門任職於南京，當時南京名士聚集，講會很多，學術興盛。周海門在當年夏天與鄒元標有一次論學，《東越證學錄》卷六《鄒子講義序》有記載：

　　　　余蓋憶壬辰之夏，與鄒子（鄒元標）論學留都〔註32〕，間出直指一語，時聽之藐然，不以爲當。已而反之自心，密證密求，稍有覺省，然後信前語爲不欺。〔註33〕

　　在南京這五年，周海門還與許孚遠、楊復所主持南京講會。據《明儒學案·甘泉學案五》記載：「南都講學，先生（許孚遠）與楊復所、周海門爲主盟。」〔註34〕周海門與許孚遠有一次著名的學術論辯，在《周海門先生文錄》中，周海門自己有敘述：

　　　　宦南都者，舊有講習之會。而至萬曆二十年前後，一時會聚尤盛，不肖時得隨諸公之後，盤桓印證，一日偶拈舉《天泉證道》一篇，重宣其秘，而座上敬庵許先生〔註35〕未之首肯，明日出《九諦》以示，不肖僭爲《九解》復之。先生於不肖爲先達，言宜順受，而師門之旨不可不明，且學問亦不嫌於明辨，故敢冒昧如是，其或當或否，俟知者判焉。〔註36〕

　　《天泉證道》一篇是陽明心學的一段著名公案，王陽明的兩大弟子王龍溪與錢緒山針對王陽明所提出的「四句教」進行了一番爭辯。周海門歸依王龍溪的思想，故而在講會上以《天泉證道》一篇宣講王龍溪的心學思想，而許孚遠對王龍溪的「四無說」〔註37〕有異議，作《九諦》以批評王龍溪的「四無說」，而周海門爲了捍衛王龍溪的思想，作《九解》以回應許孚遠的質疑。許孚遠與周海門的《九諦》《九解》之爭便成爲學術史上的另一件重要公案。其詳細內容俟後面章節討論。

　　萬曆二十五年（1597）至二十六年（1598）兩年間，周海門在廣東任職，其間也有講學活動，只是這次講學對象在文本中沒有姓名，《東越證學錄》

〔註32〕留都，即南京。
〔註33〕周海門：《東越證學錄》卷六《鄒子講義序》，第526頁上。
〔註34〕黃宗羲：《明儒學案·甘泉學案五》，第973頁。
〔註35〕許孚遠，號敬庵。
〔註36〕周海門：《周海門先生文錄》卷一第140頁上。
〔註37〕黃宗羲：《明儒學案·浙中王門學案二》第238頁：「若悟得心是無善無惡之心，則意知物俱是無善無惡。」王龍溪提出心體本是無善無惡，則意、知、物三者都是無善無惡，故而稱爲「四無說」。

卷二《東粵會語》〔註 38〕便是周海門這一段時間在廣東講學的記錄，《東粵會語》較短，可見周海門在這兩年間講學活動不是很頻繁。

萬曆二十七年己亥（1599），周海門辭官歸故里。在這一段布衣時期，周海門講學的地點主要有三處：越中、杭州、剡中。三地都在同一省內，距離較近，周海門有充足的時間在三處講學。秋季的一天，周海門與陶石匱等三十人拜祭陽明祠，因爲越中乃陽明、龍溪講學重地，而現在漸趨式微，無人倡導〔註 39〕，周海門爲延續師門在越中的講學之風，故而與陶石匱等數十人訂立月會之期以講明心學〔註 40〕。萬曆二十九年辛丑（1601 年），中秋之夜，「諸友迎先生（周海門）凡五十餘人宴於碧霞池之天泉橋」〔註 41〕天泉橋是王陽明與王龍溪、錢緒山討論「四句教」的地方，對於陽明學派具有重要的象徵意義。因而周海門與諸友宴飲於天泉橋，亦是表明他傳承王陽明、王龍溪一脈心學的決心，「五十餘人」的規模也能看出周海門所主盟的越中講會是有相當的影響力的。

周海門在杭州的講學活動，《東越證學錄》有記載，即是卷三《武林會語》，武林爲杭州的舊稱，《武林會語》就是周海門在杭州與諸友論學時的語錄。明神宗萬曆二十八年庚子（1600 年），八月之望，周海門餞梁昌孺於西湖。筆者推測當年該時期，周海門就在杭州講學。

家鄉剡中是周海門講學一個重要的地方，萬曆二十九年辛丑（1601 年），周海門建十五間屋舍，並且在其左邊建海雲庵，稱爲海門書院〔註 42〕，則海門書院必是萬曆二十九年後周海門在剡中講學的主要場所。辛丑二月，周海門與諸生會於惠安僧寺講學〔註 43〕，則惠安僧寺也是周海門家鄉講學的另一處地點。周海門在家鄉講學時間很長，剡中講會的對象多是他的同鄉弟子，同時也是他極重要的弟子，如張宏甫、喻和卿、丁中甫、劉沖倩、劉特倩等。

〔註 38〕 周海門：《東越證學錄》卷二《東粵會語》，第 450 頁～451 頁。

〔註 39〕 周海門：《東越證學錄》卷六《證修會錄序》第 531 頁上：「吾越中故有學會，自龍溪先師主教席以來，陽和子時號召之，而嗣後莫爲之倡，雖三五同心，鎩羊未去，而寥寥寡和，蓋已不絕如絲矣。」

〔註 40〕 周海門：《東越證學錄》卷四《越中會語》第 471 頁下：「己亥秋，先生（周海門）同石匱陶公及郡友數十人共祭告陽明之祠，定爲月會之期。」

〔註 41〕 周海門：《東越證學錄》卷四《越中會語》，第 472 頁上。

〔註 42〕 （清）嚴思忠修，蔡以瑺、陳仲麟纂：《嵊縣志》，卷十三第 1213 頁，中國地方志叢書華中地方第 188 號，臺北成文出版社據清同治九年刊本影印。

〔註 43〕 周海門：《東越證學錄》卷五《剡中會語》，第 490 頁上。

　　萬曆三十年壬寅（1602 年）九月十一日，周海門赴婺之霞源書院，與諸生講學。十三日、十四日、十五日、十九日又再會。二十一日又會於巖鎮之南山書院、二十四日會於歙之開化寺。這是周海門在新安爲期近半月的講學活動，這次的講學在《東越證學錄》會集爲《新安會語》。

　　大概從萬曆二十七年（1599 年）至萬曆四十二年（1614），周海門多在家鄉剡中、越中講學，間至杭州、新安等地進行短期講學活動。萬曆四十二年時，周海門任南京尚寶司卿，以後在南京升任不同的官職，周海門講學的資料便不詳細。

　　從上述周海門的學術與講學經歷，我們可以看出周海門學術入門得益於從兄周繼實與叔父周震，而其學問實來自於閱讀王龍溪的著作，故王龍溪對周海門思想的影響是非常重大的。周海門一生，不論爲官還是布衣之身，均熱心於建學與講學，以傳承王陽明、王龍溪一脈心學爲己任，其講學的區域主要在浙江、廣東，尤以浙江爲重。

第二節　周海門的師承

　　在上一節，筆者已經對周海門的一生從其官宦生涯及學術生涯兩個方面進行了詳細的介紹。在此一節，筆者將主要針對周海門的師承進行論述。作爲明代儒學史的重要著作，黃宗羲的《明儒學案》對明代儒家學者分別其學術源流及學派，並且闡明各學者之間的師承關係。王陽明之後，其弟子對陽明學的理解、發揮不同，故而形成不同的陽明後學流派，其中有浙中王門、江右王門、南中王門、楚中王門、北方王門、粵閩王門，以及由王陽明弟子王心齋繼承師學而開創的泰州學派。依照《明儒學案》的體例，在每個學案開始，一般會介紹每位思想家的生平，其學術思想的經歷及其思想的特點。以周海門爲首，他與其弟子陶望齡、劉塙一同被列爲《泰州學案五》，該篇對周海門的生平及學術敘述如下：

> 　　周汝登，字繼元，別號海門，嵊縣人。萬曆丁丑進士。擢南京
> 工部主事，歷兵、吏二部郎官，至南京尚寶司卿。先生有從兄周夢
> 秀，聞道於龍溪，先生因之，遂知向學。已見近溪，七日無所啓請。
> 偶問如何是擇善固執？近溪曰：「擇了這善而固執之者也。」從此便
> 有悟入。近溪常以《法苑珠林》示先生，先生覽一二頁，欲有所言，
> 近溪止之，令且看去。先生竦然若鞭背。故先生供近溪像，節日必

祭，事之終身。〔註44〕

從《明儒學案》的敘述中，我們可以讀出黃宗羲實際上對周海門的思想經歷劃分了三個階段。第一個階段是周海門間接由其從兄周夢秀而暸解到王龍溪的思想，故而才開始立志向學，則王龍溪對於周海門只是啓發的作用，對周海門立志於學起了引導作用。第二個階段是悟入階段，羅近溪回答周海門「如何是擇善固執」這個問題，使得周海門有所悟入，即是在思想上有所觸動和感發。第三個階段是羅近溪指示周海門閱讀佛教的《法苑珠林》一書，周海門讀完後「竦然若鞭背」，表示周海門大有所感，在思想上有巨大震撼和領悟。在這三個階段中，很顯然後兩個階段是最關鍵的，這兩個階段對周海門的思想影響最大，而第一個階段雖然有引導作用，但是不能決定周海門後來的思想走向，故沒有後兩個階段重要。故而，通過這三個階段的敘述，王龍溪與羅近溪雖然對周海門的思想都有影響，但是孰輕孰重卻一目了然，又周海門終生供奉羅近溪、節日必祭，故周海門被列爲羅近溪弟子便順理成章。〔註45〕

根據《明儒學案》的記載，羅近溪之師爲顏山農，顏山農之師爲徐波石，而徐波石之師即爲王心齋。這樣，若以周海門爲羅近溪的弟子，則周海門即被歸入泰州學派。

《明儒學案》視周海門爲泰州學派傳人羅近溪的弟子，此觀點影響甚大。但是仍然有學者對周海門的學派歸屬提出質疑〔註46〕，通過現存的其他一些文獻，我們可以發掘出更多有關周海門與王龍溪、羅近溪之間關係的一些史

〔註44〕黃宗羲：《明儒學案》，第853頁。
〔註45〕彭國翔：《周海門的學派歸屬與〈明儒學案〉相關問題之檢討》：「在《明儒學案》中，不同『學案』劃分的標準並不統一，有以地域，有以人物。而在劃分各個人物學派歸屬的問題上，則基本上以師門授受與學術思想的傳承爲據。此外，由於明代儒家尤其陽明學者中向不同的學者問學甚至師從多人的情況甚爲普遍，因此，若論學脈流衍與學派歸屬，又必須以最爲重要的師門授受與思想傳承爲標準。這是黃宗羲在《明儒學案》中所奉行的原則。由是觀之，根據上引《明儒學案》的材料，依黃宗羲之見，儘管海門是浙江嵊縣人，同時還因從兄周夢秀的緣故受到王龍溪的影響，但鑒於海門主要是受到羅近溪的啓發並自覺以爲近溪的門人，所謂『供近溪像，節日必祭，事之終身』，因而不將海門作爲『浙中王門』的成員，而將其歸入泰州一脈，便自然是順理成章的了。」臺灣《清華學報》新三十一卷第三期。
〔註46〕彭國翔教授在《周海門的學派歸屬與〈明儒學案〉相關問題之檢討》中就對《明儒學案》以周海門爲泰州學派的觀點提出質疑，並且提出大量的證據來證明周海門更應該列爲王龍溪的弟子，屬於浙中王門。

料，從中可知以周海門爲羅近溪的弟子並將其歸入泰州學派還是值得商榷的。下面筆者將引用其他文獻資料中對此做出闡釋。

黃宗羲的《明儒學案》對周海門與王龍溪的關係所用文獻較少，而且筆者懷疑黃宗羲是在有意識地選取一些材料而忽視另一部分材料。黃宗羲所選取的是周周海門二十四歲之前的材料，只能證明周海門與王龍溪有間接關係，而沒有直接的關係。

在二十四歲之前，周海門與從兄周夢秀一起學習，周夢秀之父瑞泉公受學於王龍溪，故周夢秀受其父的影響也接受的是王龍溪的思想，表現出異於同齡人的氣度，故而周海門非常嚮慕。周海門二十四歲時，王龍溪來其家鄉講學，周海門聽講但是未有所悟。王龍溪的思想真正對周海門產生影響是在周海門爲官之後，且看周海門的一段自敘：

> 或曰：「子於龍溪先生及門受業乎？」曰：「及門而未受業，受業而非及門矣。」曰：「何謂也？」曰：「予少年不知學，隆慶庚午，邑令君請先生入剡，率諸生旅拜，不肖與焉，雖侍側聽講，而不能領略，故及門而不可謂之受業。後予通籍後始知慕學，漸有所窺，思先生平日之言爲有味，取會語讀之，一一皆與心契，乃切歸依而先生此時逝矣，實受業而未及門也。」〔註47〕

上文爲周海門在家鄉講學時與弟子的一段對話，對自己與王龍溪的關係有非常清楚的陳述，從引文可知周海門的思想是讀龍溪會語而來，「一一皆與心契」更是體現出周海門與王龍溪的思想最爲契合，「乃切歸依」則說明周海門的思想是以王龍溪爲依歸，對王龍溪的思想完全接受。故而，周海門自言實受業於王龍溪，則從此處可知王龍溪對周海門的影響不僅僅是間接的啓蒙影響，而且是直接的影響。王龍溪的思想是周海門思想的重要來源便是確定無疑。

正因爲周海門歸依於王龍溪之說，故而周海門極力維護王龍溪的學說。在王龍溪的思想中，最著名的是其「四無說」，所謂「四無說」，是王龍溪與錢緒山在天泉橋上關於四句教的一段辯論。王陽明教導門人以四句教爲教法，此四句教即「無善無惡心之體，有善有惡意之動，知善知惡是良知，爲善去惡是格物。」錢緒山以爲這是師門教人定法，而王龍溪不以爲然，以爲這是權法，並且提出「若悟得心是無善無惡之心，意即是無善無惡之意，知

〔註47〕周海門：《東越證學錄》卷五《剡中會語》，第514頁下。

即是無善無惡之知，物即是無善無惡之物」，被稱為「四無說」。在王龍溪的思想中，「四無說」具有重要地位，可說是王龍溪心學思想的核心。針對王龍溪的「四無說」，許多學者提出強烈批評，而周海門極力維護王龍溪「四無說」。周海門在南京講學時，引《天泉證道》一篇宣講王龍溪的心學思想，許孚遠對此表示質疑，周海門為維護王龍溪的思想，便與許孚遠就王龍溪的「四無說」發生激烈的辯論。如《周海門先生文錄》所述：

> 宦南都者，舊有講學之會，而至萬曆二十年前後，一時會聚尤盛，不肖時得隨諸公之後盤桓印證，一日偶拈舉《天泉證道》一篇，重宣其秘，而座上敬庵許先生未之首肯，明日出《九諦》以示，不肖潛為《九解》復之。先生於不肖為先達，言宜順受，而師門之旨不可不明，且學問亦不嫌於明辨，故敢冒昧如是，其或當或否，俟知者判焉。〔註48〕

在上文中，周海門明確指出其寫作《九解》的目的是為了進一步明確「師門之旨」。則「師門之旨」一詞便可見周海門是以王龍溪為其師，故而在南京講學時，以《天泉證道》來宣講龍溪的「四無」說，在許孚遠不滿「四無」說並且作《九諦》以駁斥時，周海門又很快出《九解》以維護師說。「師門」一詞的使用以及周海門對王龍溪核心思想的有力維護可證明周海門是以王龍溪為其師。

除上引文周海門稱王龍溪之門為師門外，在《東越證學錄》中，周海門提到王龍溪時，多尊稱為先師。彭國翔先生在《周海門的學派歸屬與〈明儒學案〉相關問題之檢討》提供了眾多這樣的例子。

> 龍溪先師云：「上根人即工夫即本體，中下根人須用工夫合本體。」蓋工夫不離本體，本體不離工夫。此不易之論也。〔註49〕

> 祖玄問曰：「師所論天根月窟，何與龍溪子不同？龍溪子以動處言天根，而師指寂處；龍溪子以靜處言月窟，而師指動處。何相違也？」先生曰：「語貴善會耳，……予之言固與龍溪先師之言相表裏也。」〔註50〕

> 吾越中故有學會，自龍溪先師主教席以來，陽和子時號召之，

〔註48〕周海門：《周海門先生文錄》卷一第 140 頁上。
〔註49〕周海門：《東越證學錄》卷四《越中會語》，第 486 頁上。
〔註50〕周海門：《東越證學錄》卷五《剡中會語》，第 502 下～503 頁上。

而嗣後莫爲之倡。雖三五同心，饋羊未去，而寥寥寡和，蓋已不絕如絲矣。〔註51〕

傳曰：父母所愛亦愛之。先君於宗中所最親愛者，從伯駱峰公、從叔瑞泉公、從兄歧山公。三公品格，不肖猶及見之。駱峰公爲古遺植，稱儒林高節；瑞泉叔孝友誠篤，受學龍溪先師之門；歧山兄溫溫挹讓，皆難於今人中求者。〔註52〕

余謂世韜曰：「龍溪先師祖訓歷然，子歸求有餘，師尚須他請耶？」世韜曰：「晃祖訓具存，而茫乎莫得其涯涘，不知畢竟以何語爲要也。」予因歌先師《再示諸生》詩：浮世光陰只百年，百年事業豈徒然？亡羊逐逐終何補，夢鹿紛紛亦妄傳。本性淡中須著便，世情濃處莫爭先。人間未必皆聾耳，高閣鐘聲豈浪宣。〔註53〕

又有周海門所作詩三首，其中皆稱王龍溪爲先師。

登龍溪先師講樓〔註54〕

　　春風緩步踏蒼苔，樽酒相攜上講臺。
　　百尺宮牆容我入，千年關鎖待誰開。
　　龍山聳戶排雲列，鏡水浮窗湧月來。
　　昔日洪鐘看在虞，一時敲動夢皆回。

謁龍溪夫子墓〔註55〕

　　祇謁先師墓，那知風雨侵。
　　扳蘿非偶興，築室是初心。
　　異姓兒孫滿，彌山桃李陰。
　　歸聞松籟起，猶作海朝音。

哭王世韜〔註56〕

　　豁達生來具大根，曾經十載侍吾門。
　　傷亡共學眞良友，哭喪先師爾嫡孫。

〔註51〕周海門：《東越證學錄》卷六《證修會錄序》，第531頁上。
〔註52〕周海門：《東越證學錄》卷九《題駱峰伯歧山兄書後》，第579頁上。
〔註53〕周海門：《東越證學錄》卷九《題世韜卷之一》，第583頁下。
〔註54〕周海門：《東越證學錄》卷十五，第687頁下。
〔註55〕周海門：《東越證學錄》卷十五，第691頁下～692頁上。
〔註56〕周海門：《東越證學錄》卷十五，第717頁上。

何事久覊京國住，空憐近寄手書存。

滿懷遺恨無人識，誰與召回萬里魂？

又周海門在《宗溪王公六十壽序》中稱王龍溪爲「吾師」，並且以王龍溪爲王陽明的嫡傳弟子，如周海門所述：

> 嗣陽明者，則吾師龍溪子。曰：「我是師門一唯參。」又曰：「師門致良知三字，誰人不聞，惟我信得及。」蓋當時及陽明之門者不知凡幾，而稱嫡骨子者，惟師一人。師之道近，且彌久彌尊，爲天下宗仰。然畢竟有所付託，嗣師者又誰歸乎？宗溪兄者，師之季嗣也。今日之任，宜在於兄。……不肖早遊師門，毫無知識，而近稍窺見一斑。雖足不逮眼，而詫爲異姓之嗣，亦無多讓。〔註57〕

周海門以爲能繼承王陽明思想骨髓的只有王龍溪一人，可見在王陽明弟子中，周海門對王龍溪評價最高。既然周海門以王龍溪爲王陽明眞正傳人，則周海門必定以王龍溪爲師，後周海門詫爲王龍溪「異性之嗣」，可見周海門自認爲王龍溪的弟子。

周海門經常在其講學及文章中稱王龍溪爲先師，但是對其他十分尊敬的人物卻從未尊稱爲先師。王心齋亦是周海門十分尊敬的思想家，如周海門所述：

> 予昔在庚寅謫官海上，獲履心齋王先生故里，展拜祠下，……
>
> 心齋子直截透悟，足稱東海聖人，而予異代相孚，歸依誠切。〔註58〕

周海門雖然對王心齋的思想也十分認同，對王心齋本人也十分欽佩，故特別參拜心齋祠。但是對王心齋，周海門在《東越證學錄》中未有稱其爲先師或者吾師，而只是尊稱爲心齋子。可見，「先師」的稱呼周海門並不是隨便使用，只是在稱呼王龍溪時才使用，在使用中可以讀出周海門對王龍溪濃厚的師徒之情，這是在周海門稱呼他所敬重的其他思想家所沒有的。羅近溪在周海門的《東越證學錄》中出現很少，且周海門對羅近溪的尊稱只是「近溪子」，也未稱其爲「先師」，故而，從周海門對他們稱呼的區別來看，周海門是以王龍溪爲師，而以羅近溪爲其敬重的思想家。

對於王龍溪與羅近溪的思想，周海門的弟子曾經請教過周海門，而周海門對兩人思想的評價並不相同，有高低之別。其文如下：

〔註57〕周海門：《東越證學錄》卷八《宗溪王公六十壽序》，第560頁上～562頁上。

〔註58〕周海門：《東越證學錄》卷九《題一脈關情卷》，第595頁上。

　　問：「龍溪子與近溪子語錄如何？」先生（周海門）曰：「龍溪
子之語，上、中、下根俱接得著。近溪子之語，須上根方能領略，
中下根人湊泊不易。」〔註59〕

　　從上文來看，雖然周海門認為在思想的高度上，王龍溪與羅近溪都同樣
高妙，故而都可以接引上根器的人，但是，在周海門看來，羅近溪的語錄只
有上根器的人才能領悟，中下根器的人無法領悟，而王龍溪的語錄，不僅上
根器的人可以從中領悟，中下根器的人都能由之進入心學的思想。故而，從
周海門對二人思想的評價來看，周海門很顯然是認為王龍溪的思想比羅近溪
更高一籌。一般作為弟子，應該會以自己的老師思想比其他人更高明，否則
便會就學於他人並以他人為師。故而，周海門應該是以王龍溪為師而非以羅
近溪為師，其學術歸屬在王龍溪。〔註60〕

　　以上是周海門自身的材料論證，從他人的語言中也可發現周海門與王龍
溪、羅近溪的關係。

　　首先是周海門弟子對於周海門師承狀況的描述。《明儒學案》列周海門弟
子二人，其中有陶石簣〔註61〕，他曾經為周海門的《東越證學錄》作序，序
文其中一段如下：

　　海門子少聞道龍溪之門，晚而有詣焉。自信力，故尊其師說也
益堅。其契也親，故詞不飾而甚辨。四方從遊者皆曰：「先生，今龍
溪也。」〔註62〕

　　又與周海門交往非常密切的鄒元標〔註63〕也為《東越證學錄》作序，其
序文其中一段如下：

　　或曰：新建《傳習》諸錄，所稱存理遏欲，諄諄詳摯。天泉證

〔註59〕周海門：《東越證學錄》卷一《南都會語》，第441頁。
〔註60〕彭國翔先生在其《周海門的學派歸屬與〈明儒學案〉相關問題之檢討》一文
　　　　中還舉周海門《王學宗旨》一書來說明周海門的思想歸屬在王龍溪而非羅近
　　　　溪。在周海門所編《王學宗旨》一書中，周海門收錄了王陽明、王心齋、徐
　　　　愛、錢德洪以及王龍溪的語錄，並沒有收入羅近溪的語錄。而且除王陽明的
　　　　語錄外，王龍溪的語錄最多，彭國翔先生據此判斷周海門的認同在王龍溪。
　　　　彭國翔先生的論證非常有力。
〔註61〕據黃宗羲《明儒學案》第868頁所載：「陶望齡，字周望，號石簣，會稽人
　　　　也。……先生之學，多得之海門，而泛濫於方外。」
〔註62〕周海門：《東越證學錄》卷首《海門先生證學錄序》，第408頁下。
〔註63〕據黃宗羲《明儒學案・江右王門學案八》第532頁所載：「鄒元標，字爾瞻，
　　　　別號南皋，豫之吉水人。」

> 道初語，如花欲吐，尚含其萼。後龍溪氏稍稍拈出，聞者多不開悟。
> 周子復揚其波，何耶？鄒子曰：學必知性體而後爲眞學，證必徹性
> 地而後爲實證。山盡水窮，能者從之。龍溪見地，非不了義者所能
> 究竟。繼元後龍溪而出者也，雙目炯炯，橫衝直撞，所至能令人膽
> 落心驚，亦能使人神怡情曠。東越之學，從今益顯益光者，非繼元
> 氏乎？〔註64〕

陶石簣與鄒元標都提出了一個王陽明－王龍溪－周海門的思想傳承系統，陶石簣是周海門的弟子，鄒元標是與周海門關係密切的好友，他們自然能對周海門的思想傳承非常清楚，他們的判斷應該是可信度極高的。

黃宗羲的恩師劉宗周在其《祭周海門先生文》中，對周海門的師承也有說明，其文如下：

> 嗚呼！斯道之不傳於世，蓋千有餘年。而吾越陽明子以良知之
> 說啓天下，及門之士於吾越最著者爲龍溪先生。又百年，龍溪之門
> 於吾越最著者爲先生。先生於陽明之學，篤信而謹守之。由禰而祖，
> 一嫡相承。〔註65〕

受業於黃宗羲的萬斯同〔註66〕著《儒林宗派》一書，此書成於康熙十二年（1673）前。在《儒林宗派》一書中，萬斯同將周海門列爲王龍溪的傳人，而非羅近溪的傳人。萬斯同爲黃宗羲的弟子，不可能不知黃宗羲的思想主張，然而在對待周海門的思想傳承上，卻持不同的觀點，與黃宗羲的恩師劉宗周的觀點相同，可見黃宗羲以周海門爲羅近溪的弟子只是個人的主張，而非其師門的主張。

其實，黃宗羲本人也曾經提出過王龍溪－周海門－陶望齡這樣的一個師承系統。在黃宗羲爲其師劉宗周所作的《子劉子行狀》中，有這樣一段話：

> 當是時，浙河東之學，新建一傳而爲王龍溪畿，再傳而爲周海
> 門汝登、陶文簡（陶望齡），則湛然澄之禪入之；三傳而爲陶石梁奭

〔註64〕周海門：《東越證學錄》卷首《東越證學錄序》，第411頁下～412頁上。

〔註65〕劉宗周：《劉蕺山集》卷十五《祭周海門文》，第595頁上，文淵閣四庫全書第1294冊，臺灣商務印書館。

〔註66〕萬斯同（1638～1702），字季野，號石園。《儒林宗派》一書以圖示的方式表明自孔子以來的儒學授受源流，其書有標示王畿－周汝登－陶望齡的思想傳承系統。

齡，輔之以姚江之沈國謨、管宗聖、史孝賢，而密雲悟之禪又入之。
〔註67〕

從此段文字可以看出，黃宗羲是非常清楚王龍溪－周海門－陶望齡這一思想傳承的。那爲什麼在後來所著的《明儒學案》中〔註68〕，黃宗羲一改《子劉子行狀》中的觀點呢？

彭國翔先生在其《周海門的學派歸屬與〈明儒學案〉相關問題之檢討》一文中認爲黃宗羲寫作《明儒學案》時，朝廷仍然是以朱子學爲正統，並且當時的思想界已經掀起一股批評陽明學的思潮，對陽明學的討伐達到了空前的境地。而對陽明學的批判都圍繞著陽明學雜於禪，故而究心虛寂，修養工夫脫略，無外王的能力。黃宗羲作爲劉宗周的弟子，也是心學的傳人，故而不得不爲陽明學辯護，而且辯護的焦點便是儒釋之辨。彭國翔先生經過對《明儒學案》的研究，認爲儒釋之辨是《明儒學案》的一個重要主題，減少陽明學的禪學色彩是維護陽明學地位的一個重要手段。王龍溪作爲王陽明的親炙弟子，在陽明學中佔據極重要的地位，而泰州學派的創始人王艮雖然也是王陽明的重要弟子，但是黃宗羲卻沒有像浙中王門、江右王門等一樣處理王艮的學派，而是另列泰州學案，正是因爲泰州學派禪學色彩濃厚，爲了撇清陽明學與禪的關係，故而以泰州學派爲王門異端。周海門本人與禪學關係密切，彭國翔先生以爲若將周海門作爲王龍溪的弟子，則無疑會授人以柄，故而黃宗羲背離客觀的思想史，將周海門列爲泰州學派羅近溪的傳人。

筆者贊同彭國翔先生的觀點。黃宗羲《明儒學案》的一個重要問題意識是儒釋之辨。當時儒家思想界對禪學非常厭惡，黃宗羲本人對禪學也是持嚴厲的批評態度。陽明心學被視爲夾雜禪學而受到攻擊，作爲心學的傳人，黃宗羲自然要維護王陽明心學的地位，故而撇清王陽明心學與禪學的關係是黃宗羲的一大任務。故而，在介紹王陽明的綜述中，黃宗羲還特別指出王陽明

〔註67〕 黃宗羲：《子劉子行狀》卷下，《黃宗羲全集》第一冊，浙江古籍出版社 1985年 11 月第 1 版，第 253 頁。原書標點爲「則湛然澄之，禪入之。……而密雲悟之，禪又入之。」彭國翔先生以爲有誤，故改爲「則湛然澄之禪入之，……而密雲悟之禪又入之。」彭國翔先生所斷之句文意通暢，今從彭國翔先生。

〔註68〕 吳光以爲《子劉子行狀》在康熙七年之前已經成稿（見吳光：《黃宗羲遺書考（一）》，《黃宗羲全集》第一冊附錄，第 434 頁）。而根據黃宗羲在《明儒學案序》中稱「書成於丙辰之後」，則《明儒學案》成書時間在康熙十五年之後。則《子劉子行狀》必定在《明儒學案》之前，彭國翔先生持此說，筆者因之。

的思想是與禪學不同的，其文如下：

> 釋氏於天地萬物之理，一切置之度外，更不復講，而止守此明
> 覺；世儒則不恃此明覺，而求理於天地萬物之間，所爲絕異。然其
> 歸理於天地萬物，歸明覺於吾心，則一也。向外尋理，終是無源之
> 水，無根之木，總使合得本體上，已費轉手，故沿門乞火與合眼見
> 暗，相去不遠。先生點出心之所以爲心，不在明覺而在天理，金鏡
> 已墜而復收，遂使儒釋疆界渺若山河，此有目者所共睹也。〔註69〕

在上文中，黃宗羲認爲王陽明點出在儒家，心之爲心在理而不在明覺，
而佛教的心之爲心是在明覺，理與明覺之分便是儒與釋的最大區別。黃宗羲
以爲王陽明「心即理」的思想將看似相同的儒釋思想區分開，不惟不雜於禪
學，反而有功於儒學。在此筆者暫且不論黃宗羲的論點是否正確，黃宗羲極
力想撇清心學與禪學的關聯由此可見。

對於王陽明的弟子王龍溪，黃宗羲認爲其思想近於佛老。然而，黃宗羲
也認識到王龍溪在傳承陽明學中的重要地位。在介紹王龍溪的綜述中，黃宗
羲對王龍溪的評價如下：

> 夫良知既爲知覺之流行，不落方所，不可典要，一著工夫，則
> 未免有礙虛無之體，是不得不近於禪。流行即是主宰，懸崖撒手，
> 茫無把柄，以心息相依爲權法，是不得不近於老。雖云眞性流行，
> 自見天則，而於儒者之矩矱，未免有出入矣。然先生親承陽明末命，
> 其微言往往而在。象山之後不能無慈湖，文成之後不能無龍溪，以
> 爲學術之盛衰因之。慈湖決象山之瀾，而先生疏河導源，於文成之
> 學，固多所發明也。〔註70〕

黃宗羲對王龍溪有貶有褒，貶王龍溪近於禪，但同時肯定王龍溪能發揮
王陽明的心學思想，見到王陽明思想中的微言大義。王陽明的學術也因爲王
龍溪的大力提倡與講學而風行天下，故而陽明心學之盛行王龍溪有很大功
勞。故而從學術史的角度來看，黃宗羲以爲王陽明之後不能無王龍溪。故而，
黃宗羲雖然要尊重思想史的眞相，批評王龍溪近於禪，但是整體上還是認爲
王龍溪繼承了王陽明思想的微妙。

值得玩味的是《明儒學案·泰州學案》中的這一段話：

〔註69〕黃宗羲：《明儒學案》，第181頁。
〔註70〕黃宗羲：《明儒學案》，第239頁。

陽明先生之學，有泰州、龍溪而風行天下，亦因泰州龍溪而漸
失其傳。泰州龍溪時之不滿其師說，益啟瞿曇之祕而歸之師，蓋蹴
陽明而爲禪矣。然龍溪之後，力量無過於龍溪者，又得江右爲之校
正，故不至十分決裂。泰州之後，其人多能以赤手搏龍蛇，傳至顏
山農，何心隱一派，遂復非名教所能羈絡矣。〔註71〕

　　在這一段，黃宗羲對王龍溪的批評較上一段引文更加激烈。上文評價王
龍溪是「近於禪」，而此段是「蹴陽明而爲禪」。但是，上文是置於《泰州學
案》的開端，雖然對王心齋與王龍溪一併批評，但是批評的核心在王心齋而
非王龍溪。黃宗羲又批判泰州門人中顏山農、何心隱等在禪學的影響下「非
名教所能羈絡」，即是指他們已非儒家中人而成爲禪學中人。故而，以儒釋之
辨爲標準，黃宗羲將泰州學派另立學案，不在王門之內。王心齋被另立泰州
學案，固然是因爲其自身被黃宗羲認爲是入於禪，同時也是受其弟子之累。
而對王龍溪，在尊重思想史的情況下，既批評其近禪，同時又肯定其得陽明
學之微妙，並且在王門有著舉足輕重的地位，故而仍將其歸於浙中王門。

　　黃宗羲在處理周海門的學派歸屬時，由於他專注於儒釋之辨，並且以此
作爲區分王門正統與異端的一個重要標準，故而對周海門便將其歸入泰州學
案。黃宗羲認爲周海門的禪學色彩太過濃厚，如黃宗羲對周海門的評述：

先生之無善無惡，即釋氏之所謂空也。……先生教人貴於直
下承當，嘗忽然謂門人劉塙曰：「信得當下否？」塙曰：「信得。」
先生曰：「然則汝是聖人否？」塙曰：「也是聖人？」先生喝之曰：
「聖人便是聖人，又多一也字！」其指點如此甚多，皆宗門作略也。
〔註72〕

　　從上文來看，黃宗羲就是認爲周海門的思想爲禪學而非心學。另一方
面，筆者並不認爲有足夠的證據證明《明儒學案》中周海門終生供奉羅近溪
的那一段材料是僞造的結果。彭國翔先生引用了周海門友人楊起元的一段材
料：

楊起元，字貞復，別號復所，惠州府歸善縣人。……三試南宮
不售，乃遊金陵。下帷，續學。邂逅盱江黎允儒，歡然相得也。黎
爲近溪羅先生之甥，爲述先生言行甚悉，大契於中，業駸駸嚮往之

〔註71〕黃宗羲：《明儒學案》，第703頁。
〔註72〕黃宗羲：《明儒學案》，第854頁。

矣。……取道盱江，執贄羅先生而稟學焉。往復參證，因大悟性命之宗。……一聞羅先生之學，明心刻骨，無須臾忘。雕一小像，出必告，反必面，歲時約同志祭奠於所，居以爲常。〔註73〕

彭國翔先生據上文中楊起元「雕一小像，出必告，反必面，歲時約同志祭奠於所，居以爲常」這一材料認爲黃宗羲以楊起元的經歷爲參考而加以變化，人爲建構了周海門師承近溪的那段故事。筆者以爲彭國翔先生只是推測，並無確實的證據。然而，值得注意的一點是「歲時約同志祭奠於所」中的「同志」一詞，「同志」是志同道合之人，而周海門與楊起元交往甚深，在思想上也十分投機，周海門自然可稱得上是楊起元的同志，則筆者以爲楊起元所約的同志中很可能就有周海門，這樣，反而可以證明周海門「供近溪像，歲時必祭」可能是有事實根據的，只是黃宗羲進行了進一步加工，將周海門被楊起元相約祭奠羅近溪加工爲「供近溪像，歲時必祭」。又周海門心學的禪學色彩濃重，黃宗羲便將周海門歸入羅近溪之門，而非王龍溪之門，以加強王門的儒釋之別。

總而言之，筆者以爲《明儒學案》將周海門列爲羅近溪的弟子是不恰當的，是有違思想史的眞實性的，周海門應該作爲王龍溪的弟子被列入浙中王門。

第三節　周海門的著作〔註74〕

周海門的著作，大致可分爲三類：第一類是自己成書之著作。第二類是周海門摘錄前儒的語錄，有些加以自己的評論，這樣形成的著作。第三類是周海門一生與友人、弟子論學的語錄及他生平所寫的詩文，從而彙集而成的著作。周海門的著作，其主要目的在於闡釋其心學思想，延續王陽明、王龍溪學說的思想地位。下面，筆者以成書的時間順序介紹周海門著作的著錄情形、目的及存佚情況。

〔註73〕過庭訓，《明分省人物考》卷二百二十二，明代傳記叢刊，第140冊，臺灣明文書局1991年，第467～470頁。

〔註74〕關於海門的著作情況，筆者參考了臺灣輔仁大學劉哲浩博士的博士論文《周海門哲學思想研究》及臺灣東吳大學許馨元碩士的碩士論文《周海門及其〈聖學宗傳研究〉》，筆者綜合二者所收集的著作，並補其缺失。

一、《嵊縣志》

　　嵊縣是周海門的家鄉，《剡縣志》是他爲其家鄉所編寫的縣志。據《東越證學錄》卷十一《紀剡志事》所載，周海門是在當地各官員及名士的請求下，從萬曆十四年丙戌（1586 年）開始著手編寫《嵊縣志》的。周海門編修縣志歷時兩年，於萬曆十六年戊子（1588 年）完成。周海門所編的《嵊縣志》，後人評價甚高。道光年間知紹興府事馮清聘《序》以爲「嵊志始於宋高似孫《剡錄》，元許汝霖，明錢悌、夏雷、邑令譚禮、周司空（即周海門）遞修之，而周志爲善」〔註75〕。

　　周海門的《嵊縣志》，《內閣書目》、《千頃堂書目》均著錄爲十三卷。據清康熙十年張逢歡《序》所述，當時，周海門的《剡縣志》已非全書，故而後來人重編縣志時，取周志的內容，並表明爲「周志」所記錄，而周海門的《剡縣志》則漸漸不得見了。周海門《嵊縣志》的內容也只能從後來的縣志中窺見其蹤影。

二、《程門微旨》

　　《程門微旨》一書成於萬曆二十七年己亥（1599 年），周海門摘錄程明道的語錄，中間作注解，每篇後附以周海門的論說，從而成書。該書目的是闡發明道的思想，消除學者對程明道思想的疑慮，使學者生起信心。

　　《程門微旨》共分爲八篇。第一是《在己》篇，摘錄程明道語錄二十二條；第二是《此個》篇，收錄程明道語錄二十六條；第三是《不二》篇，摘錄程明道語錄三十五條；第四是《本知》篇，摘錄程明道語錄四十三條；第五是《冥行》篇，摘錄程明道語錄十四條；第六是《定性》篇，摘錄程明道語錄六十九條；第七是《聖妙》篇，摘錄程明道語錄三十三條；第八是《活潑潑》篇，摘錄程明道語錄七十二條。

　　雍正《浙江通志》、《千頃堂書目》均著錄作一卷，《尊經閣文庫漢文分類目錄》也有著錄，但未列卷數。此書現存於日本東京尊經閣文庫，周海門門人方如騏所編的《證學叢書》中。

〔註75〕（清）嚴思忠修，蔡以瑺、陳仲麟纂：《嵊縣志》，卷末第 2651 頁，中國地方志叢書華中地方第 188 號，臺北成文出版社據清同治九年刊本影印。

三、《朱子語錄》

此書有萬曆癸卯年（1603 年）吳勉學序，可知該書爲周海門萬曆癸卯年或者之前所編著。此書是周海門摘錄接近於陸王學說的朱子語錄，沒有自己的解說。此書與耿定向的《象山先生語錄》、薛侃之的《陽明先生則言》、凌管的《薛文清公讀書錄抄》一起收錄於吳勉學所編的《宋明四先生語錄》。

《宋明四先生語錄》現藏於日本東京靜嘉堂文庫、尊經閣文庫及臺中私立東海大學圖書館善本書室。

四、《邵楊詩微》

此書有萬曆癸卯年（1603 年）的周汝登序，則可知此書大概爲周海門1603 年所編著。此書是周海門摘錄邵康節與楊慈湖各數十首詩所成，附於《程門微旨》之後，每首詩下附有周海門闡發邵康節與楊慈湖思想的注解。關於編著《邵楊詩微》的原因，周海門在《邵楊詩微序》中指出：

> 近讀康節、慈湖二先生詩，其語彌似禪，而其旨彌徹，因爲摘
> 揭各數十首以附《微旨》之後。學者讀此，莫問是禪非禪、一味起
> 疑起信，參求既久，有日醒然，庶幾謂之知道，而可以不虛此生。
> 不然，雖使篤志力行，亦爲徒然而已。〔註76〕

可見，周海門以爲二先生的詩越似禪，則其旨趣越高明透徹，故而周海門摘錄之，並期望學者能摒除「是禪非禪」的知見，能夠身體力行去參求其中的內涵。

全書共分爲兩篇，第一篇爲《邵康節先生詩抄》，收錄邵康節的詩四十五首。第二篇爲《楊慈湖先生詩抄》，收錄楊慈湖的詩三十七首。

此書現藏於日本東京尊經閣文庫方如騏所編的證學叢書中。

五、《佛法正輪》

此書在《四庫全書總目》、《嵊縣志》、《浙江通志》等均未見著錄。該書現藏於美國哈佛大學燕京圖書館，著錄爲二卷，爲明萬曆方如騏刻本。商務印書館與廣西師範大學出版社共同出版《美國哈佛大學哈佛燕京圖書館藏中文善本彙刊》，其中第 33 冊影印收錄此書。

〔註76〕周海門：《東越證學錄》卷六《邵楊詩微序》，第 522 頁上。

　　書前有周海門弟子方如騏的《直心編引》、《讀佛法正輪紀》及周海門萬曆癸卯年（1603 年）所寫的《佛法正輪引》，則周海門編著及刊行此書大概在 1603 年他五十七歲時。「本書又名《直心編》，乃爲闡發儒禪之間關係，卷上爲佛門諸語，計十八則，卷下爲儒門諸語十八則，玄門諸語四則，又別附三則。」〔註77〕則可見該書爲周海門闡釋儒釋關係思想的重要著作。

六、《海門先生集》

　　《海門先生集》又名《海門先生文錄》。《千頃堂書目》、《浙江同志》均著錄《海門先生文錄》十二卷。《嵊縣志》與《四庫全書總目》均著錄《海門先生集》十二卷。

　　《四庫全書總目》云：「明周汝登撰。是集凡文十卷，詩二卷。集中如《九解》九篇；越中、南都、剡中、東粵、新安會語，五篇；皆聚徒講學之語。」〔註78〕對比《海門先生集》與《東越證學錄》，可以發現《海門先生集》中所收錄的內容皆存於《東越證學錄》十六卷本及二十卷本中。則此書當爲周海門文集最早的刊行本。

　　該書現存於《四庫全書存目叢書・集部》第 165 冊。

七、《東越證學錄》

　　《浙江通志》著錄作十二卷，《千頃堂書目》著錄《東遊證學錄》十二卷，《東遊證學錄》當即是《東越證學錄》。《四庫全書總目・集部》著錄作十六卷。《尊經閣文庫漢籍分類目錄》著錄爲二十卷。

　　由上可知，《東越證學錄》當有三種刊本。十二卷本應該是最初之刊行本，《東越證學錄》有鄒元標萬曆乙巳（1605 年）的序，該年周海門五十九歲，則十二卷本《東越證學錄》當是周海門五十九歲時所刊行，也就是《海門先生集》。第二種刊本當是十六卷本，十六卷本《東越證學錄》收錄《王門宗旨序》，《王門宗旨序》是周海門萬曆己酉年（1609 年）所寫，又根據十六卷本《東越證學錄》卷九《書汪鼎甫卷》所記載推測，周海門寫此文時當在 1610 年〔註79〕，則十六卷本《東越證學錄》刊行的年代最早爲 1610 年，

〔註77〕《佛法正輪提要》，美國哈佛大學哈佛燕京圖書館藏中文善本彙刊 33，商務印書館、廣西師範大學出版社。
〔註78〕永瑢等撰：《四庫全書總目》，中華書局 1965 年 6 月第 1 版，第 1614 頁。
〔註79〕周海門：《東越證學錄》卷九《書汪鼎甫卷》：「新安汪鼎甫忠信誠確，實載道

也就是最早在周海門六十四歲時刊行。十六卷本《東越證學錄》當是在十二卷本的基礎上，增補周海門五十九歲以後的文章所成。日本東京《尊經閣文庫》所藏《東越證學錄》二十卷本是在十六卷本的基礎上將十六卷本刊行之後至周海門去世之前的文章增補所成，故而二十卷本是最完備的本子〔註80〕。

《東越證學錄》將周海門一生的重要講學及文章收錄其中，包括周海門的各種會語、序、題、疏、書信、記、傳、雜著、墓誌銘、詩，是研究周海門思想最重要的著作。

八、《聖學宗傳》

《明史‧藝文志》、《千頃堂書目》、《四庫全書總目》均著錄為十八卷。此書前有萬曆丙午年（1606年）鄒元標的序及周海門門人余懋孳的序，還有萬曆乙巳年（1605年）陶望齡的序，則可判斷該書為1606年之後所刊行。周海門以陽明心學的立場，選取上古傳說中的人物及儒學史上的重要人物，構建了一個儒家的道統傳承體系。他先對所選取的每個人物作傳，然後摘錄每位人物的著作及語錄，然後附以周海門自己的「蠡測」語，即周海門對該位思想家思想的評論。這部《聖學宗傳》可以說是中國第一部儒家哲學史，但是後人對該書頗多異議，《明史‧儒林傳》這樣評價周海門：

> 其學不諱禪，汝登更欲合儒釋而會通之，輯《聖學宗傳》，盡採先儒語類禪者以入。〔註81〕

引文指出周海門編著《聖學宗傳》的目的是為了會通儒釋。黃宗羲在其《明儒學案》中對周海門的《聖學宗傳》提出了批評：

> 各家自有宗旨，而海門主張禪學，擾金銀銅鐵為一器，是海門一人之宗旨，非各家之宗旨。〔註82〕

黃宗羲以為周海門主張禪學，是以個人的禪學思想去解讀歷史上各儒者的思想，不能客觀反映歷史上各著名儒者的宗旨。故而，黃宗羲編著《明儒

之器。余壬寅會於其鄉，越八載訪余於舍，與談津津相臭味也。」壬寅即是萬曆三十年（1602年），越八載，汪鼎甫訪海門，則此年應該是1610年，那麼周海門寫作《書汪鼎甫卷》的時間應該是1610年。

〔註80〕 十六卷本的《東越證學錄》為流通較廣的本子，本書所引的《東越證學錄》均為十六卷本。

〔註81〕 （清）張廷玉等撰：《明史‧列傳‧儒林二》，《明史》第24冊，第7276頁。

〔註82〕 黃宗羲：《明儒學案‧發凡》，第14頁。

學案》，以糾周海門之偏。可見，周海門的《聖學宗傳》在哲學史上還是有重要的意義的。同時該書也是研究周海門思想的重要著作。

該書現存於《續修四庫全書五一三·史部·傳記類》、《四庫存目叢書·史部 98、99》，北京大學圖書館收藏民國 20 年影印本，此影印本據明萬曆三十三年刻本影印。中國國家圖書館還收藏萬曆三十四年刻本。

九、《王門宗旨》

該書在《四庫全書總目》、《浙江通志》、《千頃堂書目》均著錄作十四卷。《續四庫全書》所收之《王門宗旨》，前有周海門萬曆己酉年（1609）所作的序，則可知此書大概是周海門於萬曆己酉年時所編著。

《王門宗旨》前七卷是陽明語抄，卷八是心齋語抄，卷九是曰仁語抄，卷十是緒山語抄，卷十至卷十四是龍溪語抄。心齋、曰仁、緒山、龍溪均是王陽明的重要弟子，是傳承陽明心學的重要人物，周海門摘錄陽明及其弟子之語乃是爲了闡明陽明學的思想宗旨。

《王門宗旨》收於《續四庫全書九四二·子部·儒家類》。

十、宗傳詠古

此書在《浙江通志》著錄作一卷。此書有癸丑年（1613 年）馬之駿序及管珍席跋，則此書大概爲周海門六十七時所編著。此書是周海門以七言絕句稱頌《聖學宗傳》中所收錄的每一位人物共八十六首的詩集。此書現藏於日本東京尊經閣文庫的證學叢書中。

十一、《助道微機》

該書在《浙江通志》著錄作一卷。此書有萬曆四十七年（1619 年）方如騏序，大概爲周海門七十三歲時所刊行。該書選集唐人的詩，以說義理者爲主，分爲心學、家庭、君道、臣道、交友、邊塞、飲酒、靜趣、感策、對治、禪門、玄門共十二類，以詩來論學。

此書現收藏於美國普林斯頓大學葛思德東方圖書館中。

十二、《四書宗旨》

《千頃堂書目》有著錄，但無卷數。

　　此書有周海門門人鄭重耀於崇禎己巳年所寫的《四書宗旨紀事》，其中說到：「今年春，師乃纂補、裁定手書一袟，於浹月間竣事，題曰：四書宗旨，眞完璧也，即絕筆也。〔註83〕」則可知是周海門八十三歲逝世之年所寫的最後著作，是周海門以心學的觀點注解四書的著作。此書分爲六篇：第一篇大學、第二篇中庸、第三篇上論、第四篇下論、第五篇上孟、第六篇下孟。此書收藏於臺北國立中央圖書館。

　　周海門的著作，《浙江通志》還著錄有《海門或問》一卷、《海門語錄》一卷，《嵊縣志》著錄有《詩學解》〔註84〕，今三本著作皆不可見。

〔註83〕周海門：《四書宗旨》，明崇禎二年鄭重耀刊本，中國子學名著集成20，第239頁。

〔註84〕見（清）嚴思忠修，蔡以瑺、陳仲麟纂：《《嵊縣志·經籍志·經類》，中國地方志叢書華中地方第188號，臺北成文出版社據清同治九年刊本影印，第1864頁。

第二章 心性本體論

　　周海門師承王龍溪，是王陽明的再傳弟子。周海門之學也承襲陽明心學的思想傳統，這表現爲以心體爲核心概念構建其哲學思想。然而，周海門卻在陽明和龍溪的基礎上對心體作了更進一步的發展，這體現爲周海門在處理心與外物的關係上，採取以心爲萬物本原的理論，將心作爲揭示萬物存在的基礎，並且在處理心性與天的關係上，一反以前儒學家以人之性爲天之所賦予的思想，否認天作爲形而上的超越存在物的內涵，以爲人本具其性，並非天所賦予。氣質之性也是宋儒所提出的一個重要概念，周海門否定氣質之性的存在。在身與心的關係上，周海門發揮形色即天性的思想，給人的身體以積極的意義。周海門一反程朱理學的宇宙論與人性論觀點，同時也在很大程度上是對陽明心學的極大突破。本章主要從以上方面闡述周海門的心性論思想，本章共分爲四節，筆者將從四個方面對周海門的心性論展開論述。

第一節　心與物

　　《周易》是中國一部古老的典籍，早在春秋戰國時期，就被人們視爲非常重要的典籍。以後，《周易》就成爲人們心中十分神聖的經典。《周易》最初只是占筮用的書，後來經過學者對它的闡釋，對《周易》的詮釋漸漸豐富，《周易》的哲學內涵不斷被闡發，因而《周易》又是闡釋宇宙人生哲理的重要經典。在儒家五經之中，《周易》被列爲五經之首。關於《周易》的作者，《漢書‧藝文志》提出「人更三聖」之說：

　　　　《易》曰：「宓戲氏仰觀象於天，俯觀法於地，觀鳥獸之文，

與地之宜，近取諸身，遠取諸物，於是始作八卦，以通神明之德，以類萬物之情。」至於殷、周之際，紂在上位，逆天暴物，文王以諸侯順命而行道，天人之占可得而效，於是重《易》六爻，作上下篇。孔氏為之彖、象、繫辭、文言、序卦之屬十篇。故曰易道深矣，人更三聖，世歷三古。〔註1〕

《漢書‧藝文志》所引的「易曰」顯然是來自於《繫辭》，《漢書‧藝文志》引用此段話說明《周易》的源頭是八卦，《周易》的六十四卦是由八卦演變而來，而八卦的創作者是伏羲。這是傳統對於《周易》與八卦的一般看法。八卦的寓意又何在呢？依照《周易‧繫辭》的說法，八卦是在伏羲觀察天地萬物的基礎上畫出來的，其目的是以八卦來比擬天地萬物的情態。很顯然，周海門接受了傳統以八卦為伏羲所創作的觀點。由於《周易》在儒家思想中的重要地位，周海門甚至在其儒家哲學史的著作《聖學宗傳》中，將伏羲放在首位，作為儒家的頭號人物。在介紹伏羲時，周海門對伏羲畫卦有一段評論：

蠡測曰：伏羲畫卦之意果何為者？蓋專以形容吾心之萬事萬物而已。是故一身之中，頭、目、鼻、舌、手、足、肩、背，以致喜怒哀樂、生死夢寐、出處進退、禍福吉凶，卦之畫以形容，此固吾心中事心中物也。天地之間，日月、山川、草木、蟲魚，以至寒暑、晝夜、古今、終始，卦之畫以形容，此吾心中事、心中物也。卦畫有所從起，圖之虛中，乃從起之原，虛中無有名字。孔子強名之太極，虛中無有一物，周子特標以無極，無極而太極，即吾心是也。心非思慮知識之謂，不離思慮知識而何思何慮。不識不知，故曰無極而太極也，生天生地，生萬事萬物者，此也。伏羲欲使人覽圖而知一切備於我，後之儒者，不知在我，而推之於天地，若身外然者。伏羲欲使人覽圖而知萬只是一，有根於無，後之儒者不務窮其本根，而徒於萬上尋求，有處執著，伏羲之旨湮矣。善乎負苓者之言曰：「昔者伏羲氏之未畫卦也，三才其不立乎？四序其不行乎？百物其不生乎？萬象其不森乎？何營營乎而貴畫也。自伏羲氏泄道之密，漏神之幾，使天下之智者詭道逆出，曰我善言象而識物情，陰陽相磨，

〔註1〕班固撰顏師古注：《漢書‧藝文志》，中華書局1962年6月第1版，第1704頁。

遠近相取，作爲剛柔之說以駭人志。於是知者不知，而太樸散矣。」

　　嗟乎，負苓者之言！其有所感也夫。〔註2〕

　　在上文中，周海門對八卦的解讀很顯然運用了宋代圖書派利用圖書解易的方式。周海門所稱之「圖」，筆者以爲當是周敦頤的太極圖。周海門以爲「圖之虛中」是一切萬物所起的源泉，而這個「虛中」正是孔子所命名的「太極」。周海門的這種講法是由《繫辭》引發而來，在《繫辭》中有這樣一句話：

　　　　　是故易有太極，是生兩儀。兩儀生四象，四象生八卦。〔註3〕

　　在這句話中，「太極」的概念被提出，並且作爲八卦生成的開端。故而周海門以爲「虛中」就是是太極。周海門沿用《漢書·藝文志》所提出的觀點，以《繫辭》爲孔子解釋《周易》而作〔註4〕。故而周海門認爲「虛中」即是孔子所命名的「太極」。

　　《繫辭》是爲解釋《周易》的經文而作。對此段話，歷來有不同的解釋，有的認爲這段話是講宇宙生成的圖示的，有的認爲是講揲蓍畫卦的過程的。而廖名春等著的《周易研究史》則以爲「這一段話既是講揲蓍畫卦的過程，也是指世界的生成」〔註5〕，「太極生兩儀、兩儀生四象、四象生八卦固然是講八卦的生成，但它更有所『象』，這是八卦的根本特徵。這種『象』就是闡述宇宙的起源」〔註6〕。筆者也認爲這段話是論述世界的生成，而世界的本源就是太極。

　　周海門除了以「太極」這一概念就是萬物「所起之原」外，還認爲周敦頤所提出的「無極」概念同樣也是萬物「所起之原」。只是「無極」所表示的是指虛中無有一物，突出萬物本原「虛無」的內涵。周敦頤提出「無極」的概念是在其《太極圖說》一書中。《太極圖說》一書由太極圖及對圖的解說構成。根據明清學者的考證，周敦頤的太極圖來源於道教的解易系統。而周敦

〔註2〕周海門：《聖學宗傳》，第11頁。

〔註3〕王弼注，孔穎達疏：《周易正義》，第289頁。

〔註4〕關於《繫辭》的作者，尚無法確定。司馬遷的《史記》、班固的《漢書·藝文志》皆以爲《繫辭》是孔子所作，此說影響很大。宋代歐陽修方懷疑《繫辭》爲孔子所作，清儒皮錫瑞也認爲《繫辭》非孔子所作，近代學者多懷疑《繫辭》非孔子所作。

〔註5〕廖名春、康學偉、梁韋玄著：《周易研究史》，湖南出版社1991年第1版，第68頁。

〔註6〕同上。

頤借太極圖建立了一套儒家的宇宙論系統並進行了儒家思想立場的解說，其內容如下：

> 無極而太極。太極動而生陽，動極而靜，靜而生陰。靜極而復動。一動一靜，互爲其根。分陰分陽，兩儀立焉。陽變陰合，而生水、火、木、金、土，五氣順布，四時行焉。五行一陰陽也，陰陽一太極也，太極本無極也。五行之生也，各一其性。無極之眞，二五之精，妙合而凝。乾道成男，坤道成女。二氣交感，化生萬物，萬物生生而變化無窮焉。惟人也得其秀而最靈。形既生矣，神發知矣，五性感動而善惡分。萬事出矣。……〔註7〕

周敦頤的《太極圖說》以無極而太極、太極化生陰陽，再由陰陽化生五行，由陰陽五行化生萬物，從而建立起一整套系統的宇宙論。其中，「無極」是頗受爭議的一個概念，陸九淵與朱熹曾經書信往來辯駁。陸九淵以爲加無極於太極之上與儒家思想不合，太極二字足以解釋宇宙萬化之根源，而「無極」出自於老氏之學。陸九淵說：

> 朱子發謂濂溪得太極圖於穆伯長。伯長之傳，出於陳希夷。其必有考。希夷之學，老氏之學也。無極二字出於老子知其雄章。吾聖人之書所無有也。老子首章言無名天地之始，有名萬物之母。而卒同之。此老氏宗旨也。無極而太極即是此旨。老氏學之不正，見理不明，所弊在此。……〔註8〕

而朱熹以爲：

> 不言無極，則太極同於一物，而不足爲萬化之根本。不言太極，則無極淪於空寂，而不能爲萬化根本〔註9〕

朱熹以爲作爲萬物的本原不能是具體一物，萬物是豐富多彩的，具體一物不能作爲萬物的本原。故而，朱熹以爲如果不言無極，這樣太極會讓人感覺起來是具體的一個事物，而具體的一個事物不能作爲萬物的本原。另外一方面，若沒有「太極」而只言「無極」，則會讓人感覺無極就是空寂、空無的意義，朱熹以爲空寂是無，不能成爲萬物的本原。在朱熹看來，只有「太極」、「無極」兩個概念同時使用，才能說明萬物本原的特徵，使人的理解不會產

〔註7〕周敦頤：《周子通書》，上海古籍出版社2000年12月第1版，第48頁。
〔註8〕黃宗羲：《宋元學案》，中華書局1986年12月第1版，第501頁。
〔註9〕黃宗羲：《宋元學案》，第503頁。

生偏差。「無極」概念的提出並非老子之學。則無極與太極是平等的概念，是同一所指。周海門對「無極」概念的理解與朱熹類似，即以無極與太極是平等的概念，「無極」所表達的是「無有一物」的內涵。

周海門從心學的角度對八卦進行了特殊的解讀。周海門以爲八卦的卦象是形容吾人心中之萬事萬物，周海門著重點在心上。周海門以爲卦畫所形容的包含心中物和心中事。所謂事是生命個體在其生命歷程中的思想情緒、動作行爲以及禍福遭遇。心中物是指生命個體物質性的身體以及個體所面對的天地萬物以及自然物在時間中的變化。故而事物包含了人的肉體、世界萬物及人的思想情感。周海門以爲卦象所代表的萬事萬物都是「心中事心中物」。周海門以爲「心」即是「無極而太極」，「無極而太極」所指的正是「心」，則「心」即是萬物的本原。

無論是《易傳》的「太極」還是周敦頤《太極圖說》的「無極而太極」，都建立了一個宇宙生成論的系統。周海門以爲「無極而太極」即是吾心，這是否意味著周海門是在宇宙生成論的意義上以心爲宇宙萬物的本原呢？

下面我們來看周海門所引《太極圖說》中關於人的描述：

> 乾道成男，坤道成女。二氣交感，化生萬物，萬物生生而變化
> 無窮焉。惟人也得其秀而最靈。形既生矣，神發知矣，五性感動而
> 善惡分。萬事出矣。聖人定之以中正仁義而主靜，立人極焉。故聖
> 人與天地合其德，日月合其明，四時合其序，鬼神合其吉凶。君子
> 修之吉，小人悖之凶。故曰「立天之道，曰陰與陽，立地之道，曰
> 柔與剛，立人之道，曰仁與義。」又曰「原始反終，故知死生。」
> 大哉易也，斯其至矣。〔註10〕

在上文中，乾、坤所代表的是陰陽二氣，周敦頤以爲是由陰陽二氣而化生萬物，人與萬物不同的是人所得的是「秀而最靈」的氣，故而人在成形之後有「知」的功能，也就是有感知外界事物的能力，從而在由金、木、水、火、土五性所構成外物的感動下，會產生思想感情及行爲，進而會有善惡行爲之分。作爲被生成的人，其生命實踐的形式是人之道，而人之道要相應於天之道與地之道，以仁義之道德對應天地之陰陽、柔剛。則人之道的規定是來自於天地之道，天地之道是人道的客觀規範，人能合於天地之道就是聖人，聖人能「與天地合其德，日月合其明，四時合其序，鬼神合其吉凶。」

〔註10〕周敦頤：《周子通書》，第48頁。

　　因而，《太極圖說》的思想是以人與其他所有的事物一樣，都是陰陽二氣所生，都是被創造物，只是形成人的陰陽二氣是秀而最靈者。既然人是被創造者，則人之「心」便一定不是作為創造者的無極和太極，人心只是要合於作為創造者的天地之道。

　　另外，在周敦頤的《太極圖說》中，太極具有物質與精神的雙重屬性。在其物質一面，太極可以化生世界萬物。同時，太極在化育人，賦予人以形體時，人就具備有精神的屬性，因而太極又具備精神的屬性。而心靈只具備精神性質，如果以精神性質的心靈作為本原，而生成物質性的天地萬物，這在理論上是很難成立的。因而，筆者以為周海門以「心為萬物本原」的思想必須要從其他的角度進行解讀。

　　在《聖學宗傳》對伏羲及其八卦作介紹時，周海門還引用了羅近溪《盱壇直詮》中的一段話。周海門所引之文如下：

> 羅氏曰：「伏羲當年亦盡將造化著力窺覷，所謂仰以觀天，俯以察地，遠求諸物，近取諸身。其初也同吾儕之見，謂天自為天，地自為地，人自為人，物自為物。爭奈他志力精專，忽然靈光爆破，粉碎虛空。天也無天，地也無地，人也無人，物也無物，渾作個圓圓團團光爍爍的東西，描不成，寫不就，不覺信手禿點一點，元也無名，也無字，後來卻只得喚他做乾，喚他做太極也。此便是性命的根源。」〔註11〕

　　從周海門編纂《聖學宗傳》的特徵來看，他在伏羲畫卦這一部分引用羅近溪的這一段話，其目的無非是為了說明伏羲畫卦的內涵。如果不是為了論證伏羲畫卦的意義，則周海門所引羅近溪的這一段話就沒有意義。另外，根據本文第一章第二節關於周海門師承的敘述，羅近溪與周海門有思想的傳承關係，周海門對羅近溪的思想也十分認同。這樣，周海門引用羅近溪的這一段話便不是無的放矢，而是為了直接說明伏羲畫卦的內涵。在周海門看來，八卦所表達的是「心為萬物的本原」，則羅近溪的這一段話所要論證的也就是「心為萬物本原」這個思想命題。牟宗三在《生命的學問》一書中對此段有過分析：

> 這一段便是由不穩之感而至陌生之感。由不穩而通透，由陌生而窺破。天是天，地是地，人物是人物，這不是陌生。你忽然覺到

〔註11〕周海門：《聖學宗傳》，第10～11頁。

天不是天，地不是地，人物不是人物，這就是陌生之感起。一有陌生之感，便引你深入一步，而直至造化之原也。人到此境界，真是「骨肉皮毛，渾身透亮，河山草木，大地回春。」這是哲學智慧的最高開發。但你開始必須有不穩之感陌生之感的心境。這種心境，我願叫它是「原始的宇宙悲懷」。〔註12〕

在牟氏看來，羅近溪這段話是「原始的宇宙悲懷」，這樣一種悲情是由不穩而通透，由陌生而窺破。所謂不穩，乃是指人生於宇宙之中，我們身邊的一切事物都是在時時刻刻發生變化、生住異滅，沒有一件事物可以維持它自身永恆的存在。存在的事物會走向毀滅，我們熟悉的事物會發生變化、會消失，由熟悉走向陌生，因為我們對我們身邊自以為穩定而熟悉的事物產生不穩定感和陌生感，進而由不穩與陌生突破，體會到造化之原，所謂這種造化之原是生命個體感覺到天地萬物的變化，從而對存在物有一種整體的把握，由此產生一種直至萬物造化之原的體悟。牟氏是從變化不穩的角度來闡釋羅近溪的這段話。

筆者以為牟氏造化之原的解釋非常準確，但是「造化之原」的體悟並不是從牟氏所謂的「陌生不穩之感」所生出，而是由生命主體內心的活動狀態而生出。雖然羅近溪這一段話具有濃厚的宇宙論色彩，但是與周敦頤的宇宙生成論迥異。他的這段話可以分為兩個層次：第一層次為普通人之層次，即是天自為天，地自為地，人自為人，物自為物，這是天地人物互相分別隔離對待的狀態。第二個層次是證悟之境界，即天也無天，地也無地，人也無人，物也無物，只是描不成、寫不就的圓團團、光爍爍的東西。近溪以為這樣一個光爍爍的東西便是性命的根源。在普通人的見解上，天自為天、地自為地、人自為人，這是由於一般人內心活動所見的世界，是一般人在面對世間各種不同的事物進行分別判斷而形成的對世界中不同事物形相及其概念的認知，這時所見的世界是與生命個體相對待的有分別的紛繁複雜的世界圖象。當生命個體「志力專精」時，也就是生命個體從對世間萬物不斷地、忙碌地、紛繁複雜地分別中跳出來，不去產生對世界乃至自身的分別判斷。此時，沒有生命個體對外在世界的分別，外在世界不再顯現於生命個體的內心之中，既然沒有對外在事物的分別，也就同時沒有以自我為對象的分別，故而天也無天、地也無地、人也無人、物也無物，一切存在只是唯一的心體的存在，一

〔註12〕牟宗三：《生命的學問》，三民書局1997年，第12頁。

個完整的、超越於歷史與空間的唯一的存在。這是一種心體由外向內回收而產生的結果。

下面我們將羅近溪的那一段話的兩個層次逆向來看,即從第二個層次到第一個層次。此時,心體從專精的直覺狀態轉變爲有分別的思慮狀態。這樣,心體從唯一專精的存在狀態中產生分別的思慮心,心體不再處於虛寂的狀態,而是在心的感知活動中顯現出與生命主體相對待的世界萬物。心體專精時,萬物退隱。心體產生感知活動時,萬物顯現爲與生命個體相對的存在。這樣一個過程,也可以看作是一個天地萬物生成的過程,只是這樣的一種生成過程並不是物質生成論意義上的生成,而是指主體讓宇宙萬物顯示爲存在,只有通過主體心的作用,萬物才顯示爲存在。

另外我們再看周海門對心的知覺的描述:

> 心非思慮知識之謂,不離思慮知識而何思何慮。不識不知,故
> 曰無極而太極也,生天生地、生萬事萬物者,此也。〔註13〕

從中我們可以看出周海門對「無極而太極」這句話,並不是在宇宙生成的意義上使用,而是形容心的知覺狀態。在周海門看來,心體的本質不是思慮知識,但是又不離思慮知識。心體不思不慮,則是心體不產生對世界萬物的分別,則此時世界萬物對生命個體來說便是隱退的,即世界萬物不在心的感知中表現其爲存在之物。但是心體不離思慮,即是心體又會產生思慮的作用,一旦心體產生思慮,則一切事物便會進入到生命個體的感知之中而顯現爲存在。這樣,心體由不思不慮的本然狀態進入到其思慮的作用狀態,世界萬物則從在生命個體心中不顯示爲存在到在生命個體心中顯示其存在。因而,周海門說生天生地,生萬事萬物者,乃是心之不思不慮而有思慮。

綜上所述,筆者認爲周海門心體化生萬物的眞正內涵應該接近於羅近溪的這段話。也就是周海門的心體化生萬物不是一種帶有物質生成論意義上的宇宙生成說,而是指在生命精神實踐的意義上,萬物由心體揭示其存在。

周海門以心爲宇宙萬物本原的思想乃是稟承王陽明心學的傳統而來,同時也是周海門受到佛教唯識思想的影響。王陽明就曾經提出著名的「心外無物」命題:

> 愛曰:「昨聞先生之教,亦影影見得工夫須是如此。今聞此說,
> 益無可疑。愛昨晚思格物的物字即是事字,皆從心上說。」先生曰:

〔註13〕周海門:《聖學宗傳》,第11頁。

「然。身之主宰便是心；心之所發便是意；意之本體便是知；意之
所在便是物。如意在於事親，即事親便是一物；意在於事君，即事
君便是一物；意在於仁民愛物，即仁民愛物便是一物；意在於視聽
言動便是一物。所以某說無心外之理，無心外之物。」〔註14〕

　　在這段話中，王陽明對物的定義是意之所在，因而，這裡的物並不是與
人相對立的外物，而是指事。故而親、君不是物，事親、事君才是物。物是
指人在世間的道德、政治等行爲。因而「物」這個概念將人的心理行爲及其
對象關聯起來，物是心理行爲對其對象的作用，這樣的一個對象既可以是當
下所面對的客觀事物，也可以僅僅是意識中的事物，非現實的存在物。從這
個定義來說，物所強調的是主體的意向行爲，因而物是意識中的物，物不能
脫離內心的行爲而獨立存在，故而陽明認爲心外無物〔註15〕。

　　陳來教授以爲「把物納入意識結構來定義，是意構成了事物的意義
（理），事物的秩序來自構成它的意」〔註16〕，「對於陽明的目的而言，物不
是主要以指現實的東西，而是指意向之物，由此最終回到意向的道德性上
來，爲陽明的格心說提供理論基礎」〔註17〕。陳來教授又認爲要理解王陽明
「心外無物」的思想，關鍵是要理解陽明這一思想命題的宗旨，而這個宗旨
就是所有對物的解釋都是針對陽明自青年時代以來一直困擾著陽明的「格物
問題」。王陽明以物爲主體的意向行爲，則格物就是「格心」，就是「格心之
不正以歸於正」。故而，陳來教授以爲王陽明「從來沒有打算抽象地、孤立地
討論心物關係，他的一切努力都是爲了論證格物不可離心這一心學的基本立
場，在理論的組織、建構方面，某種意向性原則無疑對他幫助甚大」〔註18〕。
陳來教授所言極是，如此則王陽明的「心外無物」命題主要是就人的道德實
踐來講的，強調人在事上的道德活動無法離開人心，而並非討論客觀之物的

〔註14〕王守仁：《王陽明全集》，上海古籍出版社，1992 年 12 月第 1 版，第 6 頁。
〔註15〕陳來：《有無之境——王陽明哲學的精神》第 54 頁：「陽明哲學中的物主要指
　　　　事，同時，在『意之所在便是物』中，他並未規定物（事）一定是客觀的、
　　　　外在的、現成的，因而與布倫塔諾到胡塞爾一樣，這個意之所在可以是『存
　　　　在的』，也可是『非存在』的，即可以是實物，也可以是意識之流的對象極。
　　　　陽明只是強調『意』一定有其對象，有其內容，至於對象是否實在並不重要，
　　　　因爲他所強調的是意向行爲本身。」
〔註16〕陳來：《有無之境——王陽明哲學的精神》，第 55 頁。
〔註17〕同上。
〔註18〕同上。

存在與心的關係。

但是由於王陽明「心外無物」的思想命題的形式，由此命題所延伸的對事物客觀存在性的疑問便進入到討論的視野中來。如友人與王陽明的一段對話：

> 先生遊南鎮，一友指岩中花樹問曰：「天下無心外之物，如此花樹，在深山中自開自落，於我心亦何相關？」先生曰：「你未看此花時，此花與汝心同歸於寂。你來看此花時，則此花顏色一時明白起來，便知此花不在你心外。」〔註19〕

王陽明的「心外無物」說其目的本是針對人的實踐的意向活動而論。但就此思想命題的語言形式來說，很容易擴展到對物（如山、河等物，非指事）的存在與否的討論。王陽明並沒有對此問題進行特別的闡釋，友人的發問無疑是具有突然性的，已經超出了王陽明「心外無物」命題的原初界限，然而王陽明的回答應該是很巧妙的。友人以爲深山裏的花自開自落，其存在是客觀的，與我心並沒有關係。王陽明的回答並沒有針對花的客觀存有性作回答。而只是表明未看花時，心與花同歸於寂。「寂」之一詞它一方面說明心體未起感知作用，另一方面說明王陽明並未否定花的存有性，也沒有直接肯定花離開心是客觀存在的。「同歸於寂」的說明實際上隱含著王陽明對事物是否客觀存在問題的迴避，這樣一種迴避並非是王陽明不知如何回答，而是無法進行回答。因爲物一定是通過人的意識解釋爲存在，當我們說「物存在或不存在」時，「物存在或不存在」這個判斷一定與人的意向性活動相關，我們無法離開人的意向性活動去判斷物存在與否，故而，離開人的意向性活動，根本不會產生「物是否客觀存在」的問題。正如當人死去其意識的意向性活動停止時，對於死人來說，並沒有「世界存在與否」的問題，如果用語言來表達，就是王陽明所說的世界與心同歸於寂。故而，王陽明針對花存在與否的問題，以「同歸於寂」的方式，是非常巧妙的。然而當人看花時，花頓時被人揭示爲存在，存在之顯現並非客觀外在的，它一定是包含於人的意向性活動中，花的顏色是人的感知活動的結果，由於人的感知活動，花顯現爲存在，從這個意義上來說，從自心產生了花，花不在心外。通過這一段對話，王陽明「心外無物」的思想命題的意義有了新的擴展，這個新的擴展並非是王陽明有意重視的，而是在友人逼問下的回答所呈現的新的內涵。〔註20〕

〔註19〕王守仁：《王陽明全集》，第107～108頁。

〔註20〕陳來：《有無之境——王陽明哲學的精神》第 60～61 頁：「『心外無物說』的

　　王陽明的「心外無物」說本意是強調道德、審美實踐意向在實踐活動中的意義，並非是為了討論「離開心外物是否存在」的問題，也就是並非討論純粹的心物關係。但是，周海門以「心為萬物本原」的思想更多是從心物關係上來談論的，然而周海門並非是在宇宙生成論的意義上認為萬物由心所生成，而是認為世界萬物只有通過人意識的意向性活動才揭示為存在，故而從這個意義上來說心生萬物，心外無物。如周海門所論：

　　　　草木瓦礫之知，乃我之知；我之知，即草木瓦礫之知。生長者
　　生長、不生長者不生長，皆我之知體，知外無我，我外無草木草木
　　瓦礫。〔註21〕

　　當然，周海門思想中的心物關係不只是討論「物的存在與心的關係」這個視域，同時也涵蓋了王陽明「心外無物」說的本意，強調實踐意向在實踐活動中的意義。如：

　　　　先生曰：「自心缺陷，世界缺陷。自心滿足，世界滿足。不干
　　世界事。」〔註22〕

　　缺陷與滿足都是與價值判斷有關的概念，價值判斷是人實踐活動中道德、審美的意向性行動。因而缺陷、滿足離不開人內心價值的賦予性行為。故而，周海門以為與世界本身無關，世界的缺陷還是滿足是人內心道德、審美價值的投射，比如當人貪婪無厭從世界得不到想要的東西時，就會認為世界是缺陷的，缺陷只是人內心貪婪無厭的道德缺陷的投射，並非世界有缺陷。同樣，當人能知足常樂時，便會覺得世界是滿足的，這也是人內心知足常樂的品行的投射，並非世界本身是滿足的。從這一層意義上來講，周海門「心為萬物本原」的思想與王陽明「心外無物」的本意是一致的。

　　可見，周海門有關「心物關係」的思想相比王陽明，視角要更寬，而不只是在道德、審美的角度。這是由於周海門受到佛教思想的影響，特別是佛

　　　　本意是強調實踐意向對於實踐活動的意義」，這個思想一旦取得一種語言的形
　　　式，其意義在理解中必然有張大和變形，何況『心外』和『無物』在語言上
　　　都可以被相當合理地理解為『離開人的意識山川日月都不存在』這樣的看法。
　　　陽明既然不想選擇改變表達的方式，他的回答雖然可以作出某種詮釋，但他
　　　的解答不能說是令人滿意的。」筆者以為陳來教授以王陽明的「心外無物說」
　　　的本意是強調實踐意向對於實踐活動的意義，這個觀點是非常準確的。但是
　　　接下來認為陽明的回答不能令人滿意，筆者卻不贊同。
〔註21〕周海門：《東越證學錄》卷五《剡中會語》，第499頁上。
〔註22〕周海門：《東越證學錄》卷二《新安會語》，第446頁下。

教唯識學的影響，唯識學重視認爲外境是人的心識所變現，主要說明外境的存在離不開人的心識，因而更加突出物的存在與心的關係。在第五章論述周海門思想中的儒釋關係時，筆者將對此有更深入具體的論述。故而，在佛教思想的影響下，周海門對心物關係的論述視角比王陽明更寬。

綜上所述，筆者以爲周海門的易學思想並非忠實於《易傳》和《太極圖說》中的太極和無極概念，而是藉以闡釋自己的思想。其以心爲萬物本原的思想並不是以爲萬物由心體而化生，心體是萬物形而上的存有論依據。而是以心體能使萬物顯示爲存在，在此意義上提出心爲萬物本原的思想命題。海門的思想是在王陽明「心外無物」的思想命題上對心物關係思想的進一步推進。

第二節　心性與有、無

周海門思想中特別重視「有」與「無」這兩個概念，以「有」、「無」這兩個概念來描述心體的狀態。如他在杭州與弟子吳元仲論到本體。

> 問本體。先生曰：「汝見虛谷乎？呼之則響應，谷中何有。又不見橐籥乎？動之則風生，橐中何有。能生響，能生風，則決不斷滅。然虛而無有，則無可形容。周子言『無極而太極』，以明無而不滅也。言『太極本無極』，以明有而無物也。孟子言乍見孺子之心，只說得響與風，以上難說。」〔註23〕

吳元仲詢問周海門本體，周海門是以虛谷和橐籥之喻來描述本體。虛谷本身沒有聲音，但是向虛谷呼喊，谷中就會有回聲。橐籥中本沒有風，但是鼓動橐籥，則橐籥中就會有風產生。周海門以爲虛谷和橐籥既然能夠生響、生風，則決不是斷滅。另一方面，虛谷和橐籥本體是虛，無有聲響和風，所以是「虛而無有」，不能用語言去形容。周海門所謂的本體便具備兩個方面的特徵：有而不無，無而不有。在海門的思想中，本體即是心體。周海門的比喻是爲了說明心體具有「虛」和「有」兩個特徵，「虛」是指心體沒有特定的形態，無可形容，無可言說，所以是虛。另一方面，心體又可應化萬物，心體能生感覺意志等精神活動，因而心體不是空無，而是寂然無物的狀態。心體寂然無物，而能感應萬物，而心體本身寂然。這樣看來，「無」是心之

〔註23〕周海門：《東越證學錄》卷三《武林會語》，第452頁上。

體，而「有」是心體之用。周海門又引用了周敦頤《太極圖說》開篇的首句：「無極而太極」。在第一節，筆者提到朱熹曾經爲周敦頤的《太極圖說》作注解，並且將其作爲儒家的宇宙論模型，從而構建其理氣之說的理論體系。而陸九淵認爲「無極」一詞出自於《老子》，因而「無極而太極」是道家以無生有的理論學說，是以「無」爲本，而儒家是反對以「無」作爲宇宙萬物的本原的，儒家需要建立一個實有的本體。朱熹對之作了辯解，以爲「不言無極，則太極同於一物，而不足爲萬化之根本。不言太極，則無極淪於空寂，而不能爲萬化根本。」

「無」確實是道家最重視的一個概念，在道家經典《老子》中，對「無」的解讀恐怕也是仁者見仁，智者見智，沒有一個準確的定論。在這裡，周海門只是借「無極而太極」一句來說明心體的性質，心體寂然但是常起作用，因而是「無」而不滅，強調心體並不是空無。另一方面，周海門又引《太極圖說》「太極本無極」一句來說明心體雖然起用，產生精神活動，但是其體仍然是虛而無物。故而，海門引用《太極圖說》是爲了說明心體「有無」的存在狀態。一方面，周海門要強調心體是實有的，因爲心體可以感應外物，因而心體是有，而不是眞正的空無。另一方面，海門強調心體雖然感應萬物，但是其本體卻不是具體一物，因而是「無」。

在筆者看來，周海門的「有」、「無」概念並不是在宇宙生成論的意義上使用，而是對心體狀態的一種描述。當人在沒有面對外界，心體保持其無作用的狀態時，心體是沒有形相的，是無可形容的，這樣一種狀態是用「無」這個概念形容。當人面對外境，心體產生感知、思維、意志等活動，心體便有了具體的形態，因而是「有」的。這樣心體是「無而有」，但是心體又要「有而無」，是指心體只是在外境的誘導下產生作用，其本然狀態仍然是「無」，「無」是當心體產生對外境的作用時，心體不滯於外境，不執於心體所起之具體思維、概念。

對於「無」的內涵，周海門有一段描述：

> 中甫問：「分明其中有物，緣何又言本來無物？」先生曰：「有原是有，只是耳目不能到，言語不能及，心思不能與，除此三者，一任你有。」〔註24〕

中甫認爲心體「分明有物」，是指心體本來不是空無的，可以產生萬物。

〔註24〕周海門：《東越證學錄》卷五《剡中會語》，第 502 頁下。

中甫問海門為何說心體本來無物。周海門首先肯定心體是有物的，但是耳目不能到，言語不能及，心思不能與，也就是心體不是空無，但是處於潛存的發用狀態，雖然潛在具有作用，但是在其未發生作用以前，是耳目、言語、心思不能夠感知思慮到的。「除此三者，一任你有」，很明顯其意義是所謂「無」只是指心之體是耳目、言語和心思不能到的，也就是絕言絕相的，並不是空無。

在另外一處，周海門引用了孟子在闡釋人的心性時所講的孺子入井的故事，從中亦可以看出周海門在用「有」、「無」該年描述心體時的確切含義。孺子入井的故事，《孟子》中原文如下：

> 所以謂人皆有不忍人之心者，今人乍見孺子將入於井，皆有怵惕惻隱之心。非所以內交孺子之父母也，非所以要譽於鄉黨朋友也，非惡其聲而然也。〔註25〕

孟子以為人見到小孩子將要掉入井中時，在不考慮任何現實結果和利益的情況下，每個人都會自然地發出惻隱之心。孟子藉此以論證人心本具有惻隱之心。而周海門以為孟子所講的惻隱之心只是講到「響與風」，響與風是虛谷和橐籥之用所產生的。周海門的意思是惻隱之心只是心體產生的作用，是心體發生作用後的形態。周海門以為「以上難說」，也就是由惻隱之心這個心體作用往上探究心體，則無法用語言來描述心體，心體本身是虛中無有一物的狀態，不呈現出具體的形態。

人在現實的世界中，面對種種的境界顯現為各種心理活動，這些心理活動是具體的、變化的、相互分離的，而這些心理活動都是從一個統一的主體所發出來的，這樣一些心理活動的產生似乎從一個統一的點出來，從具體的心理形態往上推尋，作為產生心理活動的源頭是沒有具體的形相可以描述的。心體作為一切心理活動的產生者，其特徵是無有形相可以描述的，而當心體實現為具體的心理形態，如人的悲憫、同情的心理形態時，才是可以形容的。正因為心體本身沒有特定的形態，故而周海門以為作為心體本身是難說的。

周海門以「有」、「無」的概念建立了一個心體的體用結構，是心體從潛在的虛無狀態到產生具體的心理活動的結構。而「無」是描述心的本體無可名狀，「有」是指心體發生作用。

〔註25〕朱熹：《四書章句集注》，中華書局 1983 年 10 月第 1 版，第 237 頁。

　　周海門認為「有」與「無」是相輔相成的，不可分離。也就是心體一定是體用兼備的，不能將體用分離。

　　　　問：「老子云『有之以為利，無之以為用』，如何？」先生曰：
　　　　「即如此屋，居住全是空處，明取牖、由取戶是空。如此桌，上面
　　　　鋪設處是空，此椅坐處亦是空，至如人身目竅空故能視，耳竅空故
　　　　能聽，鼻竅空故能臭，口竅空故能食。總只是受用得個空，然空亦
　　　　離不得有，非有，空亦無。乃世有一種著空的，又要並去其有。闢
　　　　如因住處是空，連屋也不用，如何使得。可見有以成無，無以成有，
　　　　實處是空，空處是實。有無空實分離不得，取捨不得，於此圓融，
　　　　方稱妙悟。」〔註26〕

　　這段話是弟子問周海門《老子》一書中「有之以為利，無之以為用」的內涵。海門舉牖、戶、桌、椅的例子說明該句話的含義，屋子作為居住的作用在於屋子內的空間，牖與戶都是屋子上所開鑿的沒有實物的空間，但是可以取的陽光，可以供人出入。由此可見，某一事物的用途很多時候不在於該具體事物本身，而是該具體事物所形成的空間所產生的作用。周海門在引用人之外的具體事例來說明「有無」的相互關係之後，又回到人身上。周海門認為人的目、耳、鼻、口是因為它們是空竅所以能有其作用。然而，「空」又是由「有」所形成的，如同沒有房屋的外在實物結構，就不會有房子內部的空間，故而「空」是離不開「有」的，沒有「有」，「空」也沒有。周海門以為「有無」是相輔相成的，是不能相互分離的。

　　周海門在該段話中所討論的「有」、「無」仍然是就心體來講的，並非脫離心體抽象地討論有無的問題。從周海門對世間「著空」一類人的批評中可以看出。所謂著空的人是指喜好清淨，持守心體的虛寂，不對世間的事物產生具體的作用。

　　周海門反對將心體保持為「無」的狀態。因為「無」正是要實現其「有」，「有」的實現是「無」的本質特徵，如果「有」的狀態不能實現，則「無」便沒有實現其作用，「無」便不能成為「無」。故而周海門以為「有以成無，無以成有」。從心體的體用關係來說，體一定要實現其作用，如果體不能實現其顯示的作用，則體就不能完成其為體的本質，因而只有在體發揮出作用時，與體用才能獲得其本質特徵，體用相互成就，無法分離。在海門看來，如果

────────────────

〔註26〕周海門：《東越證學錄》卷五《剡中會語》，第 502 頁下。

一味著空去有，正是未能徹悟心體，而只有徹悟心體體用兼備、互補分離，才是對心體的真正徹悟。因而，「有無」的相輔相成，一方面是指心體不能持守虛寂，要在經驗世界中發生感知、道德實踐的作用。另一方面，心體在對經驗世界發生作用時，心體不能執著於具體的經驗事物，要保持「虛無」的狀態，若是心體執著於具體的某一事物，則心體失去其「虛無」的狀態，則心體無法感應其他的事物，則心體便會「滯著」，心體感交萬物、周流不已的生生之機就會喪失，故而心體的「有無」狀態相輔相成，不可執於「無」的不作用狀態，同時也不能執於具體的當下經驗。

「有」、「無」作為描述心體狀態的概念，具體化為心體的「知」與「不知」。海門在《王門宗旨序》中論述心體的知與不知時，講到：

> 心性有兩名而無兩體，知是知非之謂心，不識不知之謂性，似有分矣，然而不識不知非全無知識之謂，即知是知非而不可以知識言也。此知通乎晝夜，寧有間時。方其是非未萌，無是非而知則非無。及其是非既判，有是非而知亦非有知而無知。無知而知，是之謂良知。即心即性，而謂之未徹乎上得乎？不能離知言性，則不能離知言學。無離事物之知，則無離事物之致良知。〔註27〕

周海門以「知」與「不知」分別了「心」、「性」兩個概念。在這段話中，知的內容是指道德之知，知是生命個體在具體的環境下，對其行為道德性的覺明狀態。周海門以不識不知謂「性」，以知是知非謂「心」，性與心只是分別來說體與用，是對心體的體與用的分別描述，而不是形容兩個不同的存在體。周海門以為性與心不可分，不識不知與知識不可分，也就是心體的體與用不可分。心體本是不識不知，但是心體卻要實現其作用，也就是實現知與識的作用，因而心體不識不知非全無知識。當心體發生作用時，便是識與知，便是對當下具體環境自己行為的知是知非，但是不能以當下的知是知非作為心之本體，知是知非只是心體的作用，而不是心體本身。然而，心體潛在地具有實現其知是知非得能力，心體的存有是無有間斷的，因而其潛在的發用而產生的知也是通乎晝夜、無有間時。當心體未發用時，沒有是非的判斷，但是心體知的能力是具備的，只是沒有現實化為具體的知。當生命個體面對具體的情境產生是非判斷時，心體產生知是非的作用，然而心體本身卻是「非有知而無知」。無知是體，知是用，「無知而知」，是心體的自然發用，周海門

〔註27〕周海門：《東越證學錄》卷六《王門宗旨》，第 522 頁下～523 頁上。

謂之良知。陽明以致良知作爲自己的學術宗旨，特別提出致其良知於事事物物，強調良知本體必須從生命個體外化到世間萬物，形成心體從內到外的擴充。周海門繼承了陽明的宗旨，強調心體必須作用於萬事萬物，而不是禁錮於自身。因而海門言「不能離知言性」，作爲心的本體，性在其發用中才見性的意義和內涵，且其發用是知，是生命個體與萬事萬物打交道時，對實踐人倫道德秩序的確知，因而這個知不能離開具體的事物。

　　在第一節中，心體以「無知而知」揭示世界萬物之存在。在這裡，周海門從「無知而知」講良知，心體的「無知而知」帶有強烈的道德內涵，則心體在揭示世界萬物爲存在的同時，亦將心體之道德意識同時現實化於世界萬物，是心體的道德意識向外的實現，從而賦予世界萬物以存在之意義。因而，海門雖然強調心的自體是在道德意識之上難說之處，但是心體本身卻非一沒有內容的空無，也不只是對外物的明覺，心體同時具有潛在的道德內涵。海門以「理」的概念賦予心體在無作用狀態下的道德內容。

　　　　問：「理氣如何分？」先生曰：「理氣雖有二名，總之一心。心不識不知處便是理，才動念慮起知識便是氣。雖至塞乎天地之間，皆不越一念。曰：「心何便是理？如視是心，而視所當視，有視之理當循。聽是心，而聽所當聽，有聽之理當循，心豈便是理乎？」曰：「此正學問竅要，不可不明，信如所言，則是心外有理，理外有心矣。凡人視所不當視，聽所不當聽，聲色牽引得去，皆知識累之也。知識忘而視聽聰明，即心即理，豈更有理爲心所循耶。」曰：「理必有氣，心之知識可無耶？」曰：「即理即氣，孟子所謂浩然之氣是也。不識知之識知，孟子所謂赤子之心是也，非槁木死灰之謂也。」〔註28〕

　　理、氣的概念爲朱子所重視，在朱子那裡，氣是作爲生成萬物之基質，而理是賦予萬物以形式，理不能離開氣，必在氣中。就生命個體來說，人之性即是天命之理，而人之身體乃由氣而成形。人之心不能不雜，心與性總是有一層障隔，故心不即是理，而理便成爲心的外在規範。王陽明提出心即理，周海門作爲陽明的再傳弟子，繼承心學的傳統亦是從心處講理，且陽明以心爲萬物之本原，理也必定只能從心處講。海門以爲「心不識不知處」是理，則此理只是一潛在的作爲總體的理，作爲總體的理不是指它是很多不同條目

〔註28〕周海門：《東越證學錄》卷三《武林會語》，第 454 頁。

的理的集合。而是指人在沒有觀照萬物時，在其心之未發動處，其心體有一種整全的理性的道德感。當生命個體面對世間種種不同的事物時，心體整全的道德會現實化為當下的道德意識，並且付諸於行為以作用於現實的事物。周海門反對弟子以理在心外，心體循理而行的講法，他認為理是內在於心體，隨著心體的發用中，心體的作用自然呈現出其道德的形式，並不是心體在遵循一外在之法則。海門以為人的道德的喪失在於知識，知識是對外部世界形色的感知，心體為外部世界的形色所佔據，而且心體潛在的整全道德沒有現實化為具體的道德感。因而周海門以為當人忘卻對外部事物的知識，才能使內心的道德意識才能實現出來，才能即心即理。然而，心體在面對外物時，必有對外物的感知，否則外物便不能在人之前顯示其存在，主體的道德意識更不可能在人與事物打交道的過程中得到實現。周海門的弟子針對周海門「忘知識」提出質疑，周海門則以「不識知之識知」作為回答，可見海門是肯定識知，如果沒有識知，則人便沒有對外界事物的感知，則人便如同死木槁灰。這是海門非常反對的。然而人在「識知」時，其後還有一心體之主宰，則是「無識知之識知」，那麼人在面對外物時，其心體之作用，固然有心體之識知作用，但是心體本身不能執著於識知具體的事物，否則心體便會溺亡於外物之形色之中。在心體識知的同時，心體之「不識不知」始終作為主宰，在其針對萬物的意向性活動中，其道德意識賦予事物意義的作用持續不斷。

綜上所述，心體在由虛無到有的作用中，同時有見聞之知與德性之知的作用。我們心體的作用在揭示萬物為具體的個別存在時，心體產生見聞之知，然而主體必須忘見聞之知而將心體的作用專注於德性之知的作用。可見，海門對於心體的界定，仍然非常重視其潛在的德行的一面，心體本身是沒有現實化的德性全體。對於心體的見聞之知，周海門雖不否認，然而卻更重視心體的德性之知，這是與儒家對道德意識的高度關注緊密相關的。心體在對外物產生道德性的實踐功能時，心體必須保持其「虛無」的狀態，故是寂而照、照而寂。在心體有無相成的狀態之下，心體實現其感知萬物並且將其道德、審美意識實現於萬物的作用，故而心體是自由的、生動活潑的、無滯的狀態。

第三節　心性與天道

一、周海門以前「天」概念的內涵

　　「天」是中國哲學中一個十分重要的概念，天人關係是傳統哲學的一個重要命題。在很早的文獻中，「天」這個概念便已經出現了，並且具有其豐富的內涵，在這些豐富的內涵中，體現出古人對天人關係的理解。

　　在西周早期的一些文獻，如《詩經》中，就出現了「天」這個概念，並且具有多重含義。第一種含義是作為自然的天，如《詩經·唐風·綢繆》：「綢繆束薪，三星在天。今夕何夕？見此良人。」此詩句中之「天」乃是自然之「天」。又如《詩經·豳風·鴟鴞》：「迨天之未陰雨，徹彼桑土，綢繆牖戶。」其中「天」也是指自然的天。第二種含義是指生成人類的天。如《詩經·蕩之什·蕩》：「天生烝民，有物有則。民之秉彝，好是懿德。」「天生烝民」指上天生了眾民，則「天」是人生成的來源。第三種含義是指能庇護人類、給予人類以幸福或者災難的天，天具有了人格神的含義。如《詩經·蕩之什·蕩》：「天監有周，昭假於下。保茲天子，生仲山甫。」這句詩是講上天監視周朝，保祐天子，使其生育仲山甫這樣有德行的人。因而這裡的「天」便是能庇祐天子的神。又如《詩經·商頌·列祖》：「自天降康，豐年穰穰。來假來饗，降福無疆。」這句話是指上天降下安康，使得穀物眾多，這是賜福給人類。再如《詩經·蕩之什·桑柔》：「天降喪亂，滅我立王。降此蟊賊，稼穡卒癢。」指上天降下喪亂，降下蟊賊吃掉莊稼，使得國家衰敗，所立的王滅亡。這是上天降下災殃的例子。

　　在早期的社會，人們以「天」具有人格神的含義，是人們崇拜的對象，特別是統治者崇拜的對象。人們一方面認為人為天所生，同時還認為天在監視著人類，隨時會給人類帶來幸福或者災難。統治者是在接受了上天的任命之下才能統治人民，如果沒有上天的任命，則統治者的統治便會敗壞。因而，早期的「天」具有生育人類、統治人類的意義。

　　在中國傳統另一部經典《周易》中，先秦儒家對其所做的闡釋使「天」具有自然和人文的雙重意義，如對於《周易》乾卦的解釋，《彖》曰：「大哉乾元！萬物資始，乃統天。雲行雨施，品物流行，大明終始，六位時成，時乘六龍以御天。乾道變化，各正性命。」乾道即是天道，由於天的變化運行，萬物各成其所是，因而萬物皆資始於天。從這樣對天的自然作用的觀察中，

儒家抽象出「天」的人文內涵。《周易》乾卦《象》:「天行健,君子以自強不息。」「天行健」是形容天總是在不斷運行,沒有停止,強健而有生命力,滋潤萬物,生長萬物,而君子應該自強不息,即是效法於天的德行,如天一樣總是在不斷奮進,永不停息。因而,先秦儒家對《周易》所作的解釋中,人總是要通過自己的道德修養與天地合其德,天在其自然意義上具備了道德的內涵,而且是儒者道德修養的標準和目標。

而關於人的心性與天的關係,在先秦的儒家著作中,《中庸》有系統地討論這個問題。《中庸》開篇便明確提出人性與天的關係:

> 天命之謂性,率性之謂道,修道之謂教。

《中庸》以爲人性乃是天命於人,是天賦予人的,因而人性本於天。此中的天不只是自然的天,同時具備形而上的哲學內涵,成爲人之所以爲人的根本基礎。人之道,即是率性,率性即是踐履天命之性,而性來自天道,因而實現人道,即是要實現天道,以人合天地之道。《中庸》提出「誠者,天之道也。誠之者,人之道也。」天之道即是誠,而人之道是「誠之」,也就是實現「誠」的境界,則能贊天地之化育,與天地參,即是能以人之德配天之德,以歸於天命之性。《中庸》以「天命之謂性」的哲學命題將天作爲人性的本源,從而爲人與天合德建立其理論基礎。

漢代董仲舒大提「天人感應」之說,天道與陰陽、五行緊密聯繫,天具有濃厚的宇宙論色彩,同時天還含有人格神的意義。如董仲舒在《天人三策》中所論:

> 臣謹案春秋之中,視前世已行之事,以觀天人相與之際,甚可
> 畏也。國家將有失道之敗,而天乃先出災害以譴告之,不知自省,
> 又出怪異以警懼之,尚不知變,而傷敗乃至。〔註29〕

本來一些災害乃自然現象,董仲舒以爲這是上天給統治者的警告,目的是爲了使統治者能夠自省,改善其統治。則在董仲舒思想中,天具有人格化神靈的內涵,天文氣象等變化是在體現天的意志。

另外,董仲舒又以爲人之性爲天所命,人之性有所不同,這是由天所決定的。

> 臣聞命者天之令也,性者生之質也,情者人之欲也。或夭或壽,
> 或仁或鄙,陶冶而成之,不能粹美……。〔註30〕

〔註29〕 班固撰、顏師古注:《漢書·董仲舒傳》,第2498頁。
〔註30〕 班固撰、顏師古注:《漢書·董仲舒傳》,第2501頁。

　　董仲舒所謂的「性」是指人出生時的先天稟賦，不只是包含「仁」、「鄙」的道德內涵，同時還包含人的生命長短。董仲舒以爲這些都是由上天命之於人的，天造出人，同時賦予人道德善惡、壽命長短等特質。

　　由此可見，董仲舒思想中的「天」是居於人之上的造物主，同時也是人世間的最高統治者，監督人間統治者的行爲，因而「天」具有濃厚的神學意味。

　　至宋初，周敦頤作《太極圖說》，建立其宇宙論模型，並且以天道立人道，以人道合天道，「天」既有宇宙論的內涵，又具有形而上的本體的內涵，同時又是人的道德價值的來源，天道決定著人道的行爲規範，他對「天」的闡釋又回到《易傳》的立場。二程雖曾從學於周敦頤，但並不推崇周敦頤，他們的思想不重視宇宙論，「天」是作爲形而上的本體出現。朱熹推崇周敦頤，並且爲《太極圖說》作注解，朱子思想中「天」的意義也同時具有宇宙論與形而上的本體的內涵。從宋明儒的思想傾向來看，他們基本都反對漢儒將「天」作爲人格神的思想傾向，天作爲道德本體的內涵在宋明儒思想中得到重視。

二、周海門哲學中「天」概念及「天命之性」的內涵

　　然而，在海門的思想中，因其以心爲萬物之本原，則海門之哲學系統中，心便具有了基礎性的作用，則海門不得不面對「人」與「天」的關係問題。海門的策略是對「天」的概念作了新的解釋，「天」既不是《詩經》中具有人格神意義的天，也不是《中庸》中命人以性的天。在海門的思想中，天不再作爲一個超越的存在者，而是具有了另外的內涵。

　　海門在杭州與弟子講學中，曾經講到過「天」，他說：

　　　　天之一字，自皋陶發之，實莫爲而爲之意。〔註31〕

　　海門所謂「天之一字，自皋陶發之」，是指《尙書‧皋陶謨》中皋陶在與禹談論治國之道時，有這樣一段話：

　　　　皋陶曰：「……天工，人其代之。天敘有典，敕我五典五惇哉！

　　天秩有禮，自我五禮有庸哉！同寅協恭和衷哉！天命有德，五服五

　　章哉！天討有罪，五刑五用哉！……」〔註32〕

〔註31〕周海門：《東越證學錄》卷三《武林會語》，第 455 頁下。

〔註32〕阮元：《十三經注疏‧尚書正義》，中華書局影印版，1980 年 10 月第 1 版，第

　　這段話的意思是天定的事功，人應該代爲完成。天所定的倫理，有經常的法則，對於五常的法則，我們要厚道地去行；天所規定的爵位，有一定的禮法，要經常地維持著這禮法。官員們共同恭敬，就都和善了。天任命有德之人作官，規定了五種不同文采的衣服。天討伐有罪之人，用五種刑法去懲罰犯了五刑的人。在這段話中，出現了很多次「天」這個概念，天規定世間的倫理法則、禮法以及刑罰制度。周海門以爲「天」的概念首先是出自於皋陶的這一段話。從這段話本身來看，天似乎是一個處於人類之上的絕對統治者，規定了人世間的一切，從而使得人世間的倫理、禮法、刑罰等制度具有絕對的權威性。而周海門以爲這裡的天並不是指在人之上有一個絕對的存在者，而是指「莫爲而爲之」。所謂「莫爲而爲之」的內涵，我們可從周海門的文本中解讀出來，他在《聖學宗傳》關於皋陶這一部分，對皋陶這段話有評論：

> 其五典，皆人心之所固有。固有者，天也。聖人所爲無毫髮人爲，五典曰天倫，五禮曰天秩，命有德曰天命，討有罪曰天討，功曰亮天功，民曰視天民。招損受益以爲天道。任官惟賢，以代天工。
> 其動靜罔不純於天。故無爲而治者，天心之無思無爲也。〔註33〕

　　從周海門這段評論中，我們可見周海門認爲「天」的意思是指「固有」，周海門以爲皋陶所謂的五典、五倫等皆是人心所固有的法則，並非是從外而有，不是居於人類之上的神或形而上的本體賦予給人的。「天」在海門的解釋中已不再是居於人之上，向人發號施令，降下福祉或者災禍的至高無上的統治者，而是代表人內心的倫理法則、行爲規範皆是其固有，沒有所從來之處。而聖人皆以內心固有的道德法則行事，不雜以個人的私念，因而是「莫爲而爲」，而「天」的意思正是「莫爲而爲」或者「固有」。

　　海門以天的含義爲「莫之爲而爲」，是來自於《孟子》。海門在剡中講學曾與弟子有這一段對話：

> 祖玄問：「相參天命之謂性，毫無所見，但於處家庭間稍覺得力。」先生曰：「孟子謂『莫之爲而爲者，天也；莫之致而至者，命也』。孝悌乃不學不慮之良，即此便是天命。」〔註34〕

---

139 頁。
〔註33〕周海門：《聖學宗傳》，第 18 頁。
〔註34〕周海門：《東越證學錄》卷五《剡中會語》，第 497 頁上。

海門所引孟子這段話出自《孟子·萬章上》，其整段話的背景內容是：

> 萬章問曰：「人有言，『至於禹而德衰，不傳於賢，而傳於子。』
> 有諸？」孟子曰：「否，不然也；天與賢，則與賢；天與子，則與子。
> 昔者，舜薦禹於天，十有七年，舜崩，三年之喪畢，禹避舜之子於
> 陽城，天下之民從之，若堯崩之後不從堯之子而從舜也。禹薦益於
> 天，七年，禹崩，三年之喪畢，益避禹之子於箕山之陰。朝覲訟獄
> 者不之益而之啓，曰：『吾君之子也。』謳歌者不謳歌益而謳歌啓，
> 曰：『吾君之子也。』丹朱之不肖，舜之子亦不肖。舜之相堯、禹之
> 相舜也，歷年多，施澤於民久。啓賢，能夠承繼禹之道。益之相禹
> 也，歷年少，施澤於民未久。舜、禹、益相去久遠，其子之賢不肖，
> 皆天也，非人之所能爲也。莫之爲而爲者，天也；莫之致而至者，
> 命也……。」〔註35〕

從上我們可知孟子在這段話中所提到的「天」或者「命」乃是就人的命運而言。舜與益都有良好的德行，都被其君主選爲繼承人，並且都避先君之子。然而舜卻得到天下，而益卻沒有得到天下。孟子以爲兩人自身的條件相同然而最後人生的遭遇不同，是因爲人生的許多遭遇是人無能爲力的。孟子將這種人生無法控制的對人生造成影響的事件形成稱之爲「天」和「命」，因而孟子以「莫之爲而爲者，天也；莫之致而至者，命也。」

孟子這段話中的「天」與「命」本是針對人生的遭遇而言。而周海門卻將孟子這段話中「天」與「命」的意義轉移到人性的問題上來。所謂「孝悌乃不學不慮之良」就是人的良知本性不是通過人後天有意識的學習或者培養獲得的，而是人本身就固有的，不去追求獲得良知本性，本性就自然具有，因而是「莫之爲而爲，莫之致而至」。周海門顯然將孟子的對「天」、「命」兩個概念的內涵作了些變化。孟子強調的是人的局限性，無法掌控自己生命的遭遇，人的很多遭遇是人無法預料的。而周海門強調的是人的良知本性不是通過人爲的努力去獲得的，而是人本來就固有的。

對於有些思想家認爲人之性爲天所賦予，海門以爲其原因是在《尚書》中有「上帝降衷」之言。他說：

> 至湯乃有上帝降衷之言。人遂執以爲性眞天降，若有所與受。

〔註35〕焦循：《孟子正義》，《諸子集成》，上海：上海書店出版社 1986 年 7 月第 1 版，第 381 至 383 頁。

然者，夫性果可以與受之物哉。〔註36〕

「上帝降衷」一言出自僞古文尚書的《湯誥》一篇，清閻若璩已考證其爲東晉梅頤所僞造，已成定論，故而不是西漢時期的古文尚書。因而，在先秦，人們並不曾見到「上帝降衷」之言，更不會據此以爲性爲天所賦予，因而周海門之言並不準確。但是周海門上文的含義是認爲人們「性眞天降」的觀點是錯誤的。周海門認爲如果持「性眞天降」的觀點，則是性有與受之義，就是有賦予人性的超越實體。觀海門「然者，夫性果可以與受之物哉」一句的語氣，可知周海門並不認爲人性是可以與受的，也就否認了人之性是天所賦予的。

海門又引程子之文講到：

> 程子之言曰：「詩書中凡有個主宰底意思者，皆言帝，有一個包涵遍覆底意思則言天，有一個公共無私底意思則言王。上下千百歲中，若合符契。」夫所謂意思者，誰之意思耶？亦可悟矣。故欲知性天之說以溯湯之旨者，必了了於程子之言。〔註37〕

這段程子之言見於朱熹所編《二程遺書》卷二，周海門引程子之言無非是爲了確證自己否定天爲一超越的存在的推斷。在這段話中，關鍵是「有一個包涵遍覆底意思則言天」這一句話。程子以爲當人們心中包涵遍覆的意思就以天來形容，故而周海門抓住此句話，以爲在古代文獻中，天並非實指某種存在物，而是形容某種特別的「意思」而已。海門接下來一句反問「夫所謂意思者，誰之意思耶？」乃是指所謂「意思」只是人自心的意思，「天」的意義只是人內心的意義，並非是一超越的存在者。海門通過引程子之語是論證自己對「天」這個概念的解釋，即否定「天」這個詞在傳統文獻中所代表的超越的存在的內涵，這樣自然就否定了天作爲超越的存在物賦予人以人性的觀點。

前文筆者提到儒家最重要的經典之一《中庸》提出「天命之謂性」的哲學命題，北宋以後的理學家如張載、朱熹等皆以「天命之性」作爲自己人性論的核心概念。海門對「天命之謂性」這個哲學命題也作了自己的解釋。海門在越中向學生講學時討論到這個問題。

> 問天命之謂性。先生曰：「莫爲而爲曰天，莫致而至曰命。孟

〔註36〕周海門：《東越證學錄》卷三《武林會語》，第455頁下。
〔註37〕周海門：《東越證學錄》卷三《武林會語》，第455頁下。

子注得分明。性，與受不得的，分合不得的。故人性自本自根，因
其天然，自有不可得而知。故曰天命之謂性。凡言天者，如天成天
設之意。邵子曰『自然之外別無天』亦自分明。張子韶亦云『不可
知者爲命』。〔註38〕

在這一段話中，海門根據孟子對「天」與「命」的定義，並且引邵雍與
張九成的解釋，明確提出天命的含義只是指自然而得，不可知而得。故而「天
命之謂性」這個哲學命題的含義只是說人性是自本自根，也就是人性是自身
具足的，不是外物所賦予的。

海門既然否認「天」這個概念指代超越人之上的存在，則天道作爲人道
的規範和標準則是不能成立的，人與天合德的理論便無從談起。因而，海門
在《題一樂堂冊》中否定了人天合德的思想命題。

吾又聞之程子曰：「天人本無二，不必言合。」《中庸》曰：「君
子不可以不知親，思事親不可以不知人，思知人不可以不知天。」
天人有兩名而知惟一知，一則天人寧有二乎？故造化在我，何天非
人。學慮不事，何人非天。凡言合者，猶岐之也。岐之不離湊泊而
不二乃始終一樂，悟此樂斯爲至。〔註39〕

周海門以爲知天、知人只是一知，知天與知人不應該離析爲二知，因而
天與人只是二名而不二。「學慮不事，何人非天」，指人本自具足良知自性，
不須學慮，自然可順性而行，所謂天即是自然之意，指人性自然具足，自然
而發，則人即是天，人天不二。如果人要合於天，則是參雜入人爲的思慮行
爲，心體便不能自然作用，即是湊泊。故而，在周海門的思想中，人即是天，
天即是自然不加思慮的意思。

三、對氣質之性的否定

與天命之性相對，北宋理學家還提出氣質之性的概念，南宋朱熹對天命
之性與氣質之性加以全面闡釋，以完善儒學的人性論，對人的現實行爲作出
合理的解釋。從而，氣質之性與天命之性共同成爲構建儒學心性論的核心概
念。周海門在否定天命之性的「天賦」內涵後，與弟子又對氣質之性有了一
段評論：

〔註38〕　周海門：《東越證學錄》卷四《越中會語》，第481頁上。
〔註39〕　周海門：《東越證學錄》卷九《題一樂堂冊》，第584頁下。

　　問：天命之性又有個氣質之性如何？先生曰：「言氣質之性，
孔孟無有。孔子只曰『習相遠也』孟子亦只曰『其所以陷溺其心者
然也』。言習言陷溺分明由我，言氣質之性，則諉之於天矣。〔註40〕

　　氣質之性這個概念由北宋理學家張載首先在其代表作《張子正蒙》中提
出：

　　性於人無不善，係其善反不善反而已。……〔註41〕

　　形而後有氣質之性，善反之則天地之性存焉。故氣質之性，君
子有弗性者焉。〔註42〕

　　張載的概念中，「性」是指天地所賦予的天地之性，天地之性是從人的道
德屬性來講，張載以為人之性是純善無惡的，只是在於人是否能夠返歸其天
地之性。人在形成之後，就會有氣質之性，氣質之性是從人的自然屬性來講，
張載以為「湛一，氣之本；攻取，氣之欲。口腹於飲食，鼻舌於臭味，皆攻
取之性也。知德者屬厭而已，不以嗜欲累其心，不以小害大、末喪本焉爾。」
〔註43〕則氣質之性當是指人的氣的攻取之性，是人的感官欲望。張載以為有
德者不能以嗜欲累其心，也就是不能讓氣質之性熾盛，而應該返於其天地之
性，有道德的君子不以氣質之性為性，而以純善無惡的「天地之性」為性。
因而張載提出氣質之性的概念，其目的是為了說明人性本善後惡的產生。

　　與張載同時期的二程兄弟以為「論性不論氣不備，論氣不論性不明」
〔註44〕。在二程看來，孟子道性善，是孔子學說的真正繼承者，然而孟子沒
有在理論上論證人為惡的原因，所以不備，而對氣質之性的闡釋可以彌補孟
子學說的不足，故而朱熹以為「程子論性所以有功於名教者，以其發明氣質
之性也。」〔註45〕程頤以為「性即理」，故性無不善，而人所受之氣有清濁
不同，則人有善惡之不同。

　　朱熹繼承程頤「性即理」的思想，以「理氣的關係」來解釋天命之性與
氣質之性的關係。朱熹以為人稟受天地之理而為性，他強調《中庸》「天命之

〔註40〕周海門：《東越證學錄》卷四《越中會語》，第 481 頁上。
〔註41〕張載：《張載集‧正蒙》，北京：中華書局 1978 年 8 月第 1 版，第 22 頁。
〔註42〕張載：《張載集‧正蒙》，第 23 頁。
〔註43〕張載：《張載集‧正蒙》，第 22 頁。
〔註44〕黎靖德編：《朱子語類》第一冊，北京：中華書局 1986 年 3 月第 1 版，第 67
　　　　頁。
〔註45〕黎靖德編：《朱子語類》第一冊，第 70 頁。

謂性」是言理，不是言氣，而且每個人所稟都是理之全體。朱熹又以爲「無
那天氣地質，則此理沒安頓處。但得氣之清明則不蔽錮，此理順發出來。蔽
錮少者，發出來天理勝；蔽錮多者，則私欲勝，便見得本原之性無有不善。」
〔註 46〕朱熹以爲「論天地之性，則專指理言；論氣質之性，則以理氣雜而言
之。」〔註 47〕則氣質之性是合理與氣的現實的人性，氣之清明蔽錮程度決定
天命之性是否能夠順發出來，從而決定人的善惡。

　　朱熹以爲「氣質之性」概念的提出很好地彌補了孟子的人性論，因爲它
解釋了人會爲惡的原因。而周海門以爲「言氣質之性，孔孟無有」，言下之意
是這個概念在儒家最偉大的兩位先哲那裡找不到理論依據。宋明理學家都有
一個共識，即尊崇孔孟。周海門認爲作爲儒學權威的孔孟沒有講到氣質之性，
朱熹等人所提出的「氣質之性」在孔孟思想中找不到根據，故而「氣質之性」
是不存在的，這是周海門話語中所隱含的意思。對於人善惡不同的問題，孔
子在《論語》中提到「習相遠」。孟子認爲人爲惡是因爲「陷溺其心」，也就
是人心陷溺於外物之中，喪失其本心。周海門認爲無論是孔子言習還是孟子
的「陷溺其心」，人爲惡的責任都在人自身。而朱熹等提出的「氣質之性」是
得自於天地，如果以氣質之性作爲人爲惡的依據，則是將爲惡的責任推諉給
天，而不是讓自己承擔爲惡的責任。

　　張載、二程、朱熹都以爲人的修養是要轉變人的氣質，使天命之性能夠
順發出來，這樣人就能轉惡向善，而周海門則以爲轉變氣質的說法不能成立。
他和弟子對轉變氣質的問題繼續進行討論：

　　　　曰：「言氣質之性，亦只要變化。」先生曰：「言習在我，則可
　　　變化。言氣質之性，天賦則不可變化。在我如器受染，我自染之，
　　　如衣受薰，我自薰之，故可變化。天賦則如紅花必不可爲綠花，猶
　　　臭必不可爲薰臭，變化亦虛語矣，可乎？」〔註48〕

　　周海門以爲如果將人爲惡的原因歸結於氣，並且氣是由天地所賦予的，
這樣氣就是不可變化的，海門還以花爲例：紅花與綠花都受天地之氣而成形，
一爲紅花，一爲綠花，而紅花必定不能轉變爲綠花。同樣的，人所稟之氣是
來自於天，則氣質之性也不能發生變化，則人就沒有道德修養的可能，人就

〔註46〕黎靖德編：《朱子語類》第一冊，第 66 頁。
〔註47〕黎靖德編：《朱子語類》第一冊，第 67 頁。
〔註48〕周海門：《東越證學錄》卷四《越中會語》，第 481 頁下。

不能去其惡而聖賢不能成，這顯然是與現實及儒家修身以入聖的宗旨是背離的，從而，周海門否定了氣質之性的存在。如果沒有「氣質之性」的存在，那麼人爲什麼會爲惡呢？周海門仍然以爲人之爲惡在於「習」，「習」是人們經常不斷的行爲，一些經常性的不好的思想、行爲使自己的本性受染，這樣，人爲惡的原因是在於自己。海門以爲只有原因在自己身上，人才可以變化自己，才能去惡修善。

周海門與弟子對氣質的有無繼續進行討論：

> 曰：「然則氣質無耶？」先生曰：「氣質亦即是習，自氣自生自質自成，無有賦之者。夫性，一而已矣，始終惟我，故謂之一。若謂稟來氣質由天，而後來變化由我，則成兩截。孟子曰『非天之降才爾殊也』，言有氣質之性，則殊矣。」〔註49〕

海門以爲所謂氣質只是「習」，是人自身的思想行爲所形成，故而是「自氣、自生、自質、自成」，並沒有一個外在的賦予者，是自己形成的。周海門認爲沒有氣質之性，人的性只是一個，並沒有天命之性與氣質之性的區分，人的自性本自我成，並非來自於天地。周海門還以爲如果氣質是來自於天，而後來自己又可以變化氣質，則前後不統一，分成兩截。他還引孟子「非天之降才爾殊也」一文來說明人的差異並不是天的賦予不同，如果以朱熹等人「氣質之性」的說法，則人的稟賦是不同的，這樣便與孟子的思想不合。故而，在周海門看來，稟自於天的氣質之性是沒有的。

周海門認爲沒有氣質之性。但是在以前的思想家中，經常會提到人的氣有清濁不同。周海門的弟子以爲如果沒有氣質之性，則人的氣的清濁又作何解釋呢？周海門弟子就此問題對周海門進行了問難。

> 曰：「昏明清濁之不同，何耶？」先生曰：「個個清，無有不同。」曰：「人固有生而惡者矣，有教之而不改者矣，亦有雖不爲惡只諭之義理，示之經書，一字不能通曉者矣，豈非渾濁？」先生曰：「生而惡者豈不知非，即穿窬亦知不可爲穿窬，見忠孝未嘗不知稱歎也。何嘗不明，何嘗不清。教之不改者心亦難昧，刑威亦知懼也。知懼則何嘗不清，何嘗不明，經書義理或不能通曉，不知飲乎？不知食乎？不知父母兄弟之爲親乎？知此則何嘗不清，何嘗不明，凡有不

〔註49〕周海門：《東越證學錄》卷四《越中會語》，第481頁下。

善，習而已矣，陷溺而已矣。故曰無氣質之性。」〔註50〕

　　在這段對話中，弟子與周海門對氣的清濁進行了問難。周海門的弟子首先問人的氣質爲什麼有清濁不同。然而海門否定了弟子對人的氣質有清濁不同的設定，他認爲人的氣質個個清明，沒有不同。然後，弟子從經驗上對周海門否認氣質的差異進行了駁難。他的弟子在這裡重點是從人的聰明愚笨上對周海門進行駁難。從經驗上看，有生而爲惡的人，教育他不能有所改變，同時也有那些雖然不爲惡的人，但是教其經書義理也他一字不能通曉。周海門弟子言下之意，人有善惡之差異，海門可以以「習」或者「陷溺」來解釋。但是對於人先天上智力的差異，只有從氣質渾濁的角度來說明。然而周海門也是從經驗上進行了回答，在周海門看來，人固然有生而爲惡者，但是也知道是非善惡，雖然爲惡，也知道不應該爲惡，見到忠孝之人也知道稱歎。爲惡之人即使屢教不改，然而內心對善惡的認知也不會埋沒。總而言之，即使是爲惡之人，內心的善仍然是清楚明白的，從這一點來看，周海門以爲人的氣質都是清明的。人爲不善，只是習而已，陷溺而已，人雖陷溺，但是卻知善知惡，因而氣質都是清明的，並沒有清濁之分，故而氣質之性是不存在的。周海門對弟子的辯駁並不是很充分，周海門弟子強調的重點在於人的學習能力，對於知識的理解能力先天有不同，也就是人在智力上有差異，從這點上來看。而周海門重點是強調人對善惡的認知，即使是爲惡之人，內心也是認爲不應該爲惡應該爲善，從而認定人的氣質都是清明的。周海門並沒有從弟子提出的論點上加以有效地辯駁。只是我們從中可以看出周海門是非常明確地否定氣質之性，而是從人自己的習性和陷溺來解釋人爲惡的原因。

　　勞思光先生在其《中國哲學史》中以爲王陽明的心學是宋明儒學發展的完成，是最逼近孔孟本旨的階段，是宋明儒學的高峰。他認爲宋明儒學經歷了三個發展階段，第一階段以周敦頤和張載爲代表，以「天」爲主要觀念，混有形而上學與宇宙論兩種成分；第二階段以二程和朱熹爲代表，淘汰宇宙論成分而保留形而上學成分。第三階段則以陸九淵、王陽明爲代表，所肯定者乃最高之「主體性」，爲心性論形態之哲學系統。勞氏以心性論及主體性爲判斷的標準，以爲王陽明是以「心」爲第一序的概念，陽明之學是主體性哲學的完成。

　　筆者以爲在陽明之學中，雖然陽明重視「心」而不重視「天」這個概念，

〔註50〕周海門：《東越證學錄》卷四《越中會語》第481頁下～482頁上。

但是我們仍然可以看出「天」這個概念在陽明心學中仍然具有超越於人之上的形而上實體的內涵，如王陽明所論：

> 先生（王陽明）曰：「性是心之體，天是性之原，盡心便是盡性。惟天下至誠爲能盡其性，知天地之化育。……」〔註51〕

從以上引文中我們可知王陽明仍然是以「天」爲人性所起的根源，天仍然是一超越於人之上的形而上的實體，並非如勞思光先生所說的陽明學只是以「心」爲核心的主體性哲學，只是在陽明心學中，「天」這個概念在陽明心學中已不再受到重視，「天」的意義在淡化，但是我們在陽明心學的資料中仍然可見「天」作爲形而上的實體的含義。

只是到海門時，周海門對「天」這個概念非常重視，爲了突出人作爲主體的重要性，海門對傳統經典文本中「天」的含義進行了重新闡釋，使得「天」不再是化育萬物、超越於人之上的存在者，從而否定宋明儒學中許多哲學家以人性爲天授予的哲學觀點。周海門以「天」爲固有、自然之意，從而認爲所謂天命之性的眞正內涵是人之性是本自固有，自然而有，自然而行。因而，人作爲一獨立主體的地位在周海門哲學中得到極大的彰顯，人性不需要從形而上學的「天」那裡找到依據，人是自本自根，以其道德實踐活動實現人的自性。人的道德實踐的根源來自於人自身，而不是來自於天道，因而周海門從根本上否定了天人合德的思想。

天人合德的思想在《周易》，特別是在解釋周易卦爻辭的《易傳》、《彖》、《象》、《文言》中集中體現，《中庸》也是天人合德思想的集中體現。周海門否定了天作爲超越存在者的意義，也就否定了人天合德的思想命題，周海門的思想是與《易傳》及《中庸》的思想顯然不同的。

在否定了天命之性的天賦內涵後，周海門又否定了人有氣質之性，他認爲人的氣質都是清明的，並沒有清濁不同，人爲惡不是因爲氣質，只是人的習性不同，人心陷溺於外物。周海門完全推翻了張載及程朱關於氣質之性的思想。

周海門以「心」爲本，既否定天賦予人以人性，也否定人的氣質之性的存在，將人的善惡的本原皆歸於人的自心，強化了人自身在其哲學中的作用，同時也是在強化人在道德實踐中的自主性，因而，周海門在對「天」這個概念作出新的闡釋後，其哲學使人作爲道德主體的地位得到了極大的提高，是

〔註51〕王陽明：《王陽明全集》，第 5 頁。

王陽明心學理論的新變化。

第四節　天性與形色

　　形色是指人的身體及其行為，人的身體、行為與天性關係如何，這曾經是《孟子》一書中所提到的一個重要論題，也是海門思想中的一個重要問題。孟子對形色與天性的關係是這樣論斷的：

　　　　形色，天性也，惟聖人然後可以踐形。〔註52〕

　　在《四書章句集注》中，朱子對孟子的這句話解釋是：「人之有形有色，無不各有自然之理，所謂天性也。踐如踐言之踐，蓋眾人有是形而不能盡其理，故無以踐其形。惟聖人有是形而又能盡其理，然後可以踐其形而無歉也。」〔註53〕

　　在朱子《論孟精義》中，朱子又彙集各個理學家對這句話的解釋。程伊川的解釋是：惟聖人然後踐形，言聖人盡得人道也。人得天地之正氣而生與萬物不同，既為人，須盡得人理，眾人有之而不知，賢人踐之而未盡，能踐形者惟聖人也。〔註54〕

　　程明道的解釋是：「惟聖人可以踐形者，人生稟五行秀氣，頭圓足方以肖天地，則形色天性也。惟聖人為能盡人之道，故可以踐形。人道者，君臣、父子、兄弟、夫婦之類皆是也。」〔註55〕

　　二程的解釋基本相同，相比於朱子更加清楚明白。在二程來看，人與萬物不同，人是得天地之正氣而成形，因而人的形色與萬物不同。古人皆以為宇宙的形狀是天圓地方，而人得天地之賦，故而其形色亦類似於天地，故而形色乃天性，天性即是人性。聖人能盡人之性，則是聖人能夠踐形，踐人之形。從中我們可以看出，二程以為孟子一語中人的形色是指人身體的形態，人身體的形態即是天性的表現，也即是人性的表現。而在明道看來，人道即是君臣、父子、兄弟、夫婦等倫理關係，聖人能夠盡人倫之道，則就是能夠實現人道，那麼就是能夠實現天賦予人的天性，人的形色即是天性的表現，

〔註52〕朱熹：《四書章句集注》，第360頁。
〔註53〕同上。
〔註54〕朱熹：《論孟精義》，《朱子全書》第七冊，上海古籍出版社、安徽教育出版社2002年12月第1版，第820頁。
〔註55〕朱熹：《論孟精義》，第820頁。

人能盡性，則就是能夠踐形。

朱子的解釋沒有明確「理」的內涵。「形色」這一概念可以有不同的解釋，二程將形色解釋爲人的身體的形態，這是從外形而言。在《孟子注釋》中，趙岐將形色解釋爲人的體貌尊嚴，突出強調人的思想行爲所形成的體態表情，與二程的解釋顯然不同。朱子沒有明確指出形色的含義，而且明道將天性落實到人道，即人的倫理道德。而朱子沒有明確理的人倫內涵。

二程的弟子游定夫對孟子這一句話的解釋又迥異於二程和朱子。朱子《論孟精義》有摘錄其解釋：

> 游曰：性者，性之質也。能盡其性，則踐其形而無愧矣。蓋萬物皆備於我，則其所有何物不備。反身而誠，樂莫大焉，爲其能盡性而踐形也。若反身未至於誠，則是於性有所不盡，未能盡性則於質有所不充矣。故曰：惟聖人然後可以踐形。箕子曰：視曰明、聽曰聰。視謂之明，聽謂之聰，皆耳目之本然也，能盡視聽之性，則能盡耳目之形。苟視聽不足於聰明，則是有耳目之形而無視聽之實德也，豈不愧於形哉。〔註56〕

在游定夫看來，人的形色主要側重指人的各種感覺器官，人能通過其視聽的功能感知外界事物，使外界事物進入到自己的內心之中，故萬物皆備於我。性是形之質，則耳之性即是聽之聰，目之性即是視之明，因而踐形即是要充分發揮形之性，就是要極視聽之聰明，如果人的視聽能力不足，則是空有耳目之形，而沒有實現耳目之性。因而，游定夫所謂的天性是指人身體各部分的自然能力，不是指人性的道德倫理能力。而游定夫所謂的踐形是指完全實現人的身體各部分的自然能力。

二程與游定夫對形色與天性的兩種解釋是非常典型的兩種解釋。下面我們再看看周海門對形色與天性的解讀。周海門在越中與弟子曾經討論過這個問題。

> 問形色、天性。先生曰：「言形色中有天性則二之矣。形色即天性，不二之旨，非眞見性者不能道。試取喻論之，形色如人像，天性如黃金。黃金鑄人像，則渾身無不是黃金。是故，耳，黃金也；口鼻，黃金也。以至手足腹背無一而非黃金，再無別物。然而人不

〔註56〕同上。校勘記：「性者，性之質也」，下「性」字疑爲「生」之誤，筆者疑爲「形」之誤。

識者，見耳則謂耳也，而不見金；見目則謂目也，而不見金。以至
口鼻手足腹背皆見口鼻手足腹背而不見黃金。蓋一鑄爲形則泥於
形，是以謂之日用而不知也。〔註57〕

周海門以爲形色與天性不二，形色即是天性。海門以黃金人像爲喻來說明二者之間的統一關係。黃金鑄成人像，黃金是天性，人像是形色。而人像渾身都是黃金，耳目口鼻皆是黃金，則黃金是以人像的形態表現出來，人像的每個部分都是黃金的表現，則形色即是黃金，形色之外別無黃金。周海門以爲普通人不識形色即天性，只知道耳是耳，目是目，而不知道耳與目的體性是黃金，故而普通人只是執著於形色，不知道形色本是黃金之性。周海門以黃金人像的比喻揭示了形色即天性的不二關係，則人的形色都是天性的具體體現，是天性的作用。天性即是人的本性，人的本性通過人的形色體現出來，形色是人身體的實踐行爲，身體的實踐行爲由心體所主宰，故而形色的本質是人之本性。

周海門的這個比喻很明顯是借用了佛教華嚴宗的著名比喻。華嚴宗的建立者法藏大師在其《華嚴金獅子章》中，以金獅子爲喻說明色與空性之間的關係。金獅子是用黃金鑄造成的獅子像，在說明黃金與獅子相的關係時，法藏論述到：

謂獅子相虛，唯是眞金。獅子不有，金體不無，故名色空。又
復空無自相，約色以明，不礙幻有，名爲色空。〔註58〕

法藏以爲獅子相不是眞實有，其體性是眞金，故而是色空，但是空性又是因色而體現，空性不妨礙獅子之相，故而色即是空，色與空性不二，色是空性的體現。眾生只見色相，不見色的體性是空性。

筆者以爲周海門黃金人像之喻當是受到法藏金獅子之喻的啓發。以黃金比喻人之本性，以黃金人像比喻人之形色，並且運用了佛教色空不二的思維模式，將之運用於對人的形色與天性關係的解釋之中。在佛教以爲，色即是空，色空不二，凡夫執著於色相，不知色相本性是空性。同樣的，在周海門的思想中，形色即是天性，形色與天性不二，形色即是天性的具體表現，人身體的實踐活動是人的本性之所發，是人的本性的具體體現，故形色與天性

〔註57〕周海門：《周海門先生文錄》卷二《越中會語》，第158頁下～159頁上。
〔註58〕法藏著方立天校釋：《華嚴金師子章校釋》，中華書局1983年9月第1版，第
　　　6頁。

無二。

然後，海門又對天性作了一段詳細的闡釋：

> 夫此黃金之體聖凡皆同，惟其不知，是以有等，馳求之士慕聖
> 菲凡而不知自身黃金，不用博金。又有等暴棄之人，咎己根性而不
> 知自身黃金本貴本尊。夫此黃金之體，磨瑩之、華美之，置之清廟
> 明堂之上而貴潔。懸之清天白日之中而燦爛，而黃金不增也。薰染
> 之，輕賤之，蒙之糞土廁溷之內而污穢，潛之九地重淵之下而沉埋
> 而黃金不變也，亦奇矣哉。天性之旨不可不悟也。〔註59〕

周海門仍然是以黃金爲例來說明人的天性。周海門在這段話中表達了兩
層意思：第一，海門以爲每個人都具有相同的體性，不論是凡人還是聖人，
體性皆同。人們向外馳求，嚮往聖賢，卻不知道自己體性本自與聖賢相同，
並不需要向外馳求。還有一些人以爲自己的根性很差，不能爲聖賢，在海門
以爲，這些人不知道自己的體性其實是與聖賢的體性是完全相同的。這樣，
周海門建立其聖凡本性相同的思想理論。第二，周海門以爲人的體性不增不
減。他還是以黃金爲喻，黃金之體無論如何磨瑩或者置於華美的地方，黃金
的體性本身不會發生變化，比喻人雖然進行修養的實踐活動，人的自性並沒
有增加一些。同時也比喻人即使身處高貴的地位，也不會使人的自性有所增
加。另一方面，將黃金薰染之或者置於糞土之中，或者埋藏於極深的地下，
黃金本身並不會消失，黃金的體性也不會減少。海門以此比喻人雖然陷溺於
外物，內心被污染，但是人的自性只是被污垢所蒙蔽，其自性仍然沒有發生
變化。從中我們可以看出在周海門看來，無論人所處的社會地位如何，人的
本性不會有增減。人陷溺於外物爲惡，人的本性沒有減少。人去惡向善，成
爲聖人，人的本性也沒有增加。

周海門對人的天性與形色不二關係的說明，將形色上升到與天性不二的
地位。在一般人看來，肉身是沉重的，而心性是玄妙的，而且人的肉體需要
得到很好的滋養，因而爲了獲得耳目口鼻之欲，往往使得自己的心性陷溺於
欲望之中，而使心性蒙蔽。故而人們一般以爲身體是沉重的，身體的行爲會
使人走向墮落。身心的二元對立分離以及對身體的蔑視而重視純粹的心靈是
中西文化中一個十分普遍的現象。而在孟子看來，形色即是天性，周海門更
是從形色與天性不二的傳統命題對之進行進一步的闡發，將形色置於與天性

〔註59〕周海門：《周海門先生文錄》卷二《越中會語》，第159頁上。

同等的地位，以爲形色是天性的表現，沒有形色，則天性無從顯示自己的作用。海門強調人們不能泥於形色，而應該看到形色即天性。從海門的思想進一步去看，形色與天性是統一的，不是分離的，並不存在人的心性是純潔污染，而肉身是不淨的。身體有道德的實踐行爲正是本性清淨污染的體現，人的本性所蘊含的道德價値只有通過身體的實踐作用才能顯現出來。

既然形色即天性，則踐形便是盡性。對於孟子所說的踐形，海門又進行了進一步的闡釋：

> 問踐形。先生曰：「踐形即盡性，恐人以形性爲二，故如此立言耳。即如金像之喻人，見耳而不見金，則是金不到耳矣，何以爲耳？見目而不見金，則是金不到目矣，何以爲目？以至口、鼻、手、足、腹、背皆然，且又受染受薰色改智昏，則金像全虛，謂之不踐。惟聖人則眞見遍體皆金，無非黃金用事且又不染不薰，色明質瑩然後金人之形乃爲不虛而謂之踐耳。慈湖子云：『動靜語默皆天性也，人謂我爲之，是將黃金作頑鐵用耳。』不作頑鐵用，夫是之謂踐形。」
> 〔註60〕

周海門以爲孟子擔心人們將形色與天性分而爲二，故而言踐形而沒有言盡性，實際上踐形即是盡性，因爲形色即是天性。周海門再次以金像爲喻來說明踐形與非踐形的兩種情況。所謂非踐形的情況，他以爲如同是見耳、目、口、鼻等而不見金，且又使之受染受薰，使金性全虛，其意是指人只知耳、目、口、鼻，而不知它們都是人的天性之用，忘失其天性，從而使得人的形色之軀沉溺於染污的環境之中，人的天性受到遮蔽，這樣就是不能踐形。所謂踐形是指聖人見到形色遍體皆金，都是黃金的作用，但是又不染不薰，色明質瑩，就能即金人之形而顯現其金性的作用，這樣就是踐形。其比喻意爲人要知天性，人身雖在世間行事，而其天性卻不被世間的惡劣環境所染污，保持其天性不被蒙蔽，則身體的行爲全是天性之用，這樣就是踐形。海門還引用了楊慈湖的話來說明人要在其生活之中使其行爲都是天性之發用，而不是以私見私欲爲之，這樣語默動靜都是天性使然，身體的行爲都是人之本性的發用，這就是踐形。

綜上所述，周海門所謂之踐形即是人們不能只注重於自己的感官，而忽視自己的心性，使自己的身體執著於世間的欲望，使得心性蒙蔽。應該看到

〔註60〕周海門：《周海門先生文錄》卷二《越中會語》，第159頁。

人之爲人的天性，使得天性與形色統一，使心性在人身體的實踐活動中完全
體現出來。心體通過身體的實踐功能產生作用，心體本身保持虛寂的狀態，
不陷溺於物，這樣身體的行爲始終是良知本性的體現。作爲道德實踐的主體
雖處世間，且與世間發生作用，但是卻不受污染，心性常自朗照，心性的道
德活動現於身體的實踐活動。這正是如孟子所說的「君子所性，仁義禮智根
於心，其生色也睟然，見於面，盎於背，施於四體，四體不言而喻。」〔註61〕

〔註61〕朱熹：《四書章句集注》，第 355 頁。

第三章 心性之無善無惡

宋明理學以心性論作爲其思想的核心，對於心性的善惡問題一直爲宋明理學所重視。唐末韓愈以闢佛揚儒爲宗旨，提倡儒學作爲中國文化的正統地位，並且以《原道》一篇提出一套儒家的道統傳承體系，以孟子作爲孔子儒家學說的傳人。宋初儒學大興，儒者大都沿著韓愈所提出的尊儒闢佛的思想路線，並且認同韓愈所提出的儒家道統之說，孟子則成爲宋明學者所尊崇的對象，其實際地位僅次於孔子而有「亞聖」之稱，而在孟子哲學中所非常注重的心性論思想也成爲宋明儒者重點研究和討論的主題。陽明心學尤重心性，其理論構建實得益於孟子甚多，而周海門作爲心學傳人也對孟子心性論有所闡釋和發揮。

第一節 人性論

一、性之無善無惡

在中國哲學史上，孟子以其心性本善論而著稱，在《孟子》一書中，孟子與告子對「性」有一場辯論：

> 告子曰：「性猶湍水也，決諸東方則東流，決諸西方則西流。人性之無分於善不善也，猶水之無分於東西也。」

> 孟子曰：「水信無分於東西，無分於上下乎？人性之善也，猶水之就下也。人無有不善，水無有不下。今夫水，搏而躍之，可使過顙；激而行之，可使在山。是豈水之性哉？其勢則然也。人之可

使爲不善，其性亦猶是也。」〔註1〕

周海門在其著作《四書宗旨》中對此段有評論：

> 人性未動於情時，原無分於善不善。謂之善者，自其發動處言之，發動處無有不善。孟子所謂「赤子之心」及「孩提之愛親敬長」，便至壯年、衰老時，初念無有不善者。後或爲聲色貨利所引，死亡貧苦所迫，乃有入於不善之歸者，原非其本體如是。告子乃並其未發、已發，而皆謂之無分，則謬矣。孟子所以必從而力辨之。然後儒不悟孟子之旨，而指未發時，亦加一「善」字。夫水未出山下時，可加得「下」字否？則知人性未萌時，亦加不得「善」字。「人性之善也」，「之」字對下「就」字說；下不言「性無有不善」，而但言「人無有不善」，「人」字就指惻隱、善惡處言之，其用字斟酌如此。前所謂聲色、貨利、死亡、貧苦所引而迫之者，即搏躍、激行之喻也。〔註2〕

周海門對孟子與告子對話的解讀是頗具有特點的。他是從人心的未動與已動狀態來說，當心體未動時，周海門以爲「無分於善與不善」。「無分於善與不善」並不是指無法判斷心體是善還是不善，而是指未發時的性不是「善」、「不善」所規定的對象，周海門以爲是非言語能說。如海門在《東越證學錄》卷三所言：

> 問本體。先生曰：汝見虛谷乎？呼之則響應，谷中何有。又不見橐籥乎？動之則風生，橐中何有。能生響生風，則決不斷滅。然虛而無有，則無可形容。……孟子言乍見孺子之心，只說得響與風，以上難說。〔註3〕

「乍見孺子之心」是看到小孩子落井之後人的惻隱之心，是心體產生作用後的形態，周海門以爲「以上難說」，是指從具體的心的狀態往上推導，心體本身難說，也就是無法用語言形容。故而，周海門以爲人性未動時，是無所謂善惡的。但是海門以爲當心體發動時，則無有不善，即是善，「初念無有不善」，則初念之善是心體由寂靜狀態發生作用時產生的具體狀態，心體發生作用的狀態是持續的，周海門以爲最初心體所起作用都是善的，然而

〔註1〕 趙岐注、孫奭疏：《孟子注疏》，十三經注疏標點本，北京大學出版社，1999年12月第1版，卷第十一上第295頁。

〔註2〕 周海門：《四書宗旨》，第616～617頁。

〔註3〕 周海門：《東越證學錄》卷三《武林會語》，第452頁下。

在第二念或者後來的作用狀態中，有些人會因爲聲色貨利所引或者死亡、貧窮所迫，心念便會入於不善，因而不善是心從善的作用方向偏離，走向惡的作用方向。周海門以爲並不是心的本體就是惡。

　　周海門批評告子不分已發未發，無論未發還是已發狀態，都認爲心無分於善惡。海門以爲孟子對告子的辯駁是從已發狀態來講的，孟子並沒有講「性善」，「性善」的說法只是後來的儒生誤解了孟子的意思。周海門對「人性之善也，猶水之就下也」一句進行了另一種解讀，一般對「人性之善」的「之」解釋爲「的」，則「人性之善，猶水之就下也」就是指人性本身是善的，就如同水有就下的本性。然而，海門以「人性之善」的「之」與「水之就下」的「就」相對，「之」是「就」的意思，則「人性之善也，猶水之就下也」的意思是人性向善，正如水總是向下流。海門又以爲下文孟子不言「性無有不善」，而是言「人無有不善」，人是從心的作用處來說，不是從性上說。通過這樣的解讀，原文就有了另外一種意思，則人性只是有向善的趨勢，而性本身不能以「善」界定，因而性不身是無所謂善惡，性所發之作用是善。周海門以爲這是孟子眞正的思想，「性善論」是錯解孟子。

　　周海門以爲許多關於性的理論只是講到一部分，而不見心性之全體，且看其對公都子詢問孟子關於「性」一段的注解：

　　　　公都子曰：「告子曰『性無善無不善也』。或曰：『性可以爲善，可以爲不善；是故文武興，則民好善；幽厲興，則民好暴。』或曰：『有性善，有性不善，是故以堯爲君而有象，以瞽瞍爲父而有舜，以紂爲兄之子且以爲君，而有微子啓、王子比干。』今曰性善，然則彼皆非與？」

　　　　孟子曰：「乃若其情，則可以爲善矣，乃所謂善也。若夫爲不善，非才之罪也。惻隱之心，人皆有之；羞惡之心，人皆有之；恭敬之心，人皆有之；是非之心，人皆有之。惻隱之心，人也；羞惡之心，義也；恭敬之心，禮也；是非之心，智也。仁義禮智，非由外鑠我也，我固有之也，弗思耳矣。故曰：『求則得之，舍則失之。』或相倍蓰而無算者，不能盡其才者也。」〔註4〕

　　周海門在《四書宗旨》中對此段的評論是：

　　　　告子等三說不可言是，不可言非。「無善無不善」，「性相近

─────────────

〔註4〕朱熹：《四書章句集注》，第328頁。

也」;「可善可不善」,「習相遠也」;「有善有不善」,「上智、下愚不
移也」。夫子見其全體,已俱到盡。此三說者各見一端,如盲人摸
象,摸著首,則言首之形;摸著腹,則言腹之形,摸著足,則言足
之形,固不可言非,實不可言是也。孟子已見其全體,而重在提醒
人心,故其立言有法。公都子乃謂「今日性善,全是死語」。孟子
道性善,當是此等門人所記。又曰「彼非」,亦是死語。孟子之言,
而注則云「人之情本但可以爲善,而不可以爲惡」,視本文何如?
「乃所謂善也」,亦輕輕點過,而注則云「性之本善可知」,孟子何
曾有個「性」字來?〔註5〕

　　周海門以爲告子等三說只是各說了心性論的一部分,而沒有見到全體。
周海門所謂的全體則是《論語・陽貨》中孔子所說「性相近也,習相遠也」
及「唯上知與下愚不移」。海門以爲告子的「性無善無不善」即是孔子的「性
相近也」,也就是周海門以爲孔子所說的「性相近」是指人的性都是無善無
不善。在此我們可見到周海門思想中的一個矛盾點,告子論證人的性無善無
不善,是從人既會爲善也會爲惡來推導人之性既不能說是善,也不能說是
惡。而周海門所謂的「無善無不善」乃是從心未發動處言,從心的發動處向
上推尋心體,心體難言,不可以言語形容,故而性是「無善無不善」,心體
超越善惡的界定。因而周海門的「無善無不善」與告子所說的「無善無不善」
是有區別的。「可善可不善」是指性之發動,初念爲善,然而又會因爲客觀
原因的逼迫而使人可能爲惡,因而「可善可不善」,周海門以爲這正是孔子
所說的「習相遠」。至於「有善有不善」,周海門以爲就是孔子所說的上智與
下愚,上智爲善,而下愚爲惡。周海門以盲人摸象的比喻說明告子等三說沒
有將心性論的全體講完整,而只有孔子所講才是見到心性的全體。

　　周海門對孟子的態度頗耐人尋味。如果按照周海門的心性論,則孟子也
只是說了一部分,並沒有說到性之「無善無惡」。因爲在周海門的時代,孟
子的地位已經相當尊崇,僅次於孔子,其理論已經是儒學的權威。故而周海
門沒有批評孟子,而是講孟子也見心性全體,只不過孟子爲了提醒人心,啓
發人爲善,故而特別從善這一方面說,並且周海門要貫通自己和孟子的思
想,他以爲所謂「孟子道性善」只是公都子的見解,並非孟子的眞實意圖,
孟子所言之善並不是從性上說,而是從人之情可以爲善上來說。「人之情本

〔註5〕周海門:《四書宗旨》,第619～620頁。

但可以爲善，而不可以爲惡」，是朱子《孟子集注》對孟子回答中「乃若其情，則可以爲善矣，乃所謂善也」一句的注解，周海門以爲朱子的注解不當，違背了原文的眞正意思，海門的意思是孟子言人之情可以爲善，則潛在之意孟子當也認爲人之情可以爲惡，只是孟子強調情之爲善，並從這點上進而說「乃所謂善也」，孟子只是對「乃所謂善也」輕輕點過，並沒有重點突出。然而朱子卻以爲人之情只可以爲善而不可以爲惡，周海門以爲並不符合孟子的原意，進而周海門認爲朱子由此推出「性之本善可知」更是錯解，「乃所謂善也」並沒有一「性」字，周海門以爲朱子只是自己加上，孟子並未言「性善」，只是朱子自己的解讀，而周海門對此解釋頗不認同。綜上我們可知周海門以爲孟子針對情可以爲善可以爲惡重點突出情可以爲善，而性是無善無惡的，孟子未曾講過性善。

《孟子・滕文公上》開篇有「孟子道性善，言必稱堯舜」〔註6〕。《孟子》一書本爲孟子及其門人弟子所記，周海門以爲這一句不是孟子所說，而是公都子等門人所記。且看周海門在《四書宗旨》中對該句的評論：

> 「孟子道性善」，此門人所記，必公都子輩也。孟子不曾道性善。〔註7〕

海門以爲如果言性善，則是沒有理解孟子的微言大義，同告子等三說一樣都不見心性全體。如周海門在越中與弟子論學時所述：

> 論性不言三說之非，而公都子曰「然則彼皆非與」，便起是非。答他亦不言性善，只借情言之而公都子曰「今曰性善」，失孟子之微，與三說同爲摸象之見。〔註8〕

故而，周海門以爲孟子的善只是情善，而性本身是無善無惡的。

二、無對之善

在提出性無善無惡的思想命題後，周海門以爲若要說性善，則性善之善是無對之善，又提出無對之善的概念。

> 公都子所問者性而孟子所對者曰才曰情，更無一語及性，不可言故也。「孟子道性善」一句亦是門人所記。人性之善，猶水之

〔註6〕朱熹：《四書章句集注》，第251頁。
〔註7〕周海門：《四書宗旨》，第566頁。
〔註8〕周海門：《東越證學錄》卷四《越中會語》，第476頁下。

就下，「之」字對「就」字，亦指其發處言之，何嘗道性善。必欲言善，則所謂無對之善而已矣。楊龜山問東林常總禪師曰：「孟子道性善，說得是否？」總曰：「是。」龜山曰：「性豈可以善惡言？」總曰：「本然之善，不與惡對」。胡安定（當為文定）得其說於龜山，安定（當為文定）之子五峰曰：「性者，天地鬼神之奧也，善不足以明之，況惡乎。」孟子說性善云者，歎美之詞，不與惡對。夫如此，則雖謂孟子道性善可也。〔註9〕

　　從上文來看，周海門無對之善的思想大概是受到楊龜山〔註10〕及胡五峰〔註11〕的影響。從楊龜山對常總禪師〔註12〕的問題的語氣來看，龜山是對性善之說有懷疑的，在龜山來看，性是不可以以善惡來言的，而常總禪師卻以為性善之說是可以成立的，禪師認為性善之善是本然之善，是不與惡相對的善。龜山對於常總禪師的論述是接受的，且看龜山著作裏的一段語錄：

　　　　總老言經中說十識，第八庵摩羅識，唐言白淨無垢，第九阿賴耶識，唐言善惡種子。白淨無垢，即孟子之言性善是也。言性善，可謂探其本。言善惡混，乃是於善惡已萌處看。〔註13〕

　　文中總老當是指常總禪師，上文所述第八庵摩羅識、第九阿賴耶識有誤，第八識應為阿賴耶識，第九識為庵摩羅識。可能是常總言說錯誤，也可能是龜山轉述錯誤。然而卻並不礙對文意的理解。照常總禪師所說，庵摩羅識白淨無垢，而第八識儲藏善惡種子，故而菴摩羅識就是性善，而第八識則是有善有惡。性本是善，而當心體產生作用，則有善惡的混雜。將上兩段引文相聯繫，我們可以看出常總禪師所說的性的無對之善是從佛教第九識庵摩羅識的白淨無染來說的，而且龜山接受了禪師的觀點。因為第九識無有惡種子，且是心性根源，故而禪師以為性是無對之善，是不與惡相對的善，而第八識是善惡相對的，故而是與惡相對待的善，不是無對之善。

　　周海門以為胡文定得無對之善之說於楊龜山，而胡五峰傳承家學，故而楊龜山見解影響到胡五峰，但以筆者來看，胡五峰只是主張性無善無惡之

〔註9〕周海門：《聖學宗傳》，卷四第72頁下。

〔註10〕楊時（1044～1130），字中立，宋將樂人，稱龜山先生，師從程明道、程伊川，為傳承二程思想最重要的弟子之一。

〔註11〕胡宏（1102～1161），字仁仲，號五峰，人稱五峰先生。開始從楊龜山、侯仲良學習，後傳其父胡安國的學問。

〔註12〕常總禪師，臨濟宗黃龍慧南禪師傳人。

〔註13〕黃宗羲：《宋元學案》，中華書局，1986年12月第1版，第950頁。

說，以爲善惡不足以說明性。並且龜山無對之善顯然是來自於常總禪師的說法，是以佛教的心識說來融合儒家心性論。龜山晚年好佛，並且以儒佛實無二理。而胡五峰以佛教爲邪說暴行，必然不能接受楊龜山無對之善的說法。故而筆者以爲周海門的講法不太允當。但周海門有強烈的儒釋會通的思想傾向，故而海門可以接受無對之善的說法，以性之無善無惡也可說是無對之善。周海門無對之善顯然是得自於楊龜山，而性無善無惡的思想有受到胡五峰的影響。

周海門以爲孟子思想是以性爲無善無惡，告子亦以性爲無善無惡，而孟子的無善無惡與告子的無善無惡之說是有差別的。

> 或問：善不與惡對，則是無善無惡，告子亦言無善無惡，何以異？曰：「告子著在無善無惡上，便都不管，如弗求於心，弗求於氣是也。孟子無善無惡不著在無上，本無善無惡而不礙爲善去惡，實爲善去惡而初不見有善有惡，毫釐之差，辨諸此。」〔註14〕

周海門以爲告子以性爲無善無惡，便不加修養工夫，放任善惡的發動，不去照管，不做爲善去惡的工夫。而孟子的無善無惡，也必須加以修養的工夫，性爲無善無惡，然而其發用卻會有惡出現，故而要加以爲善去惡的工夫。海門以爲孟子以性爲無善無惡，但是同時也強調要有爲善去惡的工夫，並且爲善去惡而不見有善有惡，所謂不見有善有惡，並不是指人不知道心性發用時有惡出現，心體必自知內心有惡出現方能化解，故而當內心出現惡時，心體自知並且化解噁心以歸於無，此時心體便不再著於剛才出現的噁心，故而是不見有惡。而當心體呈現爲善的狀態時，心體自然作用下去，而不是再以善爲對象去著於其上，因而是不見有善。海門強調爲善去惡而初不見有善有惡，這是修養的方法。海門認爲告子沒有修養工夫而孟子有修養工夫便是孟子與告子性無善無惡論的區別。

三、對歷史上重要人性論的評價

在中國哲學史上，自孟子後，許多思想家對於性的善惡問題提出自己的主張，較典型的有荀子、揚雄等，周海門對之一一進行了評價。

荀子在其《性惡篇》中提出其性惡善僞的思想：

> 人之性惡，其善者僞也。今人之性，生而有好利焉，順是，故

〔註14〕周海門：《聖學宗傳》，第72頁下。

爭奪生而辭讓亡焉。生而有疾惡焉，順是，故殘賊生而忠信亡焉。
生而有耳目之欲，有好聲色焉，順是，故淫亂生而禮義文理亡焉。
然則從人之性，順人之情，必出於爭奪，合於犯分，亂理而歸於暴，
故必將有師法之化，禮義之道，然後出於辭讓，合於文理，而歸於
治。用此觀之，然則，人之性惡，明矣。其善者，偽也。〔註15〕

　　荀子從人之生而有好利、疾惡、耳目之欲，認為人的本性是惡的，是不
待學而本具的，而人是通過後天接受禮義的教化與規範才使人行善的，因而
善是學而成的，故荀子稱之為偽。針對荀子的性惡之論，周海門在《聖學宗
傳》中引王龍溪的話加以評論。

　　　王子曰：「孟子說性善，從源頭上說來亦只是說個大概如此，
　　荀子性惡之說是從流弊上說來也，未可盡說他不是。」〔註16〕

　　王子即王龍溪，王龍溪以為孟子是從源頭上來說性善，龍溪以為孟子只
是說了個大概，並沒有把心性的問題講得全面，其實言下之意是沒有把人為
惡的問題講得明白。龍溪以為荀子的性惡之說是從流弊上來講，流弊與源頭
相對照，意思是荀子並沒有講到心性的源頭，只是從心性產生作用後發生弊
端上來講人會為惡，經過這樣的闡釋，龍溪以為荀子講得也不能說不正確。
海門作為龍溪的弟子，又引龍溪的話，必然是贊同龍溪的觀點。對孟子的態
度，周海門與龍溪稍有不同，龍溪隱含著認為孟子性善之說不完備的態度，
而周海門以為孟子有瞭解到心性論的全體。對荀子性惡說，周海門與龍溪的
態度應該相同，並沒有直接否定荀子的觀點，周海門當以為荀子所說的性惡
實際上只是從情上來講，並不是從性上來講，因而荀子的性惡只是情惡，而
在海門看來情是會為惡的，故而海門以為荀子的性惡之說也並不能否定。這
樣周海門以自己的心性論思想解讀荀子，將荀子的性惡之說納入到自己的心
性論體系之中。

　　在《聖學宗傳》中，周海門摘錄揚雄論性善惡混的段落，並且還摘錄宋
咸及司馬光的注，並且對他們的心性之說作出評論。《法言》一書中，揚雄講
到：

　　　人之性也善惡混，修其善則為善人，修其惡則為惡人。氣也

〔註15〕王先謙撰：《荀子集解》卷第十七《性惡篇》，中華書局1988年9月第1版，
　　　　第434頁。
〔註16〕周海門：《聖學宗傳》，第80頁下。

者，所適善惡之馬也歟。〔註17〕

宋咸的注釋是：

> 孟子已言人性善，是論上品矣，荀子已言人性惡，是論下品矣，
> 而未及中品，故於此謂人之性善惡混，三子言性各舉其品教，亦備
> 矣。〔註18〕

司馬光的注釋是：

> 孟子以爲人性善，其不善者，外物誘之也。荀子以爲人性惡，
> 其善者聖人教之也。是皆得其一偏而遺其本。實善與惡猶陰之與陽
> 也。雖聖人不能無惡，雖愚人不能無善，必曰聖人無惡則安用學矣，
> 必曰愚人無善則安用教矣。譬之於田，稻粱藜莠相與並生。孟子以
> 爲仁義禮智皆出乎性者也，是豈可謂之不然乎。然殊不知暴慢貪惑
> 亦出乎性也，是信稻粱之生於田而不信藜莠之亦生於田也。荀子以
> 爲爭奪殘賊之心，人之所生而有也，不以師法禮義正之，則悖亂而
> 不治，是豈可謂之不然乎。然殊不知慈愛羞惡之心亦生而有也，是
> 信藜莠之生於田而不信稻粱之亦生於田也。故揚子以人之性善惡
> 混。〔註19〕

從以上所引揚雄的話來看，揚雄是主張人性是善惡混雜的，當人將其性
善的一面發揮出來，就是善人，而將其性惡的一面發揮出來則是惡人。宋咸
的注釋所體現的思想與揚雄不同，很顯然，宋咸是提倡性三品說，他是根據
孔子言「中人以上可以語上，中人以下不可以語上」及「唯上智與下愚不移」
來確定其性三品說的，宋咸以爲孟子所說的人性善是論上品人，而荀子的人
性惡是論下品人，而揚雄言人性善惡混是論下品人。他以爲只有將孟子、荀
子及揚雄三人的思想結合起來，對心性善惡的討論才算完備。司馬光的思想
與宋咸不同，與揚雄是一致的。司馬光以爲每個人的本性既有善又有惡，即
使是聖人也有惡，而愚人也必有善。他認爲孟子只是以善出於性，而不知惡
也出於人性。荀子只以惡出於人性，而善是後天禮樂的教化不是出自人性，
司馬光以爲荀子不知道善也是出於人性的。顯然司馬光認爲善惡都是出自人
性，故而司馬光認爲人的性是善惡混，與揚雄的主張相同。

〔註17〕汪榮寶撰：《法言義疏‧修身卷第三》，中華書局1987年3月第1版，第85頁。
〔註18〕周海門：《聖學宗傳》，第84頁下。
〔註19〕同上。

周海門對揚雄、宋咸、司馬光三人的評論是：

> 夫學，知性而已矣，不知性，何以語學，然知性固不易也。荀、
> 宋、馬之見皆所謂群盲摸象，不可言非，不可言是，晦翁謂「荀子
> 只見得不好人底性，便說做惡，揚子只見得半善半惡人底性，便說
> 做善惡混，如孟子說性善終是未備，所以不能杜絕荀揚之口」。晦翁
> 之言可謂備知偏指之失矣。〔註20〕

周海門以為荀子的性惡說、揚雄與司馬光的善惡混說、宋咸的性三品說
都是如同盲人摸象一樣，只能講到心性的一部分，但是卻以為是心性的全體。
故而海門以為不能完全否定這些思想家的觀點錯誤，但是也不能認為這些思
想家所講是正確的。

四、對「性」概念之總結

唐君毅先生在其《中國哲學原論·原性篇》中對「性」這個概念有深入
的分析，他將古代言性的觀點歸納為四種不同的形態：

> 然在一切複雜多歧之言性之諸論中，吾人仍可由人之十目所
> 視、十手所指之大處，以知古今論性之言之所會聚之地，與所自
> 出發之觀點之大者。此則不外或為由向外觀看思省，以知人與萬
> 物在自然或社會所表現之共性、種類性、及個性、關係性；或為
> 向外思省而知之人與萬物，所同本或同歸之形上的最初最始之一
> 因、或最終果之體性、或形上的實體性；或為由向內觀看思省而
> 知之吾人之當前有欲有求之自然生命之性，與有情有識而念慮紛
> 如之情識心之性，更求知其實際結果及原因之體性；或為向內思
> 省而知之吾人之心靈生命所向往、而欲實現、欲歸止之人生理想
> 性，而即此理想性，以言人之生命與心之最初或最終之體性與價
> 值性。分別由此四方面出發之言性之論，則恒須通過一內外先後
> 之交之性，即吾人前所謂「趨向」或「幾」之性，以為轉向其他
> 之觀點之中樞。此五性，即吾人今可憑之以觀中國先哲言性之思
> 想之流變者也。〔註21〕

〔註20〕周海門：《聖學宗傳》，第84頁下～第85頁上。
〔註21〕唐君毅：《中國哲學原論·原性篇》，中華書局2005年10月第1版，第336
　　　　頁。

「趨向」或「幾」之性，唐君毅先生的論述是：

> 克就人或事物之本質，而觀其有一趨向於表現之幾，或觀一潛隱之本質之原有一化爲現實、或現實化之理，乃以「現在之人或事物之由其體性、與現在之如此然」，而正趨向於一將如彼「然」之「幾」或「理」，而謂之性。〔註22〕

唐君毅將中國哲學言性的思想分成爲四組不同形態：①共性、種類性、及個性、關係性；②形而上的實體性；③自然生命之性與情識之性；④理想性與價值性。

中國哲學的心性論大概採唐先生的後兩種形態。不同的哲學家所看重的是不同的心的形態，然後經由唐君毅先生所說的「趨向」或「幾」之特性往上逆推，即人心具有某種現實化之形態，則其必有一相應的潛在本質，由這潛在本質化爲現實之理，故而思想家有些哲學家由人心表現出自然生命欲求的貪婪等狀態而以爲人性必有惡的本性，而提倡性惡，荀子即是代表。有哲學家由人心表現出仁愛的形態而以爲人性必有善的本性，而提倡性善。

在周海門的心性論中，他對心與性有明確的定義，即「知是知非之謂心，不識不知之謂性」。「性」指心體的特性，「不識不知」是性，也就是心體的特徵。「心」是心體的發用，而心的呈現有不同的形態。然而海門卻不認爲可以由心的形態可以向上逆推而尋求心體必是一與心的形態相對應的本性，周海門與唐君毅先生關於「趨向」或「幾」之性的論述顯然是不同的，他否認由心之善的形態而上推其體性爲善，同樣，不能由心之惡的形態而上推其體性爲惡。周海門是由內觀看，從心的具體形態向心之所從起處搜尋，發覺其心體特徵無可名狀，乃是一「不識不知」的寂然狀態，在上一章筆者已經論及周海門常以「無」這一描述存有狀態的概念描述心體，在這樣的一種特徵下，周海門以爲心體是深奧難知的，對寂然無爲的心體不可以善惡來界定的，故而海門從對心之體的內省而得出心之體性是無善無惡，而心之體性發生作用時，可呈現出善、惡、善惡混的心理形態，周海門又稱之爲情。故而，海門否定性善、性惡及性善惡混的說法，而只認爲所謂性善、性惡及性善惡混只是在說情善、情惡、情善惡混，性本身是無善無惡的，而情可以爲善，也可以爲惡，這便是周海門心性論的全體。

〔註22〕唐君毅：《中國哲學原論・原性篇》，第334頁。

第二節　九諦與九解之爭

一、爭論的背景

　　周海門在南京做官時，常與許孚遠住持南京士人的講學活動，而周海門與許孚遠的思想頗有不同，於是海門與許孚遠之間便發生了一次著名的論戰，論戰的主題是天泉證道。在《海門先生文錄》中，周海門自己記下了他和許孚遠論戰的緣起。

> 宦南都者，舊有講學之會，而至萬曆二十年前後，一時會聚尤盛，不肖時得隨諸公之後盤桓印證，一日偶拈舉《天泉證道》一篇，重宣其秘而座上敬庵許先生未之首肯，明日出《九諦》以示，不肖潛爲《九解》復之。先生於不肖爲先達，言宜順受，而師門之旨不可不明，且學問亦不嫌於明辨，故敢冒昧如是，其或當或否，俟知者判焉。〔註23〕

　　據《明儒學案》的記載，許孚遠字孟仲，號敬庵，浙之德清人。許孚遠曾就學於唐一庵，而唐一庵是湛甘泉的弟子，則許孚遠爲甘泉的再傳弟子。《明儒學案》以海門爲羅近溪的弟子並且傳承近溪之學，又記載許孚遠認爲羅近溪援良知以入禪，並且就此對近溪提出批評。因而當周海門與許孚遠相遇時，周海門與許孚遠的宗旨不同，故而產生論爭。《明儒學案》的敘述頗爲不當，與周海門自己所敘述的論爭相對照可知，周海門與許孚遠的論爭與羅近溪無關，周海門捍衛的是《天泉證道》中王龍溪的觀點，而且海門私淑龍溪之門，並非羅近溪的門人，其宗旨也不是羅近溪的宗旨而是王龍溪的宗旨。

　　周海門所謂的《天泉證道》一篇出自王龍溪弟子的記錄，《王畿集》卷一之首便是《天泉證道紀》，據該文的記載，王陽明教導門人以四句教爲教法，此四句教即「無善無惡心之體，有善有惡意之動，知善知惡是良知，爲善去惡是格物。」陽明弟子錢緒山以爲這四句教是師門教人定本，然而陽明另一弟子王龍溪卻以陽明四句教只是權法，不是定法，並且提出「若悟得心是無善無惡之心，意即是無善無惡之意，知即是無善無惡之知，物即是無善無惡之物」。錢緒山以爲龍溪的提法是壞師門教法，二人爭論不決。於是在某晚，錢緒山、王龍溪、王陽明坐天泉橋山，錢、王二人便將各自的見解請陽明作

〔註23〕周海門：《海門先生文錄》卷一《九解引》，第 140 頁上。

一判決。陽明就對錢、王二人的見解作出評論：「吾教法原有此兩種：四無之說，爲上根人立教；四有之說，爲中根以下人立教。上根之人，悟得無善無惡心體，便從無處立根基，意與知物，皆從無生，一了百當，即本體便是工夫，易簡直截，更無剩欠，頓悟之學也。中根以下之人，未嘗悟得本體，未免在有善有惡上立根基，心與知物，皆從有生，須用爲善去惡工夫，隨處對治，使之漸漸入悟，從有以歸於無，復還本體，及其成功一也。」〔註 24〕陽明以爲龍溪所說是頓悟之學，接引上根器人，而錢緒山所說乃漸修之法，是針對中下根人的教法。王龍溪之頓悟之法不能對中下根人說，而錢緒山還需向上進至四無之教。

　　因爲王龍溪、錢緒山、王陽明是在天泉橋上論學，故而這次論學被稱爲天泉證道，以上大概是王龍溪門人所記載的天泉證道的主要內容，通過這篇文章，王龍溪的「四無」之說便獲得超越「四有」之說的地位，並且成爲王龍溪門人最重視的思想文獻，也是繼陽明之後心學的龍溪一派的宗旨。然而，王龍溪的四無之說仍然受到許多人的批評，許孚遠便是對四無之說提出批評的其中一人。周海門私淑龍溪，以王龍溪傳人自居，爲了捍衛師門的宗旨與許孚遠的論戰便不可避免。

二、對《九諦》與《九解》內容的分析

　　許孚遠在《九諦》中分九個部分提出自己的觀點，而周海門針對許孚遠的九個部分分別作了回應，因而稱爲九解。

（一）性善與性無善無惡

　　諦一云：《易》言：元者，善之長也。又言繼之者善，成之者性。《書》言：德無常師。主善爲師。《大學》者提三綱，而歸於止至善。夫子告哀公，以不明乎善，不誠乎善，不誠乎身。顏子得一善，則拳拳服膺而弗失。孟子七篇，大旨道性善而已。性無善無不善，則告子之說，孟子深辟之。聖學源流，無不可考而知也。今皆捨置不論，而一以無善無惡爲宗。則經傳皆非。

　　解一：維世範俗，以爲善去惡爲堤防。而盡性知天，必無善無惡爲究竟。無善無惡，即爲善去惡而無跡。而爲善去惡，悟無善無惡而始眞。教本相通不相悖。語可相濟難相非。此天泉證道之大較也。今必以無善無惡爲非然者，

〔註24〕王畿：《王畿集》，鳳凰出版社 2007 年 3 月第 1 版，第 1 頁。

見爲無善，豈慮入於惡乎。不知善且無，而惡更何從容。無病不須疑病。見爲無惡，豈疑少卻善乎。不知惡既無，而善不必再立。頭上難以安頭。故一物難加者，本來之體。而兩頭不立者，妙密之言。是爲厥中，是爲一貫，是爲至誠，是爲至善。聖學如是而已。經傳中言善字，固多善惡對待之。善至於發心性處，善率不與惡對。如心中安仁之仁，不與忍對。主靜立極之靜，不與動對。大學善上加一至字，尤自可見。蕩蕩難名爲至治。無得而稱爲至德。他若至仁至禮等，皆因不可名言擬議，而以至名之。至善之善，亦猶是耳。夫唯善不可名言擬議，未易識認。故必明善，乃可誠身。若使對待之善，有何難辨，而必先明乃誠耶。明道曰：「人生而靜以上不容說。才說性時，便已不是性也。凡人說善，只是說繼之者善也。孟子言人性善是也。」悟此，益可通於經傳之旨矣。〔註25〕

許孚遠在諦一中，引用了《易》、《尙書》、《大學》、《論語》中的語句以說明儒家思想對「善」的價值意識的重視。這四部經典都是代表儒家思想最重要的著作，許孚遠引用其中的文句正是強調「性善」是儒家正統思想的宗旨。許孚遠以爲周海門以性無善無不善正是告子對人性的觀點，而告子正是孟子「性善」思想所針對的最大的批判對象。言下之意，許孚遠以「性無善無惡」乃是異端之說，不是儒學正流，儒學正統必然是以「性善」爲宗旨。許孚遠將海門的「性無善無不善」置於與儒家思想的經傳相對立的地位，則便是否定「性無善無惡」思想的正確性。

海門對許孚遠的反駁可以分爲以下三個層次來說明：

（1）兩種教法

海門以爲，根據《天泉證道紀》，儒學有兩種教法，一種是錢緒山所敍述的爲善去惡的教法，這是權教，針對中下根器人的；另一種是王龍溪所敍述的「四無」教法，即是以「無善無惡」爲宗旨，這是針對上根器人的教法。這樣，通過《天泉證道》的講法，海門分別了兩種教法及其目標。

①爲善去惡的教法，以維世範俗爲目標。維世範俗所針對的目標是針對世間的一般人，海門以爲儒學自身重視教化，有將其基本道德價值傳達給普通民眾，以形成對社會普通民眾行爲的規範作用。因而，這裡維世範俗的「維」、「範」二字都是強調儒學的道德價值作爲外在的價值去規範普通民眾

〔註25〕周海門：《海門先生文錄》卷一，第 140 頁上～141 頁上。

的作用。儒學在將其基本道德價值規範於民眾時，必然要正面肯定與強調其道德價值，即是正面強調「善」的價值規範。而普通人在接受儒學的道德價值時，則是以儒學的道德價值爲自身行爲的參照標準，時時對照自己的行爲，去除不符合儒家道德價值的思想與行爲，按照儒家的道德價值行爲。進而至於當惡生起時，能立刻知是知非，而爲善去惡。則爲善去惡所針對的對象在其心體還不能完全自然生起儒家的道德價值，儒家的道德價值還是某種程度上外在的規範。

②無善無惡。海門以爲無善無惡的教法所針對的上等根器的人。在周海門看來，講「無善無惡」並不是反對爲善去惡，而是要「爲善去惡而無跡」，「爲善去惡要悟無善無惡始眞」。對海門這句話的解讀，筆者以爲，所謂「無跡」是指當個體的心意起惡時，心體當下知曉，去惡而歸於正，完成這樣一個過程後，惡念以及對治的善念皆歸於消滅，心體重回純粹無雜的狀態，個體不再對剛才的過程再起思慮。當悟到「無善無惡」時，則是個體的意念、行爲即是儒家道德意識的展現，完全是純善，個體在面對世間一切事物時，心體直接作出反應，而無不自然合於儒家的道德意識，實踐主體不需要再去分別孰善孰惡。

海門以爲兩種教法「本相通互不相悖，相濟難相非」，則周海門並沒有否定許孚遠對「善」的價值意識的強調，而是認爲「善」與「無善無惡」應該是相互配合的，共同發揮儒家的教化功能，「無善無惡」並沒有違背儒家的宗旨，甚至在周海門看來，「無善無惡」才應該是儒家的最高宗旨。

（2）至善之善

接下來海門分析善與惡概念的相對性。在《天泉證道紀》中，王龍溪對善與惡的相對性已經有分析：

> 惡固本無，善亦不可得而有也。〔註26〕

周海門繼承龍溪的方法，他以爲善與惡的概念是相對而存在的，沒有「善」的概念就沒有「惡」的概念，沒有「惡」的概念就沒有「善」這個概念。海門比喻「惡」爲病，「善」爲藥，當人或者社會有「惡」這個病時，就必須樹立並且強調「善」這個概念所代表的價值意識去對治「惡」這個病，但是當「惡」這個病被去除後，就不需要「善」這個藥。因而海門以爲「惡」既然沒有，則「善」這個概念就不需要再立了。故而，海門以爲「見爲無惡，

〔註26〕王畿：《王畿集》，第 1 頁。

豈疑少卻善乎」，其意爲既然無惡，則全體即是善，就不需要再在心體上立「善」之名，心性本體即是「無善無惡」，也就是「無對之善」，心體本自如此，便不需要「善」、「惡」概念的界定，海門認爲《論語》中孔子所說的「一貫」，《尚書》中的「厥中」，以及至誠、至善都是形容本體。

筆者以爲講「善」或者「無善無惡」是從不同的角度和立場來說的。講「善」是將人性作爲一個客體給予其客觀的名言上的規定性，而這種名言的規定來自於區別，世界萬物有不同的形態和樣式，不同的範疇，人對之可以給予不同的命名以反映其區別性。因而「善」與「惡」的儒家倫理意識對人的種種行爲具有區分，乃至於每個人自己都具備有反思的意識，可以對我們自己的思想和行爲作出「善」、「惡」的區分，作爲人性「善」的思想命題是對人性的一種規定性，雖然這種善在儒家看來是內在於人的本性的。但是當我們說出「人性善」的時候，人性這個概念仍然是我們面對的對象。這是許孚遠的言說方式和角度。

從另外一個角度來看，當我們不把一種事物或者行爲當做我們的對象的時候，概念便無法使用。當一個人在做某件事情的時候，他的行爲是一種直接的顯示，是一種沒有概念的言說，作爲旁人可以以該人的行爲爲對象用概念評價其爲「善」或者「惡」，或者此人可以反省自己以自己的行爲爲對象用概念知其爲「是」或者「非」。然而，當該人在做這件事情的時候，該人不以自己的行爲爲對象時，該人便不會以概念去評價自己的行爲，然而該人的行爲事實上在顯示著「善」、「惡」的特徵。對於一個理想的儒家道德境界的人來說，他已經達到本體工夫的境界，則該實踐主體的意識和行爲時時顯示出善的特徵，而該實踐主體並不需要在實踐過程中另起思慮，去判斷自己的行爲是善。因而從該實踐主體自身的境界來說，可以說是「無善無惡」，其行爲實踐本自如此，實踐本身顯示著善。故而筆者以爲講「無善無惡」是從道德境界的角度來講，不是從對象化的價值判斷來講。

因而，論「性善」是從對象化的價值規定和判斷來講，而論「無善無惡」則是直接就圓熟的道德境界境界化的來講，非對象化來講。事實上，海門針對「無善無惡」所強調的正是道德的圓熟化境界，而「性善」之說則是使那些還在道德修養過程中的人樹立價值目標和信心，以之作爲爲善去惡的標準來作爲修養的手段。

總之，「性善」體現儒學的價值意識，而「無善無惡」體現儒家道德實踐

的境界形態。海門並沒有否定「善」的實然形態，而是認爲只有達到「無善無惡」、不作善惡之想的圓熟境界才是儒家的目標。從圓熟的本體工夫形態來說，海門以爲性是「無善無惡」，也就是不與惡相對的至善，海門以爲《大學》開篇所提出的「至善」就是海門所說的至善。

（3）繼之者善

海門引程明道「人生而靜以上不容說」論證其「性無善無惡」的觀點，在心體未發生作用時，心體是難以用語言描述的，只有在心體從虛無境界產生作用時，才能說作用爲善，因而是繼之者善，而心性本體是「無善無惡」，在上一節筆者已經對此作過分析。

（二）道德價值論與道德境界論

在諦二中，許孚遠強調儒家以名言所確立的客觀的價值體系，在這樣一個價值體系中，人和事物的倫理性質得到區分，針對不同的人以儒家的價值概念給予客觀的道德評價。這樣，家中孝順者爲孝子，國家中忠於國家者爲忠臣，反之便爲逆子、姦臣，許孚遠以爲通過這樣道德概念的建立，正確的價值觀念才能在社會中得到確立，這樣人們的思想和行爲才能有所依循，人們才能趨善捨惡。

> 諦二云：宇宙之內，中正者爲善，偏頗者爲惡。如冰炭黑白，非可以私意增損其間。故天地有貞觀，日月有貞明，星辰有常度，嶽秩川流有常體，人有眞心。物有正理，家有孝子。國有忠臣，反是者，爲悖逆，爲妖怪，爲不祥。故聖人教人以爲善而去惡，其治天下也，必賞善而罰惡，天之道亦福善而禍淫。積善之家，必有餘慶。積不善之家，必有餘殃。自古及今，未有能違者也。而今日無善無惡。則人將安所趨舍者歟。

周海門的辯駁是：

> 解二：曰中正，曰偏頗，皆自我立名，自我立見，不幹宇宙事。以中正與偏頗對，是兩頭語，是增損法。不可增損者，絕名言，無對待者也。天地貞觀，不可以貞觀爲天地之善。日月貞明，不可以貞明爲日月之善。星辰有常度，不可以常度爲星辰之善。嶽不以峙爲善，川不以流爲善。人有眞心，而莫不飲食者此心，飲食豈以爲善乎。物者正理，而鳶飛魚躍者此理，飛豈以爲善乎。有不孝而後有孝子之名，孝子無孝。有不忠而後望忠臣之名，忠臣無忠。若有

忠有孝，便非忠非孝矣。賞善罰惡，皆是可使由之邊事。慶殃之說，猶禪家談宗旨，而因果之說，實不相礙。然以此論性宗，則粗悟性宗。則趨舍二字，是學問大病，不可有也。〔註27〕

周海門的辯解以為無論是「中正」還是「偏頗」都是人安立的名言，對事物本身的實質並沒有影響。事物的實際形態本自如此，天地自然貞觀、日月自然明、星辰自然有常度、山嶽自然聳峙，河川自然流淌，但是天地卻並不以貞觀為善，日月並不會以貞明為善，星辰不會以常度為善，山嶽不會以聳峙為善，河川不會以流動為善。考察海門的意思，舉一個例子來說明，當一個人在對待自己的父母時，晨則省、昏則定，認真而細緻的照顧父母，此人的行為皆是從真心而發，並不是覺得自己的行為是善行，也沒有給自己安立孝子的名言。海門以為在一個社會中，正是因為有不孝之人，才有孝子和不孝之人的對立分別，才會安立孝子與不孝子之名，有不忠之臣才會有忠與不忠的區分，才會有忠臣之名。而海門以為孝子無孝，即是真正的孝子並非在自己孝順的行為上安立孝之名，即是不以自己為孝子，只是自然去踐行，才是真正的孝子。海門以為有忠有孝便非忠非孝，就是如果一個人以為自己的行為是忠是孝，那就不是真正的忠孝。海門所強調的是從道德實踐主體內心自然而生的道德性的實踐行為，與道德之名沒有關係。通過道德名言的安立來賞善罰惡，促使人們改過向善，海門以為這只是「邊事」，而非徹底而有效的方法。

許孚遠所強調的是儒家名教對人們行為的規範性作用，可以給人們樹立正確的道德價值觀念，使人們的行為向著正確的方向發展，許孚遠強調的是儒學作為治理社會的道德規範的作用。儒學作為統治者的教化手段，儒學的呈現必然是以安立道德價值概念的方式，從而外在地促使人們按照儒家的道德價值規範去行動。可能雖然人們內心不願意，但是道德名言的安立會促使人不得不按照儒家道德價值去行動。但是海門在此強調的是作為儒家道德價值的實踐者，其行為完全是發自於內心的，其發自於內心的自然行為便是在彰顯著儒家的精神，因而，名言的安立對於其行為自然能符合儒家道德價值的人來說便是多餘的。

周海門的辯駁所採取的角度與許孚遠的角度是不同的，海門是從一個信奉儒家精神實踐者的角度來討論，在儒者的修養實踐中，必須要打破對道德

〔註27〕周海門：《海門先生文錄》卷一，第 141 頁上～142 頁上。

之名的趨舍，才能實現道德出自自性之天然，才是眞正的儒者的道德境界。而爲了追求道德之名作出相似的行爲不是儒者眞正的境界。因而，海門強調儒者道德完全內化而自然發出，無有雜慮的純粹境界。許孚遠是從強化儒家的道德價值的角度來說，而海門是從儒者境界的角度來講，當一個人已經達到道德的圓熟境界，其思想與行爲已經自然合於儒家的道德價值，即心體的活動已與道德法則完全合一，則無需再設定客觀的道德價值。

同樣的爭論同樣也出現在諦五和解五中。

> 諦五云：古之聖賢，秉持世教，提撕人心，全靠這些子秉彝之良在。故曰民之所好好之，民之所惡惡之。斯民也，三代之所以直道而行也。惟有此秉彝之良，不可殘滅。故雖昏愚而可喻，雖強暴而可馴。移風易俗，反薄還純，其操柄端在於此。奈何以爲無善無惡，舉所謂秉彝者而抹殺之。是說唱和流傳，恐有病於世道非細。

> 解五：無作好無作惡之心，是秉彝之良，是直道而行。著善著惡，便作好作惡，非直矣。喻昏愚、馴強暴、移風俗，須以善養人。以善養人者，無善之善也。有其善者，以善服人。喻之馴之必不從，如昏愚強暴何，如風俗何？

> 至所謂世道計，則請更詳論之。蓋凡世上學問不立之人，病在有惡而閉藏。學問用力之人，患在有善而執著。閉惡者教人爲善去惡，使其有所持循，以免於過。惟彼著善之人，皆世所謂賢人君子者。不知本自無善，妄作善見，舍彼取此，拈一放一。謂誠意而意實不能誠，謂正心而心實不能正。象山先生云：「惡能害心，善亦能害心……」是以文成於此指出無善無惡之體。使之去縛解黏，歸根識止。不以善爲善，而以無善爲善。不以去惡爲究竟，而以無惡證本來……文成茲旨，豈特不爲世道之病而已乎。〔註28〕

在這一段辯論中，許孚遠仍然在強調善根治於人性，是儒家道德教化的基礎，只有性善，昏愚、強暴之人才可以有教化的可能性，許孚遠以爲如果提倡無善無惡，則是將教化的基礎徹底抹殺，則惡人便無法施以教化。

周海門的反駁強調生命個體行善的自然與無著，海門以爲「無作好作惡之心」是秉彝之良，強調心性的直道而發，並沒有行動時的顧忌、思量，只是天性的自然發出，如果執著於善惡之想，便不是直道。海門認爲教化的方

〔註28〕周海門：《海門先生文錄》卷一，第143頁上～144頁下。

式不是通過以善服人的方式，所謂「以善服人」，是指通過道德說教或者道德
規範的方式使人服從，周海門提出要「以善養人」，以無善之善養人，其內涵
是指直接施以行動，不自以為善，在一種自然地交往中讓對方能夠體會到自
己行為中的善，這樣對方內心的善能夠自然長養。海門以為如果執著於善，
並且刻意要以善去讓別人屈服，則不能獲得教化的效果。

　　周海門還舉出兩種學問的弊病。第一種人是學問不立之人，這種人的弊
病是有惡而隱藏。第二種人是學問用力之人，其弊病是執著於善。海門以為
第一種人可以教其為善去惡的工夫，強調善的道德價值，使其有善的標準可
以持守，這樣能夠免於造惡。針對第二種人，海門引陸九淵的語錄「惡能害
心，善亦能害心」說明執著於善也會成為學問的阻礙，不能達到自然無執的
境界。海門以為王陽明提出「無善無惡心之體」，其目的正是為了使人在其道
德實踐中，心體不黏縛在善惡的思慮之上，能夠讓心體自然呈現善的境界而
不無滯，這樣才是無善之善，才是人的心體的本來境界。海門以為「無善無
惡」不只不是世道之病，反而是學問的究竟境界。從海門對兩種人的分類來
看，很顯然海門以為許孚遠之說可以針對第一種人的弊病，所達到的目標只
是「免於無過」，並不能使之達到心性自然而動，無有凝滯的究竟之境。而許
孚遠對善的價值的強調卻是第二種人學問的弊病，因而反能害心，要使學問
更上一層，還需要打破對善的執著，達到無善無惡或者無善之善，道德境界
方至究竟。可見，海門的辯駁並沒有直接否定許孚遠之說，而是強調應該考
慮不同類型的人，不同道德修養層次的人弊病不同，所施與的方法也是不同
的。

　　綜上所述，許孚遠與海門的言說方式是不同的，許孚遠更多是在一個外
觀者的立場直接去強調儒家的道德價值的客觀存在性，並且要以這種道德價
值去實現道德教化。而周海門的言說是要將自己置於一個道德實踐的實際場
景中去言說，在一種道德境界中去言說，因而所得出的結論不同。如果我們
拋開概念式的理論言說而將道德實踐的主體還原到具體的世界中去，則海門
的思想顯然是合理的。作為道德實踐的主體在世界中存在，他要與現實的事
情打交道，而作為道德圓熟的實踐主體，其道德意識是完全內化於心體，並
且不是以概念的形式存在於人的意識中，否則，道德對於實踐主體來說，還
只是一種外在的價值規範。而只有道德價值以隱性的方式內化於實踐主體的
內心時，道德實踐對於實踐主體來說便是自然的。當實踐主體在面對一個具

體的事情時，心體便自然作出合道德價值的反應活動，而實踐主體並不會在
意上升起「善惡」之想，也不會在實踐過程中從當下抽離，去反思當下意上升
起的念頭及自己的行爲依照儒家的道德價值是善還是惡，否則實踐主體形
成一個新的「我」，即「新我」以「舊我」爲對象，新我便在思考舊我的行爲
是否符合於儒家的道德價值。這樣實踐主體對當下事件的活動便發生斷裂，
實踐活動所彰顯的善便發生斷裂，形成滯礙。因而海門以爲執著於善便不是
善了。圓熟的實踐主體只是面對事情直接做去，心念上不會歧出作善惡之想，
自然合於儒家的道德價值，也就是海門所謂的「無善之善」。因而，海門並不
反對許孚遠所強調的儒家的道德價值，但是從具體的道德實踐來說，海門將
「善」的價值還原爲具體情境中的心體狀態，強調善行的自然而發。如海門
在《南都會語》中所論：

> 問：「無善無惡，則世有敢諫之節，康濟之猷者，非爲善而何？」
> 先生曰：「無善可爲，爲善則非善矣。孟子言乍見孺子入井二句，
> 最可體驗。今人若乍見孺子入井，必然驚呼一聲，足亦便跑，跑
> 到定然抱住，此豈待爲乎？此豈知有善而行之者乎？故今有目擊
> 時事危論昌言者，就是這一呼，拯民之溺，八年於外者。就是這
> 一跑，懷保小民，哀此煢獨者，就是這一抱，此非不足，彼非有
> 餘，此不安排，彼不意必，一而已矣。今人看的目前小事業，大
> 忽卻目前，著意去做事業，做得成時，亦只是霸功小道，去聖學
> 不啻天淵。三代之治，必不可希，此所以學術不明也。唐虞揖讓
> 三杯酒，湯武征誅一局棋，此皆了徹之語，而人但以爲譬喻設言，
> 亦可歎已。」〔註29〕

海門在此著重描述善的自然實現方式，還原道德實踐個體在面對具體情
境時的心理及行爲。海門引用《孟子》中孺子入井的故事。當人見到孺子入
井時，人只是驚呼一聲，立刻跑過去抱住要掉入井中的小孩子。此人並沒有
先考慮思索儒家善的道德價值然後再去救小孩子，而是看到孩子，心體上自
然生起惻隱之心，不須思索便自然去救孩子。從此人救孩子事情的倫理性質
來看，必然是善。然而，從此人救孩子時的具體情境來說，此人是自然而爲，
並非是爲了爲善而去救孩子，純粹是自然的行爲。因而從實踐者的具體情境
來說，海門強調「無善無惡」，正是強調善的自然境界，從心體自然而發的合

〔註29〕周海門：《東越證學錄》卷一《南都會語》，第 442 頁上。

道德性的善心與善行。海門以為人有意去為善卻與儒家真正的善背離，人著意為善便不是從純粹心體而發的自然的合乎道德的行為，很多時候只是為了實現個人目的的偽善，並不是真正的善。故而，海門強調道德境界，正是由於他關注於道德價值實現的真實自然無偽。

與周海門一樣，許孚遠也贊成善不可有意而為，他對道德價值的強調在於要凸顯儒家道德價值的客觀性，而海門更強調儒家道德價值在實踐活動中應該如何圓滿呈現，故而重視道德境界，忽略正面突出道德價值的概念。

> 諦七云：《書》曰：「有其善，喪厥惡。」言善不可矜而有也。
> 先儒亦曰：「有意為善，雖善亦粗。」言善不可有意而為也。以善自足則不宏。而天下之善，種種固在。有意為善則不純。而古人為善，常惟日不足。古人立言，各有攸當，豈得以此病彼，而概目之曰無善。然則善果無可為，為善亦可已乎？賢者之疑過矣。

> 解七：有善喪善，與有意為善，雖善亦私之言，正可證無善之旨。堯舜事業，一點浮雲過太虛。謂實有種種善在天下，不可也。
> 古人為善，為此不有之善，無意之善而已矣。〔註30〕

在這一段辯論中，許孚遠也承認善不可有意而為，不可矜而有，不可以善而自足自滿，正是與海門意見相同，故而海門以為「正可證無善之旨」。可見，許孚遠也認同道德實踐過程中自然無滯的境界。但是許孚遠同時強調「天下之善，種種固在」，也就是雖然實踐主體雖不有意為善，但是善的價值是客觀存在的，許孚遠之說非常恰當，只是許孚遠的落腳點仍然在強調「善」概念的價值形態。海門言「堯舜事業，一點浮雲過太虛，謂實有種種善在天下，不可也」是辯論太過，只是海門強調為善之後不可執著於已為之善，不可執以為實有而自滿自得。後海門言「古人為善，為此不有之善，無意之善」，可見海門便不否定善的價值，但是強調無意的自然之善。

（三）太虛即善

上一節筆者談到許孚遠更加強調儒家的道德價值，而海門更加強調道德實踐的境界狀態，故而海門常以存有性的概念來描述道德主體實踐過程中的心體狀態。在許孚遠和海門第三部分的辯論中，許孚遠與海門又針對太虛與道德價值概念的關係進行了辯論。

〔註30〕周海門：《海門先生文錄》卷一，第145頁。

諦三云：人心如太虛，元無一物可著。而實有所以爲天下之大本在。故聖人名之曰中、曰極、曰善、曰誠。以至曰仁、曰義、曰禮、曰智、曰信，皆此物也。善也者，正中純粹而無疵之名。不雜氣質，不落知見。所謂人心之同然者也。故聖賢欲其止之。而今曰無善，則將以何者爲天下之大本。其爲物不貳，則其生物不測。天地且不能無主，而況於人乎？

解三：說心如太虛。說無一物可著。說不雜氣質，不落知見。已是斯旨矣。而卒不放下一善字，則又不虛矣，又著一物矣，又雜氣質，又落知見矣。豈不悖乎太虛之心。無一物可著者？正是天下之大本。而更曰實有所以爲天下之大本者在，而命之曰中。則是中與太虛之心二也。太虛之心與未發之中，果可二乎？如此言中，則曰極、曰善、曰誠，以至曰仁、曰義、曰禮、曰智、曰信等，皆以爲更有一物，而不與太虛同體。無惑乎，無善無惡之旨不相入。以此言天地，是爲物不貳，失其主矣。〔註31〕

許孚遠以「太虛」比喻心體，是形容心體沒有執著、純粹無雜的狀態。然而，許孚遠認爲心體有天下之大本在，所謂大本，就是儒家的道德價值，就是中、極、善、誠等概念所體現的儒家的精神。善、誠等是體現儒家道德價值的概念，「中」來自於《中庸》，形容心體的意志、情感未發時的狀態，因而偏於描述心體的存有狀態。許孚遠尤其重視「善」所體現的儒家道德價值。「太虛」一詞會使人感覺沒有道德價值意識，並且與道家否定道德價值追求虛極類似，故而許孚遠在「太虛」之外更強調「善」這個價值概念。

然而，海門以爲「太虛」就是天下之大本，如果按照許孚遠的說法，在太虛之外另有「中」、「善」等大本，則太虛與未發之中、善、誠等就相互區別，而海門以爲「太虛」就是未發之中，虛是形容心體沒有起作用時，無有一物的純粹狀態，海門以「太虛」即未發之中是很恰當的。然而，以太虛與善不二則有理解的難度。太虛是形容心體的存在狀態，而「善」是道德價值的概念，以「太虛」與「善」不二則需要從人的存有狀態出發去理解。當心體處於未發狀態時，心體如太虛，沒有發生作用，心體上不會起「善」、「惡」之念，沒有對外物的執取，是心體一種純粹無雜的狀態，善是對心體存有狀態的價值判斷，這樣的心體狀態本身體現著善，因而太虛即是未發之中，即

〔註31〕周海門：《海門先生文錄》卷一，第 142 頁。

是善。

在道家學說中,「虛」是非常重要的一個概念,《道德經》中在描述修行的方法有「致虛極,守靜篤」,而且道家反對儒家的倫理價值,提倡小國寡民、老死不相往來的政治理想。「致虛極」指在修行過程中實踐個體在修行中放棄世間的欲望,回歸生命的自然狀態,因而其中包含著人出離現實世界的含義。許孚遠在描述人心如太虛之後,又提出中、善等大本,正是要突出儒道之不同,體現儒家對現實世界的肯定和對人倫價值的重視。海門重視「虛」這個概念,「虛」與「無」的意義相同,筆者在第二章對海門「無」這個概念進行過闡釋,「無」與「有」是相關聯的,也就是海門思想中的「虛」並不是指個體持守虛靜的狀態,而是要從「虛」的狀態起作用,「虛」是反映心體在生起作用前心體純粹無雜的狀態,沒有個體私欲的混雜,這樣在面對具體事物時,心體才能生起合道德的反應。「虛」正是道德價值的潛在狀態,是心體未進入到具體經驗的整全狀態。海門以為不能在「虛」上再有所謂大本,否則心體上便有善、誠等思慮,心體就不「虛」,而是有雜,這樣心體就進入具體的概念思索之中,便不能對現實事情生起直接而合於道德的作用。海門的「虛」與道家的「虛」是不同的,海門重視「虛」是為了強調心體不夾雜私欲及對概念的思維,這樣心體能自然發生作用,實現心體潛在的道德價值,「虛」並沒有否定人的倫理價值及其生活世界的意義。

在南山道院的講學活動中,有一人姓金,海門在與其問答中,也對「虛」與「善」的關係進行了闡釋,如下:

> 又論明善。先生曰:「如何是善?」曰:「說不得。」先生曰:「豈真說不得,試說看。」金曰:「人要常立此志,認得個主宰處,有此主宰,然後視聽言動俱此應去,方謂之善。」因問先生如何言善。先生曰:「吾所言善,與汝又別,只心虛無一物便是善。」金曰:「無柁之舟可乎?」先生曰:「夫子毋意必固我,豈亦無柁耶?許敬庵公有云『心如太虛,一物不容,而實有為天下之大本者在,命之曰中』,汝與許公意同否?」金曰:「又略差此。」先生曰:「請言其差處。」金曰:「說不得。」先生曰:「終是榾突。」〔註32〕

金氏所說的主宰可以有兩層意思:第一層是指自我,在面對外部世界時,恒常有一個自我在決斷,作為自己行為的主宰者。第二層是指儒家的道德價

值，如仁、愛等。當然，第二層意義必須以第一層意義爲基礎。金氏所說的善應該同時包含上述兩層意義，即生命自我恒持儒家道德價值意識，在面對外境時，以實現自己的行爲合於儒家的道德價值。海門認爲他所說的善與金氏不同，海門提出「心虛無一物便是善」，與海門在解三中的思想觀點相同。金氏以爲心虛無一物則如同舟沒有柁〔註33〕，舟沒有柁就沒有航行的目標和方向，實踐主體如果沒有儒家的道德價值，其行動就沒有規範和方向，人就會不知所從。海門的回答，其意是以心虛爲毋意必固我。海門所說的毋意必固我出自《論語·子罕》：

> 子絕四：毋意，毋必，毋固，毋我。〔註34〕

毋意、毋必、毋固、毋我是描述孔子的修養境界，指孔子內心不存任何的先入之見，不固執於自我，不恪守僵硬的教條。可見，海門引毋意必固我正是爲了說明「心如太虛」之意，心如太虛，無有一物，乃是指實踐主體在行動之前沒有主觀的存見，去除先入爲主之見。金氏所謂的儒家的道德價值固然重要，但是當實踐主體面對世間紛繁複雜的不同境遇時，卻要以不同的方式去處理，如果固執原有之見，則不能對事件作出正確的應對。海門一方面認爲作爲實踐主體不能先存僵化的知見，故而針對不同的生活境遇，不能以固定的儒家道德價值意識去應對。另一方面，海門更要突出強調毋意必固無，並不表示沒有行動的理路和方向。所謂毋意必固我，是指當實踐個體在面對具體事件前保持開放、不留存見的狀態，這樣在心體面對具體的境遇時，其思想與行爲則呈現合道德的理路，故而，只有保持太虛之心，毋意必固我，實踐個體在各種生活境遇中才能呈現出不同合道德性的理路。在這樣一個意義上，海門以爲「心虛無一物便是善」。

海門對「虛無」概念之重視與其師王龍溪一脈相承，王龍溪在闡釋其良知理論時，「虛無」就具有重要的意義。

> 格是天則，良知所本有，猶所謂天然格式也。若不在感應上參勘得過、打疊得下，終落懸空，對境終有動處。良知本虛，格物乃實，虛實相生，天則常見，方是眞立本也。此中無纖毫意見可湊泊，無纖毫玄妙可追尋，無纖毫虛靜可倚靠。〔註35〕

〔註33〕柁，即舵，可以控制船航行的方向。
〔註34〕何晏注、邢昺疏：《論語注疏》，十三經注疏標點本，北京大學出版社，1999年12月第1版，第113頁。
〔註35〕王畿：《王畿集·與聶雙江》，第200頁。

在龍溪的良知結構中，良知是由無向有的顯現。從這個意義上來說無即是未發之中，有是已發之和。有與無構成了道德實踐過程的兩個向度，而不可以執著任何一邊，也就是「無」一定呈現，在呈現中體現出天理的法則，因而「無」並非否定心體的天理價值。然而，「無」卻是否定天理的義襲和依循執著。龍溪以為許多學人正是被許多習聞舊見纏縛，心體本然之善不能自然生發。故龍溪說：

> 吾人今日講學，未免説話太多，亦是不得已。只因吾人許多習
> 聞舊見纏繞，只得與剖析分疏。譬諸樹木被藤蔓牽纏，若非剪截解
> 脱，本根生意終不條達。但恐吾人又在言語上承接過去，翻滋見解，
> 爲病更甚，須知默成而信。〔註36〕

龍溪又以為執守具體的道德法則只會成為小人儒，而非君子儒。

> 孔子告子夏曰：「女爲君子儒，無爲小人儒。」謂之儒者，不
> 是爲人爲利。篤信謹守，依仿末節細行以自律，必信必果，硜硜然
> 是個小家伎倆，所以謂之小人儒。〔註37〕

龍溪以小人儒為篤信謹守固定之道德法則的儒者，雖然他們非為個人之私利，但是執於一端，不能還歸心體之無，以成心體之全體大用，故而稱他們為小人儒。信、果本是儒家之基本德目，龍溪以為不能謹守信、果，而應該在不同情況下，心體自會作出相應的反應，而純粹心體的反應可能是不信、不果，然而是符合儒家善的法則。龍溪以心體惟虛，才能應萬物，才能通達萬物，也即是在面對不同倫理環境心體能作出合乎儒家至善的作用，如：

> 良知虛體，不變而妙應隨緣。玄玄無轍，不可執尋；淨淨無瑕，
> 不可污染。〔註38〕

> 良知是性之靈竅，本虛本寂。虛以適變，寂以通感，一毫無所
> 假於外。譬之規矩之出方圓，規矩在我則方圓不可勝用，泥方圓而
> 求規矩，則規矩之用，息矣。〔註39〕

從以上對王龍溪思想中「虛」、「無」概念的分析，我們可見到王龍溪對「虛」的重視，海門正是傳承了龍溪的思想，以「虛」為道德實踐過程中的重要因素，並且在龍溪的基礎上進一步直接指出「心虛無一物」便是善。

〔註36〕王畿：《王畿集·沖元會紀》，第3頁。
〔註37〕王畿：《王畿集·與聶雙江》，第19頁。
〔註38〕王畿：《王畿集·答王敬所》，第277頁。
〔註39〕王畿：《王畿集·與莫中江》，第279頁。

（四）漸進工夫與道德境界

　　海門強調「無善無惡」的道德境界，忽視正面肯定儒家的道德價值，許孚遠以為海門強調道德境界是頓悟，缺乏漸進的修養工夫，而許孚遠則強調善與惡的道德價值，重視為善去惡的工夫，在修養上更重視以工夫復還本體。許孚遠並不否定海門的道德境界，但是同時強調這樣的道德境界需要靠改過遷善的漸進工夫來獲得。且看許孚遠和海門第六段辯論：

　　　　諦六：登高者不辭步履之難。涉川者必假舟楫之利。志道者必竭修為之力。以孔子之聖，自謂下學而上達，好古敏求，忘食忘寢，有終其身而不能已者焉。其所謂克己復禮，閑邪存誠，洗心藏密，以至於懲忿窒欲，改過遷善之訓，昭昭洋洋，不一而足也。而今皆以為未足取法，直欲頓悟無善之宗，立躋聖神之地，豈退之所謂務勝於夫子者耶？在高明循謹之士，著此一見，猶恐其涉於疏略而不情，而況天資魯鈍，根器淺薄者，隨聲附和，則吾不知其可也。

　　　　解六：文成何嘗不教人修為。即無惡二字，亦足竭力一生，可嫌少乎？既無惡而又無善，修為無跡，斯真修為也。夫以子文之忠，文子之清，以至原憲克伐怨欲之不行，豈非所謂竭力修為者，而孔子皆不與其仁。則其所以敏求忘食，與夫復禮而存誠，洗心而藏密者，亦自可思。故知修為自有真也。陽明使人學孔子之真學，疏略不情之疑過矣。〔註40〕

　　許孚遠以登高者與涉川者之喻強調要達到海門所強調的道德境界必須要借助於踏實的修為工夫，而且在許孚遠看來這樣的修為工夫是必不可少的。他引孔子「下學上達」之說證明即使是以孔子這樣智慧的聖人，仍然是下學而上達。所謂下學就是具體的修養工夫，在許孚遠看來，就是好古敏求、改過遷善等修養方式，而上達就是通過漸進的修養工夫實現理想的道德境界。孔子是儒家的開創者，被尊為聖人，是儒者道德與智慧的最高人格，孔夫子尚且需要漸進的工夫，則一般人無論高明還是天資魯鈍，要想達到理想的道德境界，必須通過漸進的修養工夫。許孚遠批評海門專講境界形態的本體工夫，欲直入聖人之境，同時是批評海門自以為更勝於孔夫子。許孚遠之意是強調儒家的修養工夫必須要通過為善去惡的漸進工夫，既然要通過為善去惡的漸進工夫，則不能不提倡「善」的道德價值，使人知是知非，在儒家

〔註40〕周海門：《海門先生文錄》卷一，第 144 頁下～145 頁上。

道德價值意識的規範下改正錯誤的念頭和行為。許孚遠從強調漸進工夫出發，反對海門的頓悟工夫，同時也就是在反對海門以「無善無惡」為宗旨。

而海門並不以為缺少修養工夫，海門以為「無惡」就是陽明所提出的修養工夫，與許孚遠正面提倡為善去惡不同，海門更強調「無惡」。如海門在《南都會語》中所論：

> 問：「無善無惡，則為人臣子，何所持循？」先生曰：「為人臣者，只求免於不忠，為人子者，只求免於不孝，如此持循，工夫盡有可做。曰：「聖人忠孝之極也，然則希聖非與？」先生曰：「止敬曰文，大孝曰舜，此自人稱之耳。若文王小心翼翼，曰臣罪當誅，何嘗有忠，虞舜負罪引匿，曰不可為子，何嘗有孝，今人只要立忠立孝，便是私心。聖人之心如此，吾亦如此，謂之希聖，不得其心，而徒慕其名，去聖遠矣。〔註41〕

問者所問暗含對海門「無善無惡」宗旨的疑惑，此疑惑與許孚遠近似，即以為提倡「無善無惡」，則道德實踐無從下手，人便不知該依循何種道德價值，故而問海門「何所持循」。海門的回答卻不是在正面的道德價值上持循，而是要求道德實踐主體持循在「去惡」上，即海門所說的「為人臣者，只求免於不忠，為人子者，只求免於不孝」，如此等等。這樣，海門「無善無惡」的宗旨便具有了修養工夫的內涵，修養工夫便落在「無惡」上，無惡需要去惡的工夫。海門之所以強調「去惡」而不提倡「持善」是因為這兩種工夫的出發點是有顯著不同的。強調「去惡」是在動機上對自己的評價放低，意識到自己心靈及行為上的弊病，力求克服之。而「持善」對自己的評價與期許相對更高，要求自己成為道德高尚的人。在古代社會，儒家以名教著稱，行為上高尚的人往往被社會給予名上的稱許，如忠臣、孝子等等，當一個人雖然願意為善，但是在其心理動機上卻容易隱藏有為善而獲名的動機，這樣，為善的道德行為便成為偽善。而「去惡」就不同，依海門所述，「去惡」之人時時警醒自己免於不忠、不孝，這樣就克服其行為動機上所暗含的「為善以或名」的動機。接下來問者又以「聖人忠孝之極也，然則希聖非與？」發問。海門以為「文」、「舜」等美名只是旁人所加，與之相同，忠、孝等美名也都是旁人或者後人評價所給予之名，對於道德實踐的自我來說，便不是去追求為忠孝之人甚至聖人，只是去惡唯恐不足，不曾作為忠臣、為孝子之

〔註41〕周海門：《東越證學錄》卷一《南都會語》，第441頁上。

想。海門以爲「今人只要立忠立孝，便是私心」，這裡當指一些人爲忠孝之名所累，其行爲動機並非全出自本源之道德心，而是爲了獲取忠孝之名，故而海門以爲是私心，只是徒慕聖人之名，而不得聖人之心。海門以「無惡」爲修養手段而不正面提倡忠孝仁義等道德價值，其目的便是爲了防止道德實踐個體在實踐中萌發「求名」的動機，從而使道德行爲淪爲僞善。故海門不提倡求爲聖人，而要求弟子免爲禽獸。

> 二友來見，先生（海門）曰：「近來志向若何？」曰：「聖人難學，未敢承當。」先生曰：「予亦非強汝爲聖人，只要汝求免爲禽獸耳。」眾皆惕然。〔註42〕

道德實踐個體既然無惡，則其思想行爲自然歸於善，這時個體不需要再在已經是合於善的信念和行爲上再去安立「善」之名而執著於善。因而海門以爲「修爲無跡，斯眞修爲也」。這樣，我們可知海門與許孚遠在修養的路徑上是頗有不同的，許孚遠除了否定惡，同時強調正面肯定善的價值，要求人以儒家的道德價值去爲善。而海門更強調去惡，因爲惡既除，人不會著於惡，而人往往執著於善之名，海門不從正面立善之名，其目的是使個體不會執著於善，不會追求個人之名而行僞善。這樣才能達到道德的自然眞實之境。故而，海門以爲其「無善無惡」本身也包含修養工夫在，而且也需要長期的道德修養，並非如許孚遠所說的不經踏實的修養而直至聖人之境。

第三節　無心之善與有心之惡

海門以爲合無善之體便是爲善，合無惡之體便是去惡。在剡中論學時，他與弟子有這樣一段對話：

> 問：「爲善去惡似與無善無惡迥別，果必隨因，若爲善去惡爲因，安得證無善無惡之果，且既無善無惡，又何用爲善去惡？」先生曰：「……惟爲善去惡而後有無善無惡之指。合無善之體便是爲善，合無惡之體便是去惡，何迥別之！」〔註43〕

海門謂合無善之體便是爲善，則所爲之善便是無心之善，是無善無惡之心體自然而發的合道德的無心之善，那麼既然可以無心爲善，那麼是否可以無心爲惡呢？海門弟子接下來這樣責難海門：

〔註42〕周海門：《東越證學錄》卷五《剡中會語》，第494頁上。
〔註43〕周海門：《東越證學錄》卷五《剡中會語》，第513頁上。

－103－

　　……曰：合無心之體者，無心爲善也。既可無心爲善，獨不可
無心爲惡乎？（海門）曰：「善可無心，惡必有心，有無心之善，決
無有無心之惡，身爲體驗，當自知之。」〔註44〕

　　有心是指人通過主觀的精神意志的加強，爲了達到某個特定的目的而進
行當下的行爲，則有心是指在行爲之前經過主觀的對自我的鼓勵，對當下各
種行爲可能性的價值判斷或者結果判斷，從而決定當下的行爲方式。而無心
是實踐個體在面對某種境界時，心體自然而生的意識進而產生人身體的行
動，主體在此過程中無需自我策勵或者思索、判斷。通過以上引文，我們可
以判斷海門對於善惡認爲有三種具體的形式：有心之善、無心之善及有心之
惡。

　　在前文的分析中，海門已經明確提出善應該是無心爲之，而非有意爲之，
也就是爲無心之善才是儒家眞正應該提倡的善，也是儒者道德應該達到的境
界。而對於惡，海門明確指出「惡必有心，決無有無心之惡」，也就是否定無
心之惡的存在，而認定一切的惡都是人有心而爲之，並非人無意爲之。而海
門得出這一判斷的依據來自於自我的體驗。

　　暫且不論海門的這個判斷是否正確，但是海門提出這個觀點卻是對「無
善無惡」宗旨的一個有效補充。

　　「無善無惡」是海門所推崇的自然、無心而爲的道德境界，如果「無善
無惡」可以指無心之善，並且同時也可爲無心之惡，則「無善無惡」的宗旨
便有很大的弊病，在「無善無惡」的宗旨下，實踐主體的行爲則可以是合於
善的，也可以是合於惡的，這顯然是海門所不能接受的。通過對「無心之惡」
的否定，「無善無惡」之旨只能表達爲無心之善的道德境界，這樣無善無惡之
旨才沒有任何問題。

　　針對「無善無惡」的宗旨，很多人提出此宗旨會使實踐主體樂於放情縱
慾而爲惡，從而產生流弊，海門以爲「無善無惡」的宗旨本身沒有問題。

　　問：「無善無惡言心似與學庸教體稍殊，且以此提宗，恐使人
樂於放縱，當爲天下後世流弊慮也。」先生曰：「……所稱流弊，或
不能無，然於教旨何咎。……」〔註45〕

周海門承認「無善無惡」可能會產生流弊，但是他同時認爲從教理上來

〔註44〕周海門：《東越證學錄》卷五《剡中會語》，第513頁上。
〔註45〕周海門：《東越證學錄》卷五《剡中會語》，第513頁下。

講，無善無惡的宗旨並沒有錯誤。無善無惡所表述的正是良知心體自然流行、不著於善惡之念的境界。因而，「無善無惡」的境界所呈現的正是無心之善。針對無心之自然流行，人們認爲所可能帶來的最大弊端是人們放縱自己的感情與欲望，這樣一種形態往往也被視爲一種人無心的自然狀態，周海門否定人無心爲惡的可能性，也就否定了在無心之下會放縱，因而，實際上從周海門的思想推導，樂於放縱並非「無善無惡」所強調的無心自然所導致，相反是有意所導致。這樣，周海門便回擊了別人對「無善無惡」說的批評。

第四章　周海門的修養理論

　　王陽明創立心學，並且在晚年提出「致良知」，以「致良知」作爲其最重要的修養方法。陽明之後，其弟子由於其性格特徵的不同以及對陽明致良知的理解不同，分化出不同的心學流派。隨著心學的不斷發展，對致良知的理解也呈現出百花齊放的形態。海門在心學派別中，屬於王龍溪的弟子，就決定了海門的修養理論受到王龍溪的影響較爲巨大。

　　王龍溪提出「四無說」，認爲心體無善無惡。「四無說」爲海門所繼承，並且大爲發揚。心體之無善無惡對於海門的修養理論形成重要影響，這表現爲周海門在其修養理論中突顯即本體爲工夫的不執著於善與惡的自然流行境界。另一方面，王龍溪的良知現成也使海門的修養理論注重本體工夫的修養方式。

　　另外，周海門受到佛教的影響也極深，周海門本身也是佛教居士，這就決定了其修養理論也受到佛教的影響。這突出體現爲周海門強調參悟本體，運用禪宗的參禪之法來徹悟良知本體，另外，在教學中，周海門受到禪風的影響，常使用逼問、棒喝似的方法使弟子當下承擔起道德修養的行爲。本章分爲三節：第一節論述海門的本體工夫；第二節論述海門對修行實踐與理論的態度；第三節論述海門其他重要的修養方法。

第一節　海門的本體工夫

一、識良知本體

　　周海門的修養工夫承襲王龍溪的先天正心之學。所謂先天正心之學乃是

與後天誠意之學相對。王陽明提出「致良知」的教法，意在致良知於事事物物。王陽明的兩大弟子王龍溪與錢緒山繼承王陽明的「致良知」學說，但在「致良知」的理解上卻有不同。王龍溪強調的是從先天本體上立根，而錢緒山所強調的是從意上用功。王龍溪在論述其先天正心之學與後天誠意之學時言：

> 正心，先天之學也；誠意，後天之學也。良知者，不學不慮，存體應用，周萬物而不過其則，所謂「先天而天弗違，後天而奉天時」也。人心之體，本無不善，動於意始有不善，一切世情見解嗜欲，皆從意生。人之根器不同，工夫難易亦因以異。從先天立根，則動無不善，見解嗜欲則無所容，而致知之功易。〔註1〕

王龍溪的先天正心之學在於其「存體應用」，存體是存先天良知本體，應用是良知本體的自然發動，應萬物而感，周遍萬物而不過其則，不過其則，則是不加思慮，不加勉強，自然合於善。在此我們需要辨別的是，良知本身包含了兩個方面的內容：第一是良知本體，這是從本體論上來說的；第二是良知之用，是本體在經驗世界的作用。理學家在運用良知的概念時，有時包含體用，有時則只指體而不指用。王龍溪以為對於一切人來說，良知本體是本有的，且良知本無不善，如果從先天上立根，也就是從先驗的良知本體上立根，則良知本體為外界事物所感而起之作用則無不善。故而，王龍溪先天之學之關鍵在從良知本體立定根基。

周海門之學承接王龍溪，其修養理論也沿襲王龍溪，故其修養理論首重在識良知本體。

> 或問顏子、原憲之學。先生曰：「學者須識根宗。顏子與原憲工夫只差毫釐，但顏子契得根宗，所以一聞復禮之旨，直請問其目，有頭腦然後有眼目，有大綱然後有條目，不然非禮勿視、聽、言、動與原憲克伐怨欲不行有何差別？」〔註2〕

在以上引文中，周海門是借顏子、原憲說明自己的修養方法。且不論顏子、原憲之學究竟為何差別，但在周海門看來，顏子之學是先有根然後才有目，所謂目就是非禮勿視、非禮勿聽、非禮勿言與非禮勿動。周海門在上文中雖未提及良知概念，但是其所透漏出的內涵是識得良知本體，才好在良知

〔註1〕 王畿：《王畿集》，第445頁。
〔註2〕 周海門：《東越證學錄》卷四《越中會語》，第486頁上。

之發用上用功，即在意上用功。周海門以為原憲的「克伐怨欲不行」未識根宗，其內涵是指只在意上用功，而不能識良知本體。周海門以為顏子與原憲工夫只差毫釐，其差別就正在於顏子先識根宗。從中可知周海門的修養工夫更看重先識根宗，根宗即是良知本體，這與王龍溪思想中的先天正心之學一脈相承。

與王龍溪相同，周海門以為良知本體不待修證，本自具有。如海門與弟子的一次問答：

> 先生曰：「致良知須是下老實工夫，如家庭日用間有不妥處便須於此知非，知得便改，知要真知，不可自放出路，這個學問再不許空談，談得良知活靈靈成甚用。」有成曰：「心中見得有不安處，極力克治，到得妥當時是良知否？」先生曰：「若說到妥當時，方是良知，即今是什麼，只如此去，切莫分別，分別知便不良。」

在以上引文中，周海門提出致良知要下踏實的工夫。這時弟子以為通過踏實的工夫極力克治自己的不安，直至不安完全消除時才是良知。周海門否定了弟子對良知的理解。從「若說到妥當時，方是良知，即今是什麼」這一句對弟子的反問可知海門並不認為良知本體只有在通過修養實踐之後才具有，良知本體是現成本自具有。故周海門教導弟子「只如此去，切莫分別」，當下良知現成。而未能悟到良知的本體是因為「分別」，所謂分別是在良知本體的自然發用上又起對良知本體的懷疑及知識等，這樣便是不良，良知本體便無法自然呈現。故周海門又對良知本體有這樣一段描述：

> 作聖有本，在識其本而已，識其本然後謂之真希聖，真能希聖然後交戰之心自知調攝。不識本而言希聖，如磨鏡不得其面，決不生明。……本不可名，陽明子不得已以致良知三字為決。〔註3〕

> 所謂本者，何謂之？義理而不可以義理承當。假之思辨而難以思辨懸想，聲臭俱無，助忘不得。〔註4〕

從第一段引文中可知周海門以為作聖在於識本，識本即是識良知本體。周海門以為良知本體可義理而不可以義理承當，所謂義理承當是指可以以義理去描述良知本體，良知本體不可以義理承當是因為義理思辨是以良知本體為對象，在良知本體上所起之意念，非良知本體自身，而良知本體本是根植

〔註3〕周海門：《東越證學錄》卷六《不隔絲毫卷序》，第534頁下。
〔註4〕周海門：《東越證學錄》卷六《送喻中卿進士北上序》，第535頁下。

於生命個體，在生命個體的實踐中自然顯現出來。故而良知本體不可以義理
承當，不可假之思辨，也不能助忘。

周海門與王龍溪一樣都是從良知本體立根，然而王龍溪似乎並未明確說
明如何參究良知本體，而周海門明確指出了參究良知本體的方式。周海門以
為良知本體是心念之起處，識本體便是從心念上入手，沿著心念往上推尋，
深究到心念的開始處，便是良知本體。故海門言：

> 此計得失之心從何發起，究來究去，究到無可去處，畢竟寂然，
> 自然脫灑。〔註5〕

在此，海門以反問的方式提醒弟子，正是要求弟子當下從得失心的心念
入手，追尋其生起之處，一直往前追究，追究到無可去處，也就是心念之起
始處，這起始處便是良知本體。周海門是從心體的活動結構出發的，良知的
活動方式是從體到用，從未發到已發，從形而上的先驗本體到形而下的經驗
感知活動。得失之心是心體的經驗活動，周海門以為從形而下的經驗活動上
推，可以追尋到先驗的良知本體。而先驗的良知本體屬於未發，無有形相，
故而此時良知本體畢竟寂然。在此，還有一個需要說明的問題是：善念的生
起固然是良知本體所發，那麼惡念的生起是否也是良知本體所生起呢？如宏
甫與周海門的一次問答：

> 宏甫問：「本體處處圓融，雖當做惡時，亦是此體否？」先生
> （周海門）曰：「說是也得，說不是也得。如人一旦發狂，可說是此
> 人，可說不是此人。」〔註6〕

良知本來自能感萬物而不失其則，本能周流天下而無不善。然而，當人
做惡時，此惡念之生起是否也是良知本體的活動呢？宏甫正是向周海門發此
疑問。周海門以為：說是也可以，說不是也可以。所謂說是也得，乃是因為
從人的心理活動來說，只能有一個心體，而不可有兩個心體，故而無論是善
念還是惡念都是出自於先驗的良知本體，故而雖當做惡，其心念的根源還是
良知本體。而說不是也得，乃是由於良知本體從應然意義上來說本是徇著善
的方向而感應萬物，但是良知本體一旦進入到經驗世界，人有時不能不陷溺
於經驗世界，則良知不能不遮蔽而偏離應然之方向，實然之方向與應然之方
向不同，故而周海門以為說「不是也得」，這是從價值方向上所作的判斷。

〔註5〕周海門：《東越證學錄》卷十《與范損之》，第600頁上。
〔註6〕周海門：《東越證學錄》卷五《剡中會語》，第498頁下。

但是，總的來說，無論善念還是惡念，其所起之處仍然是良知本體。

故而，周海門可以指點弟子從得失之心這樣的不善之念往前推究到良知本體。

再看另一段周海門與弟子的對話：

祁爾光問：「入門工夫若克伐怨欲不行，何如？」先生曰：「克伐怨欲不行，識得主腦，此工夫亦難少。程子曰：『學者先須識仁。』象山曰：『存養是主翁，檢點是奴婢。』夫四者之不行是奴婢不是主翁，須識得仁方可。闢如人知得自家屋裏，然後修葺、鋪設自有不容已處。若不曾認得屋裏，則修葺、鋪設等有何下落。」問：「仁如何識？」先生曰：「克伐怨欲，對境而有對境之時，境從何起？境未起時心從何著。如此密密參求，閒忙不捨，到豁然處，冷暖自知，非可以言喻意解也。」〔註7〕

「識仁」為明道所提出，在該段中，周海門引明道之「先須識仁」以及陸象山的「存養是主腦，檢點是奴婢」正是為了論證自己先識良知本體是有所本，先識仁即是識良知本體。而識良知本體的方法則是當生命個體面對外境生起煩惱時，參究「境從何起」，然後繼續參究「境未起時心從何著」。周海門以為心是萬物之本，當心體產生感知的作用時，外境才為心體揭示其存在，故而周海門以為境從心而起，若無心的活動，則境亦無法顯示其存在。故而，當參究「境從何起」時，周海門的意圖是使弟子從對外境的感知回歸到自心，個體則不再著於境之上，而是向內心尋求，再進而參究「境未起時心從何著」，則是從內心的活動中往前進一步深究，周海門以為這樣努力不懈地參究則可悟知良知本體。

周海門所提出的參究良知本體的方式在工夫上是借助了佛教參禪的方法。如海門在《佛法正輪》中所論：

論曰：佛教參禪與吾儒致知、明善、必有事焉初無二義，入道惟此一路，餘皆旁蹊曲徑耳。參禪看話頭亦止是一法，大慧始專提此。從前如牧牛喚主人公，看是什麼在塵勞中打，念佛是誰，種種方便，隨人自取，只是決定信此一路，不要轉變，莫令污染，便是出頭日子，不然誤卻此一生。此中峰所以說盡弊病，令人警醒知歸。〔註8〕

〔註7〕周海門：《東越證學錄》卷四《越中會語》，第488頁下。
〔註8〕周海門：《佛法正輪》，第123頁。

又有周海門所引儒者之公案：

> 劉淳叟參禪，其友周姓者問之曰：「淳叟何故捨吾儒之道而參禪？」淳叟曰：「辟之於手，釋氏是把鋤頭，儒者是把斧頭，所把雖不同，然卻皆是這手，我而今只要就他明此手」〔註9〕

從第一段海門的評論中可知周海門以為參禪與致良知是一致的。而在參禪中，周海門特別提到看話頭的參禪方法，如牧牛喚主人公、看是什麼在塵勞中打，念佛是誰等。所謂牧牛乃是指人的心念如牛一樣不受控制紛擾雜亂，而主人公正是指心體，牧牛喚主人公正是要從流轉變化的複雜心念中參究到心念所起之處的自心。「看是什麼在塵勞中打」以及「念佛是誰」都是同樣的參究自心的方法。第二段引文是周海門編纂《佛法正輪》所編入的，此公案中劉淳的回答用了形象的比喻，手實際是指心體，而鋤頭、斧頭分別是指釋氏與儒者各自的由心體而起的心念。此公案實際上說明了參禪與儒者之道對人的心理活動結構有共同的理解。禪宗以為人的心念都是出自於自性清淨心，而致良知同樣是設定一個良知本體而一切心念皆是良知本體所起的作用。無論佛教所要參究的自心與致良知所要參究的良知本體是否相同，兩者都以為從心念可以逆向推究到先驗本體，故參禪與致良知在修養工夫的形式上是一致的。而周海門正是以其對禪宗修養方法的深入理解將之引入到自己參究良知本體的方法中來。

牟宗三先生把這樣一種參究良知心體的方法稱為逆覺，對此，他論述到：

> 所謂逆覺之覺，亦不是把良知明覺擺在那裡，而用一個外來的無根的另一個覺去覺他。這逆覺之覺只是那良知明覺隨時呈露時之震動，通過此震動而反照其自己。故此逆覺之覺就是那良知明覺之自照。自己覺其自己，其根據即是此良知明覺之自身。說時有能所，實處只是通過其自己之震動而自認其自己，故最後能所消融而為一，只是其自己之真切地貞定與朗現。（不滑過去）〔註10〕

二、本體與工夫

識得良知本體並非修養活動的完成，因為良知本體在發用時，會有歧出，即在意上有善有惡，故而要加以修養的工夫。與其師王龍溪相同，周海門喜

〔註9〕周海門：《佛法正輪》，第130頁。
〔註10〕牟宗三：《從陸象山到劉蕺山》，臺北學生書局1979年，第231頁。

談良知本體流行發用，純任自然的圓熟境，如上節所引海門之言：

> 此計得失之心從何發起，究來究去，究到無可去處，畢竟寂然，
> 自然脫灑。〔註11〕

從上文來看，參究到心體之後，可以「畢竟寂然，自然脫灑」，似乎心體就可以純任自然，無須防檢，不加爲善去惡之工夫，而自合於儒家之道德法則。周海門的語言容易給人帶來誤解。實際上，周海門並不認爲參究到本體之後，就不需要修養工夫。如：

> 祁爾光問：「入門工夫若克伐怨欲不行，何如？」先生曰：「克
> 伐怨欲不行，識得主腦，此工夫亦難少。……」〔註12〕

周海門以爲識得主腦，「克伐怨欲不行」的工夫還是難少，其意是指即便識得良知本體，良知本體的發用也難以純任自然而不偏離良知的本來方向。對於大多數人來說，識得本體還是需要加以修養工夫，故而周海門以爲修養工夫亦難少，本體與工夫不相分離。針對本體與工夫，周海門與弟子有一段問答：

> 或問本體工夫。先生（周海門）曰：「龍溪先師云：『上根人即
> 工夫是本體，中下根人須用工夫合本體。』蓋工夫不離本體，本體
> 不離工夫，此不易之論也。近有妄用工夫戕賊本體者，是不知工夫
> 不離本體，固甚害道。然亦有窺見本體影響，便任情無憚，謂工夫
> 無有，是不知本體即工夫，害道尤甚。」

周海門引王龍溪對本體工夫的看法可見海門在本體與工夫的關係問題上是承繼師學的。海門以爲工夫不能離開本體，本體不能離開工夫。其中，工夫不能離開本體乃是針對引文中所指的第一種病而發，即妄用工夫戕賊本體。因爲良知本體本自具有兩方面的特性：①明知的能力。良知以知爲本，即實踐主體在其道德實踐中，針對自身的行爲本身具有當下知其爲善、惡的能力。因而，良知本體具有使實踐主體識知自己心念、行爲的善惡，從而當下爲善去惡。這樣，良知本體就在使實踐主體轉惡爲善中承擔著關鍵的角色。②良知主體具有自由、活潑的特點，充滿著強大的實踐動力，是實踐主體進入到道德實踐的經驗世界的潛在動力，從而使實踐主體在經驗世界中表現出靈動、自由，充滿生機。故而，若只在意上做工夫而不知悟本體，則是

〔註11〕同131。
〔註12〕同133

不能悟自我道德價值以及道德實踐動力的根源，則勢必雖在意上苦下工夫，但是也無法收修養之效，如王思位與周海門的問答：

> 思位問曰：「臺常因念慮紛飛，甚為著忙，今稍覺定疊，不知若何？」先生曰：「不見本原，惟在念慮上過抑，以妄滅妄，雖暫寧息，終非了期。……〔註13〕

從以上引文來看，周海門以為王思位沒有識知良知本體，只是「以妄滅妄」，即是再起一個去壓制的念慮去遏制另一個念慮不起，雖然念慮暫時熄滅，但是海門以為這並不是工夫的完成，以後相同的煩惱還會再起，還需再加克制。故而，雖然所下工夫艱苦卓絕，但是修養的成效甚微。故而，海門以為這是以工夫戕賊本體。

另一方面，周海門所謂的本體不離工夫是針對第二種病而發，這第二種病是缺乏保任的工夫，只是窺見本體，便以為可以無須在意上下工夫，以為可以天機獨運，任心體自由作用，其結果卻是任情恣睢，夾雜私心，無所忌憚。故而周海門以為這是以工夫戕賊本體。

周海門以為第二種病更加嚴重。這是因為第一種病雖不悟本體，但是畢竟是在意上下工夫，知道善惡之分，雖然不悟本體，但是畢竟在為善去惡，於他人、社會亦無害。反而，第二種病的人雖有私情夾雜其心還不知，以為是良知本體的呈現，自欺而欺人，於己有害，又對社會造成不良影響。故周海門以為第二種病更加嚴重。

從周海門對本體與工夫關係的論述可知周海門認為本體是不離工夫的，在悟知本體之後，還要再加保任的工夫。這正是繼承了王龍溪的工夫論特點，如王龍溪所論：

> 學，致知雖一，而所入不同，從頓入者，即本體以為工夫，天機常運，終日兢業保任，不離性體，雖有欲念，一覺便化，不致為累，所謂性之也。從漸入者，用工夫以復本體，終日掃蕩欲根，袪除雜念，求以順其天機，不使為累，所謂反之也。……則頓與漸未嘗異也。

從上文可知王龍溪的本體工夫雖然以良知本體天機常運，但是還是需要終日保任，因為還是會起欲念，只有在保任工夫之下，才能化解欲念，使欲念不會夾雜於良知發用之中。

〔註13〕周海門：《東越證學錄》卷五《剡中會語》，第500頁下。

用工夫以復本體的後天之學要在意上用工夫，即本體以為工夫的先天之學也需要在意上下工夫。雖然同樣要在意上下工夫，但是兩者的難易程度不一。故而王龍溪言「雖有欲念，一覺便化，不致為累」，正是說明在工夫上更加得力，所起的效果更加明顯，道德修養的主體不致在內心善與惡的交戰中備受煎熬。則是修養更加容易。周海門也有同樣的觀點：

> 或問先生用功。先生曰：「餘口過、身過、心過時亦不少，只是喜得太阿之柄在手，隨覺隨改，必不敢放過。……」〔註14〕

太阿是歷史上的一把利劍，周海門是用以形容若悟良知本體，就如同拿著利劍在手，當心體起惡念時，能迅速斬斷惡念，隨起隨斷，毫不費力，可見海門也是認為即本體為工夫的修養方法更加具有效用。張學智教授認為「保任雖然也用去惡的工夫，但是比起先天本體的作用要小」。〔註15〕筆者以為去惡的工夫也就是良知本體的作用，立定在良知本體上，則惡念逢之即化，去惡便更加容易。

三、一念之微

周海門的即本體為工夫的修養手段要從心體所起的念慮之微做起，他以為若最初一念萌發些微惡念，則一念之後，惡念膨脹，小惡成大惡，且惡念時時增長會形成習氣。如周海門與弟子的問答：

> 問：「有子言孝悌何便說到不好犯上作亂？」先生曰：「汝看犯上作亂遠乎，只隱微中有毫忽見親長不是處，便是犯上。因見不是有毫發動心便是作亂，心動則亂，非作亂而何？此言其微也。有問朱晦翁曰：『人清介的諸好俱無，只有愛官職之念未忘如何？』晦翁曰：「只愛官職，他日弑父與君也，敢此，言其流也犯上作亂，遠乎哉？』曰：「下好字何故？恐亦無此好者。」曰：「一念不已又第二念，一次不已又第二次，則謂之好矣。〔註16〕

弟子所問問題出自《論語・學而》：「有子曰：『其為人也孝悌而好犯上者，鮮矣。不好犯上而好作亂者，未之有也。君子務本，本立而道生。孝悌也者，其為人之本與？』」周海門對此句的解讀是從心念細微處入手，他以

〔註14〕周海門：《東越證學錄》卷五《剡中會語》，第494頁下。
〔註15〕張學智：《明代哲學史》，第139頁。
〔註16〕周海門：《東越證學錄》卷四《越中會語》，第474頁上。

為只要心念有些微見親長不是，進而又有毫發動心便是犯上作亂。可見，周海門是從心的隱微處去發現人心惡的萌生。如果在惡念初萌之際不加化去之功，便會一念接著一念，這樣在惡念上不斷增長，進而由些微的惡念成為內心的一種習慣。則周海門以為最初萌生的細微一念正是後來更重大的惡事、惡習的根源。故而，他以為在修行中，正是要針對此最初所萌生之細微惡念加以銷去之功。且看以下引文：

> 各人但當從日用間、喜怒哀樂性情上調理查之。念慮之微，常自見過。不欺不放，綿密將去，自然打成一片，與道相當，此著實工夫。〔註17〕

從上面的引文可知周海門強調良知主體在其生活日用中，當在其微細的念慮上下工夫，常應該於微細的念慮上察覺自己的過錯，誠實地面對細微的惡念而不放過，然後再以良知心體本自具有的道德判斷與實踐能力化去惡念。對細微惡念的化解工夫需要時時去做，絲毫不放過每一個細微的惡念，這樣不間斷地在一念之微上下工夫，則待工夫圓熟，念念無不合於善，即是「打成一片」，實踐主體無有惡念出現。周海門以為於念慮之微上下工夫是實在的工夫。這種於念慮之微下工夫的修養方法正是要將人的惡消滅在其始萌階段，當其始萌時，惡念還在成形階段，故而還無法形成強大的勢力，這個時候，化解惡念就比較容易。然而，在這一念之微的修養工夫中，一個重要的關鍵點就是良知主體的覺性。因為念慮之微還沒有在內心形成強大的勢力，故而其形態細微，因其形態細微，故而更不易察覺其萌生。另一方面，當念頭初萌時，念慮的善、惡性質不容易準確判定，要知善、惡念只是在一線之間，對於初萌的念慮要覺知其善惡的性質更是很困難的事情。故而要做到周海門所說的對惡念「不欺不放」，實在是需要非常強的明覺能力。如周海門所論：

> 從一念靈明處自省自勘，常覺常明，如睡必寤，如倦必起，如臨深履薄而時不敢悠悠泄泄，玩弄承當。要須頃刻不致遺忘，萬境不能回換。然後可以言事親從兄，可以言覽勝收奇，可以言隨意逍遙而自適。〔註18〕

「自省自勘，常覺常明」，就是要對自己的心念時時保持高度的覺照力，

〔註17〕周海門：《東越證學錄》卷五《剡中會語》，第490頁下。
〔註18〕周海門：《東越證學錄》卷七《送和卿過江西序》，第545頁下～546頁上。

頃刻不能忘失，使自己能時時明知自己心念的性質，知其善惡，如有些微惡念，必化解之。

周海門以為作為實踐主體，在其心體上起些微的惡念並非是最嚴重的事情，最嚴重的是覺知得較遲，如果不能及時察覺，惡念已經形成較大的勢力，甚至於已經付諸於實踐主體的行為，如果在惡念初萌時就能夠及時察覺，惡念對良知心體的遮蔽便可立刻化解，心體自然又能呈現出其無蔽狀態。但是，實踐主體會有時忘失其覺照，周海門強調在忘失時，又要提起自己的覺照，而不要再去追悔自責。這是因為若去追悔自責，實際上是又起妄念，這樣反而妄念不止，良知心體又偏離應然的方向。故而，只要提起覺照，良知主體便又自然呈現，實踐主體的修養活動又回到正常的軌道。如周海門所論：

> 夫知得蔽時便已不蔽，面目現自迥然，又何憂他埋沒也。古人謂「不怕妄起，只怕覺遲」。但妄起便覺，忘了又提，不可縱容，又不必追悔。綿綿密密，竭力做去，終有打成一片之日。〔註19〕

又如：

> 一念知非，本體工夫於此具足，其所謂化，常自知非，無事而已，非有所加舍。……屏山子云「有先知焉」，知則非先。「有後覺焉」，覺則非後，知本無時，誰名過者。故但知非而已，前無所追，現無所昧，後無所期。〔註20〕

在覺知的工夫到達純熟狀態下，覺知是在心念所起的當下覺知，不是在心念起之前有所思慮、分別，也不是在惡念已起之後幡然醒悟，追悔已起之惡念。而是在良知本體起作用的當下覺知，當下不昧，惡念萌生，則覺知到，化解去。既已化解，則無需再多加工夫，無事而已。

周海門以為在良知本體的覺照下，惡念化除，若能當下化除惡念，良知本體盎然呈現，則實踐主體當下即是聖人。若能一日能本體工夫不斷，則一日是聖賢。如果工夫進一步純熟，臻至本體工夫的圓滿境界，良知無時無刻不在自然呈現其作用，周遍萬物，在經驗世界的道德實踐中，實踐主體的行為無不合乎道德，並且呈現生動、自由的道德之境，則實踐主體便是終生聖賢。如周海門所論：

> 有志於學者，但當信此一心。力自反求，隨事隨時，察識磨煉。

〔註19〕周海門：《東越證學錄》卷十《與趙伯暗》，第603頁下。
〔註20〕周海門：《東越證學錄》卷九《題知非卷》，第587頁下～588頁上。

遇聲色貨利，莫隨之而去。倫理上率踐，性情上調理。……，虛其
心不先主一物。莫落情識窠臼。……有遇即覺，一覺便改，綿綿密
密，如此做去，總不離心。若此心一刻自得，便是一刻聖賢，一日
自得，便是一日聖賢。常常如是，便是終生聖賢。〔註21〕

四、自信己心

對於參究良知本體以及即本體而工夫的先天修養方法，周海門以爲自信
尤其重要，自信是致良知的關鍵。如周海門所論：

蓋自堯舜以來，凡曰中、曰極、曰性、曰德等，百千名號未嘗
有外於斯。曰執、曰精、曰欽、曰止等無限工夫，不能有加於信。……
是故信爲學之要領，入門究竟盡之矣。〔註22〕

以上引文中，周海門以爲「中」、「極」、「性」、「德」等雖然名號不一，
但是都是指代良知本體。而悟良知本體的所有工夫中，最重要的工夫就是
「信」，信是爲學的要領，也是致良知的關鍵。在上面引文中，周海門表達出
對於「信」的極端重視。他以爲若能眞信，當下具足，但是眞信甚爲困難，
他對此有說明：

信能及者，當下即是。稍涉擬議，即迢迢萬里。然有程途可涉，
人便肯信。不行而至，便自茫然，所以開口實難。〔註23〕

周海門以爲如果能眞信，當下良知本體即呈現，故而當下即是。如果對
自己有懷疑，略有思慮，便不是良知本體。這是因爲良知本體是實踐主體行
爲的發動之處，故而良知本體只能自然發動作用。然而，良知本體卻不能成
爲實踐主體懷疑、思慮的對象，如果一旦心體上起對良知本體的些微懷疑，
則良知本體便不能呈現出對外境的感應流行，而是心體偏離其感通萬物的良
知良能，而進入到對良知自身的思慮中，這樣，與致良知便相差萬里。在周
海門看來，對於一般人來說，如果有切實可行的路徑指示給人，使人能明白
每一步該如何走，則人會相信。而致良知卻無法指示現成的途徑，只是「不
行而至」。這是因爲良知本體並非心體之外的對象，良知本體即是實踐主體自
身，良知本體本自具在，故而無需步驟去實現。只是當下如此，實踐主體自

〔註21〕周海門：《東越證學錄》卷二《新安會語》，第443頁。
〔註22〕周海門：《東越證學錄》卷三《武林會語》，第461頁。
〔註23〕周海門：《東越證學錄》卷一《南都會語》，第439頁上。

我確認，在經驗世界行將去，即是良知本體的天然呈現，故而良知本體是不行而至。也正因為如此，周海門以為實踐主體便無法真信得及，「信」亦成為致良知的一大關鍵和難點。而疑、畏便成為致良知的一大障礙，如周海門所論：

> 學道與行政都只是疑、畏二字作祟，故孟子告人言「王請弗疑」、「世子疑吾言乎」……〔註24〕

而自信就是不生疑畏，踏實做踐履工夫，周海門又言：

> 先生曰：「道者，路也。徐行翼趨，步步踏實，不生疑畏，便是盡道，便是聖。」〔註25〕

周海門以為自信還意味著信自己與聖人同，自己本具良知本體，與聖人無二。如周海門所言：

> 先生曰：「……此體毫無虧欠，與聖人無二，只要信得及耳。……」
> 〔註26〕

周海門以為人人本具良知本體，與聖人同，正是指出人人皆有成聖的可能性。故而，人人皆要相信自己的成聖具有先天的根據，只要相信，就一定可以達成。若人能當下相信，則良知本體便與聖人同；若不能相信，則與聖人異。如周海門所言：

> 人人本同，人人本聖，知而信者誰？信則同，不信則異。〔註27〕

所謂不信則異，並不是指人人本具的良知本體與聖人異，而是指當人不信而生疑慮時，良知本體便為疑慮所遮蔽，無法天然朗現，良知雖在，卻如同不在，故而與聖人異。

周海門所謂的信並非只是當下確信良知本體，還要確信保任此良知本體，故還要信即本體而工夫的修養實踐。他又講到：

> 信非漫信也，信自千金則常守此富有自然之料理，信自侯王則
> 常守此貴有難忘之制節，此信而後，為非盲為也。〔註28〕

故而信並不是只信此本體本自具有，自然行將去就是，而是還需要強調一「守」字，守是持守，是保持良知本體的道德方向，使之不會在經驗世界

〔註24〕周海門：《東越證學錄》卷四《越中會語》，第 475 頁上。
〔註25〕周海門：《東越證學錄》卷三《武林會語》，第 465 頁下。
〔註26〕周海門：《東越證學錄》卷五《剡中會語》，第 498 頁下。
〔註27〕周海門：《東越證學錄》卷六《重刻心齋王先生語錄序》，第 524 頁下。
〔註28〕周海門：《東越證學錄》卷六《重刻心齋王先生語錄序》，第 524 頁下。

的道德實踐中偏離方向。周海門上段話中同時還隱含著，作為實踐主體在處於經驗世界中，無論面對多麼艱難的環境，無論面對多麼大的道德衝擊和挑戰，無論自身在道德實踐中面臨怎樣的挫折，都要自信自己的良知本體，並且常守此本體。

故而，自信己心同時還包含對自己本體工夫須充滿信心，是實踐工夫的信心，是在道德實踐中保持充分的動力，以充足的信心和動力化為綿密的工夫。

> 有志於學者，但當信此一心。力自反求，隨事隨時，察識磨煉。遇聲色貨利，莫隨之而去。倫理上率踐，性情上調理。……，虛其心不先主一物。莫落情識窠臼。……有遇即覺，一覺便改，綿綿密密，如此做去，總不離心。若此心一刻自得，便是一刻聖賢，一日自得，便是一日聖賢。常常如是，便是終生聖賢。〔註29〕

周海門以「自信」為其修養手段的關鍵，正是讓人戰勝自己的軟弱與懷疑，在自信中獲得道德修養的勇氣。將聖賢從理論文字中落實為當下的體認與確定，聖賢不再成為純理想化的存在，而是實踐主體當下的確認，不只是在先天本體上確認，而是在當下一念之善上確認。自信化為自我當下的確認，當下的確認落實為當下的道德境界，聖人的理想人格落實為當下的道德境界，儒者的聖人理想不再只是理想，而是現實的境界。因而，聖人理想的實現實來自於自信。以自信為源頭，方可將聖人的理想落實。這樣，聖人已經不再是一個整體的人格評價，而是當下道德境界的確定，故而「一刻自得，便是一刻聖賢」，這樣將一個似乎很遙遠的道德修養的目標落實為當下一念，聖人不再是在思想中羨慕、思索的不可企及的目標和境界，而是當下對於自我良知本體及當下一善念的確認，自信當下良知本體發一念之善，當下即是聖人。這樣，海門便將聖人的理想化為當下一念，使得實踐主體在每一個當下之念自我確認並且做足工夫，時時以聖人的道德境界化為當下充足的自信和本體工夫。因而，這樣的道德實踐才是及時的、有力的、充足的。

周海門還充分認識到自信己心可能的弊病，即沒有由自信而發的密證工夫，因而只是是在言詞上承當，或者自我欺騙，不見內心所隱藏的細微私欲，而自信是無私的聖人之境。故而周海門以為自信是自心光明，不自昧，獨覺內心之隱微，不使毫髮的自我欺騙隱藏其間，這樣才是真的自信。如周海門

〔註29〕周海門：《東越證學錄》卷二《新安會語》，第443頁。

所言：

> 學問用力究竟在自信，自信不過，終難語學。顧自信非可以言詞強承，伎倆冒認，獨覺隱微，不容自昧，須密證密許，毫髮不惑始得。〔註30〕

第二節　道德實踐與道德理論

周海門在其修養理論中，較重要的另一個特色是重視倫理道德的實踐活動，提倡只有在道德實踐中真實感受思想的內涵，而不是只在文字上進行理論探討與爭辯。周海門哲學具有強烈重視實踐的傾向，這是與陽明學的特點是一致的，也是有其思想與歷史背景的。

一、思想與歷史背景

從現存的周海門著作來看，多是海門論學時的語錄、書信、詩詞等，以及集錄前人論學語錄並加以自己的評論而成的著作。海門自己並沒有通過自己的著作建立一個包含各哲學問題的完整哲學系統，其哲學思想的系統性和條理性不突出。然而，在周海門的哲學文本中，我們可以發現周海門哲學具有突出的思想宗旨，這個思想宗旨來自於王陽明的「致良知」，在這個思想宗旨的指導下，周海門特別重視個體的道德實踐活動，在實踐活動中體會致良知的內涵。周海門重視道德實踐的特點與王陽明一脈相承，這其中既有王陽明及其學術特點的影響，亦有時代的政治、思想背景。

王陽明性好實踐，若內心有所想法或者遇到新的感興趣的事物，必定身體力行之。且舉王陽明年譜中所舉兩例以證。

二十有二年丙午，先生十五歲，寓京師。

> 先生出遊居庸三關，即慨然有經略四方之志：詢諸夷種落，悉聞備禦策；逐胡兒騎射，胡人不敢犯，經月始返。……時畿內石英、王勇盜起，又聞秦中石和尚、劉千斤作亂，屢欲為書獻於朝。龍山公斥之為狂，乃止。〔註31〕

當王陽明內心產生經略四方的志向時，王陽明便立即付諸實施。當國內

〔註30〕周海門：《東越證學錄》卷九《題東坡手書》，第587頁下。
〔註31〕王守仁：《王陽明全集》卷三十三《年譜一》，第1222頁。

有作亂事件發生，王陽明有平亂的策略，便要立即上奏朝廷，絲毫沒有顧慮到自己年方十五且沒有上書於朝廷的條件。從中可見王陽明的性格中強烈的實踐傾向。

另有一例：

> 外舅諸公養和爲江西布政司參議，先生（王陽明）就官署委禽。
> 合巹之日，偶聞行入鐵柱宮，遇道士趺坐一榻，即而扣之，因聞養生之說，遂相與對坐忘歸。諸公遣人追之，次早始還。〔註32〕

王陽明一聞道士的養生之說，便立即實踐，以致於在大婚之日忘歸，直到外舅遣人催促才歸，亦可見王陽明對於理論學說一旦發生興趣，便會身體力行，認眞體證，必不肯遲疑。正是在這樣的一種性格特點之下，王陽明所提出的思想主張皆是其經過艱苦卓絕的體證所得，而非因襲前人的理論。朱子學在明代被視爲官學，王陽明立志於聖人之學，也是從朱子學入手，王陽明對朱子學也是頗下了一番體證工夫。王陽明二十一歲在其父官署中格竹子即是例證：

> （孝宗弘治）五年壬子，先生二十一歲，在越。
> 是年爲宋儒格物之學。先生始侍龍山公於京師，遍求考亭遺書讀之。一日思先儒謂「物必有表裏精粗，一草一木，皆涵至理」，官署中多竹，即取竹格之，沉思其理不得，遂遇疾。〔註33〕

上文的宋儒格物之學即是指朱熹的格物之學，「物必有表裏精粗，一草一木，皆涵至理」也是朱熹所提出。王陽明從朱熹的格物之學入手，並且以其父官署中的竹子爲對象，通過自己的格竹子去實踐朱熹的理論，王陽明的踐行是認眞而艱苦的，當其以朱熹理論爲指導去格竹而不得竹子之理後，竟致獲疾。這是王陽明對朱熹學說的第一次身體力行的嘗試，這次嘗試是失敗的，對於王陽明來說也是一次沉重的打擊，以至於王陽明「自委聖賢有分，乃隨世就辭章之學」。〔註34〕

王陽明不能滿足於辭章之學，又對佛道二教有過深入研究與體證，並且有遺世入山之意，然而他最終未入仙、釋也是因爲在一番體證中無法與仙、釋相應〔註35〕。王陽明在靜坐中想離世遠去，故其心必欲拋棄世間的一切事

〔註32〕同上。
〔註33〕王守仁：《王陽明全集》卷三十三《年譜一》，第 1223 頁。
〔註34〕同上。
〔註35〕王守仁：《王陽明全集》卷三十三《年譜一》第 1225 頁：「十有五年壬戌，先

物，但是經過長時間靜坐的努力，其心雖然可以拋棄世間一切其他事物，唯獨無法拋棄對祖母與父親的愛念。經過這樣一個艱難的體證過程，王陽明以為愛親之念是人性所本自具有的，故而是無法斷去的。這樣，仙、釋否定世間遠離世間的思想宗旨在王陽明看來就是不正確的，是人之為人無法實現的目標。

在王陽明三十五歲時，又經歷一場政治風波。王陽明被廷杖四十，險些送命。後又被謫貴州龍場驛驛丞。在赴貴州的途中，王陽明又為劉瑾派人追殺，在經歷一連串的危險之後，王陽明才到達貴州龍場驛，當時貴州龍場驛自然環境惡劣，且又與夷人及中土的亡命之徒雜居。在這樣一種險惡的環境之下，王陽明經歷一番身心的掙扎和磨煉，終於大悟格物之旨，「始知聖人之道，吾性自足，向之求理於事物者誤也」〔註36〕。王陽明自身的性格偏於自我體證，而在惡劣的環境中，身心都備受煎熬，在這種外在環境所帶來的煎熬之中，王陽明只能從自己內心尋求一種自由與解放，從內心去化解環境帶來的內心的不安，在一段內心的磨煉之後，王陽明能夠內心坦然，感到內在的一種充實與自在，故而，陽明對格物之旨的體悟是經歷一番生死關頭的掙扎與考驗方才悟出，而這一悟奠定了王陽明思想的核心理念。

王陽明在悟格物之旨後在貴陽書院開始提倡知行合一的學說。王陽明主張人只有在實踐中身體力行，方能真實領會道理，人對孝悌等儒家倫理道德的認知只是在其倫理實踐中才是真知，知不僅僅只是一種觀念，而是人在行的當下的具體感知。「知是行之主意，行實知之工夫；知是行之始，行實知之成」〔註37〕，人不是講習討論以求知，知後再去行，這樣便會終身不行，終

生三十一歲，在京師。八月，疏請告。是年先生漸悟仙、釋二氏之非。先是五月覆命，京中舊遊俱以才名相馳騁，學古詩文。先生歎曰：『吾焉能以有限精神為無用之虛文也！』遂告病歸越，築室陽明洞中，行導引術。久之，遂先知。一日坐洞中，友人王思輿等四人來訪，方出五雲門，先生即命僕迎之，且歷語其來跡。僕遇諸途，與語良合。眾驚異，以為得道。久之悟曰：『此簸弄精神，非道也。』又屏去。已而靜久，思離世遠去，惟祖母岑與龍山公在念，因循未決。久之，又忽悟曰：『此念生於孩提。此念可去，是斷滅種性矣。』明年遂移疾錢塘西湖，復思用世。往來南屏、虎跑諸剎，有禪僧坐關三年，不語不視，先生喝之曰：『這和尚終日口巴巴說甚麼！終日眼睜睜看甚麼！』僧驚起，即開視對語，先生問其家。對曰：『有母在。』曰：『起念否』對曰：『不能不起。』先生即指愛親本性諭之，僧涕泣謝。明日問之，僧已去矣。」

〔註36〕王守仁：《王陽明全集》卷三十三《年譜一》，第1228頁。
〔註37〕王守仁：《王陽明全集》卷三十三《年譜一》，第1229頁。

身不知。人應該在實踐中去體會知的真正內涵。王陽明提出知行合一正是要求人不能只是在知見上去分辨，而是要在具體的實踐活動中去體會思想的內涵。對前人的思想理論，不是從知見上辨析，而是在自我的體證中辨析。故而，當有人向王陽明問朱陸之異，王陽明不講朱陸之學，而只是講個人之所悟，其目的正是要人不要落在純粹的思想辨析上，而是要從自己的體悟中去辨析前人的理論。

縱觀王陽明一生的思想歷程，他在努力嘗試著當時的各種思想和學說，並且是以自己親身的體驗去驗證學說的合理性。在這期間，王陽明經歷種種的挫折與困惑，而正是在不斷的挫折後，王陽明又進行新的嘗試，經過一番艱苦卓絕的自我體認與人事變遷的考驗，王陽明體證出自己的思想。故而，在王陽明這裡，思想不是純粹的思辨與遐想，而是傾注其生命力的自我體證。從而，在王陽明這裡，其學說便具備有了強烈的實踐特徵。黃宗羲在其《明儒學案·姚江學案》中對王陽明重視實踐的特徵有一段總述：

> 有明學術，從前習熟先儒之成說，未嘗反身理會，推見至隱，所謂「此亦一述朱，彼亦一述朱」耳。高忠憲云：「薛敬軒、呂涇野語錄中，皆無甚透悟。」亦為是也。自姚江指點出「良知人人現在，一反觀而自得」，便人人有個作聖之路。故無姚江，則古來之學脈斷矣。……先生之格物，謂「致吾心良知之天理於事事物物，則事事物物皆得其理」。以聖人教人只是一個行，如博學、審問、慎思、明辨，皆是行也。篤行之者，行此數者不已是也。先生致之於事物，致字即是行字，以救空空窮理，只在知上討個分曉是非。〔註38〕

王陽明一傳而至王龍溪，再傳而至周海門。在王龍溪的思想中，也具有強烈的重視實證特徵。如王龍溪在《沖元會紀》中所論：

> 今人講學，以神理為極精，開口便說性說命，以日用飲食、聲色財貨為極粗，人面前便不肯出口。不知講解得性命到入微處，一種意見終日盤桓其中，只是口說，縱令婉轉歸己，亦只是比擬卜度，與本來性命生機了無相干，終成俗學。若能於日用貨色上料理經論，時時以天則應之，超脫得淨，如明珠混泥沙而不污，乃見定力。極精的是極粗的學問，極粗的是極精的學問。精精粗粗，其機甚微，非真實用工之人，不易辨也。

〔註38〕黃宗羲：《明儒學案》卷十《姚江學案》，第 178 頁。

　　　　吾人今日講學，未免說話太多，亦是不得已。只因吾人許多習
　　　聞舊見纏繞，只得與剖析分疏。譬諸樹木被藤蔓牽纏，若非剪截解
　　　脫，本根生意終不條達。但恐吾人又在言語上承接過去，翻滋見解，
　　　爲病更甚，須知默成而信。〔註39〕

　　王龍溪反對只是在見解上談說性命之理，他以爲這樣的談說只是比擬測
度，既不能眞實理解其內涵，又與自己的生命了無相干，只有通過一番眞實
用功，才能眞實瞭解性命之理的內涵。他以爲自己的講學也是迫不得已，其
目的只是爲了消除許多學人的習聞舊見，使之能從心性本體上用功，而不是
爲了增加知見，需要從自家心體上默默用功。由此可見，王龍溪與其師相同，
都十分重視生命的眞實體證，而不只是從道德理論上做辨析，道德理論的目
的是使人能夠眞實踐行，只有在實踐中才能眞實明白理論的內涵。

　　周海門之學上接王龍溪，王陽明、王龍溪二人學術中對修養實踐的強調
必然也會對周海門之學形成重要的影響。

　　從另一個思想背景來看，周海門與當時禪宗大師的交往甚深〔註40〕，他
對禪宗的思想以及修養實踐也有相當的瞭解，故而，禪宗的修養方法必然會
對周海門的心學實踐方法形成重大影響。在佛教理論與修行實踐上，禪宗自
其傳入之初便對此有鮮明的態度與觀點。達摩爲禪宗在中國的開山之祖，他
特別提倡南朝宋代求那跋陀羅所譯的四卷《楞伽經》，並且以此作爲禪宗傳
法的依據〔註41〕。《楞伽經》的經文中，重視內心自悟，反對執著文字理論
的思想表現得尤其突出。《楞伽經》以爲眾生本俱如來藏自性清淨心，因爲
對名相的妄想執著而不能證得自性清淨心，而修行的方法就是熄滅妄想，覺
悟與佛無異的自性清淨心，故而《楞伽經》卷一云：「大乘諸度門，諸佛心
第一。」〔註42〕因爲重視內心的證悟，故而《楞伽經》對經書文字採取貶低
的態度〔註43〕。《楞伽經》以爲佛經文字只是爲了給眾生指示修行的方法，

〔註39〕王畿：《王畿集》卷一《沖元會紀》，第3～4頁。
〔註40〕在本書第五章，筆者對周海門與禪宗僧人的交往有詳細論述。
〔註41〕道宣：《續高僧傳・僧可傳》：「我觀漢地，惟有此經，仁者依行，自得度世」，
　　　　大正藏 T50p0552 下。
〔註42〕大正藏 T16p0481 下。
〔註43〕楊曾文：《唐五代禪宗史》：「重視探究心識，觀察心識活動，促成心識的轉變，
　　　　是《楞伽經》的另一個重要特色。因爲特別重視心識的觀察和轉變、覺悟，
　　　　對於經書文字說教反而採取貶低乃至排斥的態度。」中國社會科學出版社 1999
　　　　年 12 月第 1 版，第 49 頁。

故而文字言說雖然需要，但是其目的是使眾生能從自心上實證，而不應執著文字，執著於文字便是妄想，便無法證悟自性清淨的如來藏。

《楞伽經》的宗通與說通之論對禪宗對於修養實踐與修養理論的態度有重大影響。所謂宗通，《楞伽經》卷三云：

> 宗通者，謂自得勝進相，遠離言說、文字、妄想，趣無漏界自覺地自相，遠離一切虛妄覺想，降伏一切外道眾魔，緣自覺趣，光明輝發，是名宗通相。〔註44〕

從上可知，宗通是指修行要遠離言說、文字、妄想，這樣才能進入自覺聖智境界，因而宗通是遠離文字的自我證悟。

所謂說通，《楞伽經》云：

> 云何說通相？謂說九部種種教法，離異不異、有無等相，以巧方便隨順眾生，如應說法，令得度脫，是名說通相。〔註45〕

從上文可知，說通是指佛所說的種種修行理論，根據不同眾生的特點所說的不同的理論，指導眾生的修行實踐，使之獲得解脫。

對於二者的態度，《楞伽經》曰：「我謂二種通，宗通及言說，說者授童蒙，宗爲修行者。」〔註46〕說通是針對剛入佛門的人所說，使其瞭解佛教的思想宗旨，從而發心修行。而宗通則是針對真正開始修行實踐的人。因而對於第二種人，佛經的語言文字則不可執著。從中可知，宗通相比說通更爲重要，只有宗通才能證悟到自覺聖智境界。楊曾文先生以爲《楞伽經》的宗通、說通之論對後世禪宗的影響極大，所謂極大的影響應該是指後期禪宗發展不重視教理文字，而重視於具體的修行實踐，在修行實踐的方法上發展出眾多的形式。

周海門所交往的僧人中，大部分爲禪宗僧人，而且周海門對禪宗有特別的好感。在周海門教導弟子的活動中，明顯表現出禪宗的風格。黃宗羲在《明儒學案》中對此有敘述：

> 先生（周海門）教人貴於直下承當，嘗忽然謂門人劉塙曰：「信得當下否？」塙曰：「信得。」先生曰：「然則汝是聖人否？」塙曰：「也是聖人？」先生喝之曰：「聖人便是聖人，又多一也字！」其指

〔註44〕大正藏 T16p0499 中、下。
〔註45〕大正藏 T16p0499 下。
〔註46〕大正藏 T39p0398 下。

點如此甚多，皆宗門作略也。〔註47〕

上文中的宗門即是指禪宗，黃宗羲舉周海門教導弟子劉塙的一個事例說明周海門教導弟子多有禪宗的風格，從中可見禪宗修行實踐的方式對周海門有深刻的影響。

在對待語言文字和實踐的態度上，王陽明和王龍溪都體現出強烈的實踐傾向。在禪宗，又明確提出語言只是修行實踐的指導，而修行實踐才是最重要的工作，只有通過堅實的修行實踐才能了悟自性，證得佛法的智慧。語言文字只是指月之手指，不是月本身，故而不能執著於文字，而應該落實於實證。王陽明心學一派與禪宗在對待文字理論與實踐的態度上，都具有類似的態度。周海門在這兩種思想背景的影響下，尤其重視於切實的修養實踐，反對只是在文字上辨析理論，在其教導弟子的活動中，甚至還引入大量的禪宗教導弟子的形式，使得其修養實踐頗具禪宗的特點。

二、重實踐而輕辨析

周海門以為學問不能憑空立說，應該是自實踐中去獲得，在具體的實踐中實有所悟才能真實領會理論的內涵。周海門云：

> 學問不可懸空立論，須於言下就體入自身。即今說良知，就看我只今問答是良知不是良知。說不睹不聞就看我只今問答是睹聞是不睹不聞，密密自察，方有下落，若只泛泛論去，言自言我，自我又欲等待他時體認，則愈論愈支，如說食不飽，竟有何益。〔註48〕

周海門以為對於所談論的理論需要從當下自身去體認，不能只是從知見上泛泛而論，這樣只是論辯，則會越論越支離，雖然說得很多，但是於自己身心上沒有任何受用，就如同在說食物的名稱，但是沒有將食物吃進肚子裏，肚子也不會飽。言下之意如果只是在理論上論辯，而自己不去真實體驗道德修養的理論知識，對於自己的道德修養也沒有用處。故而，海門反對只是就經書講解義理，以為這樣對身心毫無用處。

> 十二日復會，先生曰：「昨說唯心之旨，已無第二義，各各便須從此信入，方有商量，若只要數陳義理，講解經書，當下身心受用不來，有何實益。」〔註49〕

〔註47〕黃宗羲：《明儒學案》卷三十六，第854頁。
〔註48〕周海門：《東越證學錄》卷四《越中會語》，第487頁上。
〔註49〕周海門：《東越證學錄》卷二《新安會語》，第443頁下～444頁上。

　　經書是指儒家的重要經典，闡釋的是儒家的思想宗旨，海門反對只是就經書來講解其義理，他認為如果只是講解義理，而沒有切實的實踐體證工夫，則義理不會在身心上發揮作用，對自己的身心也就沒有任何益處。

　　周海門要求弟子要精專於身心上實下工夫，不要在經書的注解上、義理的辨析上多下工夫。海門在給其弟子喻中卿的信中這樣說道：

> 前辱教冗，未有以報。近知入郡城求友，家務一切擺脫，精專可喜。若欲急取上第，急須當下著力，倘稍悠悠，光陰暗去，無及矣。所取注疏當令送覽，但此亦不足讀，中間所解不過字義、句義，故宋儒率鄙棄之。蓋漢唐注疏解在字句而宋儒稍入義理，又為義理所障，此學至我朝諸儒始大著明，舊時窠臼翻卻殆盡。〔註50〕

　　周海門對弟子能夠擺脫家務、求友以相互切磋驗證非常高興，且諄諄教導弟子喻中卿要珍惜光陰，就當下著力修證。然而對喻中卿所取注疏則持否定態度，他以為漢唐時對儒家經典的注疏只是在解釋字義、句義，沒有深入到經文的義理。而宋代諸儒對經文的義理有發揮，但是卻為義理所障，言下之意是海門批評宋儒只是在義理系統的建構與辨析上下工夫，沒有落實到身心的修養實證上去。周海門以為儒學至明代才大為昌明，前代的弊端一掃而空，周海門對本朝理學大為讚賞應該是對王陽明心學一系的儒者的讚賞，其讚賞所在應該是指王陽明等儒者重點強調內心的體證，而不是在文字的注解與義理的辨析上下工夫。周海門對於前朝學術的評價有失客觀與公允。漢唐注疏對字句的解釋，其本身便包含著對經文義理的闡釋，並非只是解釋字句。宋儒有濃厚的義理興趣，在對儒家經典的解讀上更善於闡釋、發揮經文的旨趣，在儒學系統理論的構建上有傑出的貢獻。同時，宋儒無論在修養理論的建立上也是很有建樹，並且宋代大儒中大多個人道德修養與生命境界也非常高，並非只是在義理上討論而未落實到身心。周海門對前代諸儒的評價雖然有欠妥當，但是從這評論中可以看出相比於字義的注解、義理的探討，周海門尤其強調身心的實證以及道德修養圓熟後良知主體自在無執、活潑潑的生命境界。從上文中，可見周海門對於文字與義理的貶斥。又如海門與一愛好義理的老學究的對話：

> 一老學究問曰：「心，一也，何以有人心、道心，種種引論不一而足。」先生曰：「人，一也，何以有正人、邪人，豈另一人耶。

　　然在公分上恐無暇如此泛論，老年光陰有限，但反觀自照，討些身
　　心實受用處便了，一切分疏論辯，終是它時帶不去的，毋務於此可
　　也。」〔註51〕

　　老學究愛好在義理上辨析，故而引據各種論說來辨析人心、道心。周海
門卻以爲老學究應該利用有限的時間在身心上踏實做工夫，以求在身心上有
受用。上文中的「它時」是指去世時，周海門受到佛教思想的影響，以爲人
在死去時，人所擁有的一切皆會離開自己，只有心體存在，人在心體上所做
的修養工夫不會消失。海門認爲老者如果只是在知見上思考，於自己心體上
不下工夫，死時思想觀念也會消失，心體卻沒有得到改善。故而，周海門勸
誡老者不要務於理論的分析、論辯，應該踏實做心體上的實踐工夫。

　　周海門強調踏實的修養實踐活動，而此修養實踐活動應該從自身的心體
上去領會，從自己的身心去發明。海門云：

　　　　孟子認得頭腦清，處處言我字，反字，身字，自字，己字，最
　　堪悟入。〔註52〕

又：

　　　　孔門之學，若賜求識，由求聞，皆非切要。而曾子省己，乃獨
　　得其宗。學有寧過於反己者乎。〔註53〕

　　從以上兩段引文可見周海門反對儒者的學習只是去記憶一些知識，學習
的重點在於能將學習到的道理返歸於自心，從自心去反省、領悟、實踐，從
而獲得身心的眞實受用。

　　周海門又以爲講學應該從人心的實際感受處出發，感動聽者的內心，而
不是泛泛離開人心固有的感受來談道理。海門云：

　　　　孟子接引人只就心上撥動，如告夷子不言墨道薄葬之非，不言
　　儒者厚葬之是，不講禮，不講義，只就其顙有泚、睨而不視處一點
　　點動眞心，夷子便憮然，後來儒者有所論說，則引聖言，證古典，
　　費多少辨駁，他愈不服。〔註54〕

　　海門上文所針對的是孟子和夷子的一段辯論。這場辯論出自於《孟子·

〔註51〕周海門：《東越證學錄》卷二《新安會語》，第447頁上。
〔註52〕周海門：《東越證學錄》卷四《越中會語》，第477頁上。
〔註53〕周海門：《東越證學錄》卷六《讀象山喻義喻利說二條》，第521頁上。
〔註54〕周海門：《東越證學錄》卷四《越中會語》，第475頁上。

滕文公上》，其中夷子屬於墨家學派，他主張「薄葬」，反對儒家的厚葬。而孟子在表達自己的觀點時，並沒有直指夷子主張「薄葬」的觀點是錯誤的，而是提出儒家所主張的厚葬是從人的內心感情出發的。孟子曰：

> 「……蓋上世嘗有不葬其親者，其親死則舉而委之於壑。他日過之，狐狸食之，蠅蚋姑嘬之。其顙有泚，睨而不視。夫泚也，非為人泚，中心達於面目，蓋歸反藁梩而掩之。掩之誠是也，則孝子仁人之掩其親，亦必有道矣。」〔註55〕

海門以為孟子在反駁墨者薄葬的觀點時，不是用抽象而生硬的禮義等儒家道德價值去反駁，而是指出儒家厚葬的主張合乎於人的內心情感，是人們在處理親人的遺體時自我內心感受的一種反映。海門以為孟子抓住了人之常情，故能使聽者從內心深處信服。而後來的儒者只是教條式的應用儒家的經典，並未落實到人內心的感受。從中可以看出海門反對教條化的繼承和言說儒家的思想和主張，而是要將其化為人心真切的感受與體認。

故而，在海門看來，作為學習的人，應該重視內心的實踐，作為教者，其言說應該是內心真實感悟後的言說，而不應該只是教條式的傳承及言說。因此，海門以為儒門的師承，只是自聞自知，而不是真有所傳授。如海門與弟子的一段對話：

> 問：「見知聞知，豈真無所見、所聞得之前聖者乎？」先生（海門）曰：「若謂前聖有什麼可令後聖見、後聖聞。若謂後聖有所見於前聖，有所聞於前聖，皆是不知聖人者也。自古聖人無有一法與人，亦無有一法從人而得，見者自見，聞者自聞，知者自知而已。」曰：「如此何以謂之聖聖相傳？」先生曰：「聖聖正相傳自見自聞自知，同歸於宗。如水合水，非真有物可相授受之謂也。」〔註56〕

在弟子看來，後人閱讀前聖的著作，聽聞前人的教導，這是有所得於前聖。而在海門看來，後來人的修養成就是來自於自見、自聞、自知，而不是來自於前聖。海門以為儒門聖聖相傳的正是自見、自聞、自知，而所見、所聞、所知皆是相同，無有相異。海門聖聖相傳的思想得自於禪宗，禪宗以「以心傳心」為標榜，要求人自見、自悟，而作為弟子的禪師所悟之自性與作為師傳的禪師所悟之自性相同。禪宗的了悟自性需要修行個體通過自己的修行

〔註55〕 焦循：《孟子正義》，第238頁。
〔註56〕 周海門：《東越證學錄》卷四《越中會語》，第478頁下～479頁上。

實踐獲得，通過聽聞禪師的佛法義理和語錄並不能使聽者明心見性，修禪者只有在聽聞禪師的教導後踏實從自心上做工夫才能明心見性，故而從這個意義上說，每個禪師只能自修、自悟，若沒有自修，即使聽聞再多的佛理，道理也不能轉化爲內心的現實狀態。與禪宗內心的修行相同，心學的修養，其目的也是提升儒者的生命境界，生命境界的提升是內心修養的提升，儒家聖人的境界其本也在於其內在精神的境界。而內心的提升需要每個個體在自己內心上進行實際的磨煉，先聖的著作及言說只能作爲語言文字形態的理論而存在，後人雖然能聽聞這些語言、文字，但是語言、文字並不一定能與聽者的內心相應，後人只有通過生命的歷練才能在心體上印證先聖語言、文字所表達的生命境界，故而，前聖無法將自己的生命境界直接現實化爲後者的生命境界，後者需要通過前聖所留下的語言、文字自我修證才能體悟到聖人的生命境界。受到禪宗的影響，海門以爲儒門中前後儒家聖人所修養到的生命境界是相同的。對此筆者暫且不論，周海門所重視的是要自我的內心實踐。

周海門強調自我道德實踐而輕視道德理論的傾向與他先驗良知本體的思想密切相關。前文筆者已經論述到周海門以爲任何人都本具先驗的良知本體，良知本體自能孝、自能仁愛。故而，雖然許多普通人並沒有道德理論的教導，但是其行爲卻自然符合於儒家的道德價值。故而，海門以爲對儒家道德理論的見聞並非學習的關鍵，關鍵在於實致其良知本體。海門云：

> 不識一字，博地凡夫之皆得與是事，凡爲學者，聞見非所先具可鑒矣。〔註57〕

海門以爲不識一字的普通人也能夠成爲儒家道德價值的忠實實踐者，他們並不能對儒家的道德理論進行深入的探討和辨析，但是其身心的行爲卻能符合儒家的道德價值，故而海門以爲對儒家道德理論的見聞並非道德實踐的先決條件。對於每個本具有良知本體的人來說，良知本體是每個人實踐道德價值的先決條件。

因爲周海門重視道德實踐而貶斥理論辨析，故而周海門反對其弟子在義理上進行邏輯上的辨析，理論上之思維辨析往往會阻礙從當下體驗理論所指示的道理。故而海門要求弟子從當下的實踐中去體悟道德理論的眞實內涵。

> 先生（周海門）曰：眞躬行，無等待。眞學聖人，亦無等待。

〔註57〕周海門：《東越證學錄》卷三《武林會語》，第 468 頁下。

當下便看，即今躬行耶，未耶。……〔註58〕

　　一友曰：「學莫先義理之辨。」先生曰：「更須識取當下。」曰：「當下如何？」時天暑，各人搖扇，先生舉扇示之曰：「只此一搖，義耶利耶，辨耶不辨耶？」其友默然。〔註59〕

　　王調元述泰州唐先生主會，每言學問只在求個下落，敢問如何是下落去處？先生曰：「當下自身受用得著，便是有下落。若止懸空說去，便是無下落。」〔註60〕

　　所以區區論學，決不許多言，決不許等待，即今聽得，便自體察。……〔註61〕

這樣，周海門在與弟子論學時，針對弟子的提問卻往往不是從理論上去剖析回覆，而是通過質問使對方當下回歸到心體之實證上，而不再糾結於義理之辨析上，從而形成周海門特殊的教學風格。如周海門與友人的一段對話：

　　一友問：「覺是本體，照便落第二義，如何又要照？」先生曰：「你這一問，從覺來，從照來？」其友曰：「從覺來。」先生曰：「覺則無從，汝早落第三四義不啻矣。」友又欲答，先生曰：「信口之談何益，汝還照看。」〔註62〕

覺與照是對良知本體及其活動的描述，友人在覺與照的義理上進行思維和辨析。周海門沒有從義理的辨析上進行回答，而是通過反問欲使友人實能從內心上體證覺與照的內涵。當友人要回答時，周海門制止友人的回答，這是因為回答只是從道理上去思維，已經不是從心體上實際領會覺與照的意義。故而，周海門教誡友人只是信口之談，並且要求友人踏實從心體上去體證覺照的內涵。

　　周海門對於個體道德領域強調要重視實踐而輕視理論的辨析。對於輪迴、鬼神等宇宙論學說，周海門也以為不能只是盲從別人的理論，要能實證到其真實性。

〔註58〕周海門：《東越證學錄》卷一《南都會語》，第 436 頁上。
〔註59〕周海門：《東越證學錄》卷一《南都會語》，第 436 頁下。
〔註60〕周海門：《東越證學錄》卷一《南都會語》，第 438 頁上。
〔註61〕周海門：《東越證學錄》卷二《新安會語》，第 443 頁下。
〔註62〕周海門：《東越證學錄》卷二《新安會語》，第 446 頁上。

　　　　問輪迴之說。先生曰：「輪迴吾不能道，即如鬼神之說汝信之
　　　　乎？」曰：「信。」先生曰：「汝之信也，眞知其情狀而信之乎？抑
　　　　亦聞言而信之乎？」曰：「情狀則實未知，但觀自古祀典之設與夫經
　　　　傳之言則知鬼神決有，不可誣，是以不敢不信。」先生曰：「如此則
　　　　亦隨人言轉，非眞信也。」曰：「眞信如何？」先生曰：「知鬼神之
　　　　情狀，雖無前人之語，吾知其然，然後爲眞信耳。」〔註63〕

　　弟子對鬼神存有的相信來自於古代的祀典以及經傳等儒家經典的學說，
對於鬼神的情狀弟子並不知道。周海門以爲弟子所謂的「信」只是聽從他人
的意見，並不是眞正的相信。周海門以爲只有眞正了知鬼神的情狀才算是眞
信。在此，周海門反對在對客觀世界的瞭解上承襲前人的學說，強調要通過
自我的實證去眞實了知。

　　周海門對從前的種種思想與學說始終持有一種以身心去體證的態度，強
調不能人云亦云，或者只是從理論上去辨析，他更重視從身心的體證上去眞
實了知儒家的道德價值與修養方法，通過自己身心的體證去確定道理的正
誤，而不是盲目相信教條與權威。周海門重視自我實證的思想傾向具有十分
重要的價值。首先，他以爲身心的實踐體認高於文字理論，這有利於破除外
在僵化的道德規範對人性的束縛，在生活的不同情境中，實踐主體不再固守
陳規，而是通過自己的內心的良知去決定應該要採取的行爲方式。在明代社
會，朱子學成爲官方的意識形態，朱子學強調客觀的理的存有性和絕對的權
威性，理作爲一種客觀的權威爲官方統治者所利用，成爲統治者規範民眾的
工具，儒家的道德價值成爲僵化的教條。儒學本身所具備培養人內心的道德
情感的功能蕩然無存。周海門重視內心的道德實踐，強調內心眞實的道德情
感，反對盲目順從既有的道德教條與規範，這有利於打破官方對儒家道德的
意識形態化，使得學者能夠從身心體認儒家的道德價值，恢復儒學活生生的
生命境界。

　　同時，還有利於破除先前的儒家思想對於後人的束縛。周海門重視內心
實踐而輕視道德理論，以良知心體的覺知作爲行爲的動力與標準，而不是以
前人既有的理論與教條爲標準。這樣便使人敢於質疑前人的觀點，而不再盲
目信從，在新的歷史背景與生活世界中開創出新的思想。這樣，思想更具有
活力與創新性。

─────────────

〔註63〕周海門：《東越證學錄》卷四《越中會語》，第 479 頁上。

再次，他重視實踐的態度使人對心學的接受不只是停留在義理的辨析上，而是落實到生命的具體實踐之中。

第三節　其他重要修養要素

在周海門整個的修養理論中，其本體工夫的修養方法居於其修養理論的核心地位，除此之外，在海門的修養理論中，還有其他一些十分重要的修行要素爲海門所重視。本節，筆者將針對這些修行要素進行論述。

一、立　志

立志是周海門修行理論中所強調的一個重要方面，對於立志，海門曾經有如下論述：

> 志乃最初起念，是吾人因地，終身結果只成就得這一念。孔子十五志學，便從性命起念，鄭玄居家考索便從著述起念，孔明自比管樂，便從勳業起念，叔子峴山墮淚，便從名稱起念，儀秦力攻揣摩，便從勢利起念，禪家爲一大事因緣，便從生死起念，今日吾輩從事此學，要看從何處起念，於此草草，不可言學。〔註64〕

志是人心之所向，是實踐主體內心未來要實現的生命目標。故周海門以爲「志」是實踐主體因地之最初起念，因地是還未獲得成功的結果，但是有了因，才會有果的呈現。周海門以爲「志」是目標實現之因，而實踐主體修養的目標正是爲了實現最初所立之志，實現在因地所立之目標。因而，最初的立志會決定生命的方向，從而決定人生最終的結果。周海門列舉了孔子、鄭玄等人的志向，以說明歷史上這些名人最後的成就都是與其最初的立志相一致的。故而，周海門認爲作爲儒者，從事於儒家之學，要在因上看自己最初之立志，注重自己爲學之動機，生命之方向，自己最初一念動機將會決定自己生命之最終結果。海門告誡弟子要在立志上下工夫，明確自己的志向，如果動機、志向不清楚，則其修養實踐的方向便會不清楚或者偏離儒家的生命旨向，故周海門以爲這樣便不可言學。

從上可見周海門對立志的重視。周海門曾經與友人、弟子組織共學以互勉，並且定立《共學心期錄》，周海門爲《共學心期錄》所作之序，首先便

〔註64〕周海門：《東越證學錄》卷一《南都會語》，第438頁下。

提出要立志。對於立志，周海門在序中有如下論述：

> 立志二字，從來以此提倡，無志不必言學。然此志在初學難保
> 不放倒，放倒不要著忙，只覺轉便是所謂不遠之復也。常常將性命
> 提在心上，常常如師友對在面前，久之自能打成一片，此事不是容
> 易，各須自家著緊。光陰易邁，莫負此生，念之念之。〔註65〕

在序文中，周海門也提到「無志不必言學」。然而，在序文中，周海門
更強調要不斷立志。他認為作為初學者，很難保證在其最初的學習過程中，
志向能夠一直保持。作為初學者，還沒有對其所學習的內容有深刻的生命體
證，故而，其最初的志向往往會因為其他事物的干擾而被動搖或者忘失，內
心的方向偏離最初的志向。周海門以為當志向放倒時，實踐主體要迅速察
覺，覺是對自我的觀照，當自我內心的方向發生變化和偏離時，要通過自我
的覺照力察覺當下內心的偏差。這樣，當心的方向沒有偏離太大，心的錯誤
方向還沒有形成強大的內心勢力時，只要一覺照，內心的方向便會重新轉回
到最初的志向上。因而，覺是保持最初志向的重要手段。在自我的覺照之下，
經過長久的覺轉工夫，實踐主體便能時時將其生命的志向提在心上，保持內
心正確的方向而不忘失或者偏離。

周海門以儒家的核心為性命之學，則儒者立志所在即是性命之學，所立
之志便成為人生的根本目標，則其他一切便成為次要甚至不重要，這樣，實
踐主體在修養過程中，才能致力於性命之學，世間名利富貴便無法對主體的
修養實踐形成障礙，主體的道德實踐活動才能保持強勁的動力。

二、依於本分

所謂依於本分，在周海門的思想中，是指作為道德實踐的儒家學者，應
該在其生活世界的角色上，修養身心，實踐儒家的道德價值，呈現儒家之道，
而不是為奇特怪異之行，與一般人的生活、行為迥異或者出離世間，否定現
實生活。如周海門與弟子的一段對話：

> 或謂道在天地間，須要超人頭地的方行得。先生曰：「天地間
> 有個什麼，只依本分，平平行去，便是卑污的與道無與，奇特的亦
> 與道相懸。非卑污即奇特，去此兩病，無別有道。」〔註66〕

〔註65〕周海門：《東越證學錄》卷六《共學心期錄序》，第519頁上。
〔註66〕周海門：《東越證學錄》卷一《南都會語》，第437頁上。

　　周海門的弟子中有人以爲要實現道，需要有超越於一般人的行爲。而周海門否定了行道需要超越尋常的行爲，他認爲爲道要依於本分，在生活世界中平平去行。在此，周海門指出了兩種與道違背的行爲。第一種是卑污的行爲，卑是指自我的人格與生命不能挺立，屈服於權勢、名利；所謂污或是指在權勢、名位的壓力下做違反道德的行爲，或是指爲了追求一己之私欲而做違反儒家道德價值的行爲。周海門認爲卑污的行爲是與道無關。但是，周海門更要強調的是奇特的行爲也是違反儒家之道的。卑污的行爲與道無關，乃是一般的共識。而奇特的行爲違反儒家之道卻是頗有異議，故而，周海門在上文中重點所在是指出奇特的行爲亦與道不相應。所謂奇特的行爲，周海門在此沒有詳細的闡釋。但筆者以爲奇特的行爲當與卑污的行爲應該是兩種相反的極端行爲，則奇特的行爲應該是指以世間生活爲無意義或者蔑視世俗的生活，以爲世俗的生活充滿功利，是對人性的污染，從而爲追求個體生命的崇高與自由而出離世俗生活的人，這樣一類人的行爲與一般人的行爲迥異。周海門以爲無論是卑污的行爲還是奇特的行爲都與道不相應。在實踐儒家之道的行爲中，主體很容易有卑污與奇特二病，不是陷入卑污就是陷入奇特，周海門認爲只要去除卑污與奇特二病，就是眞正的儒家之道。

　　在周海門看來，眞正的道是不離俗而證眞。所謂俗是指人在世間的生活，在家庭、社會角色中所需付出的行動。所謂眞是指生命的眞實，內心的眞實，是自心本具的良知德性。世間生活往往充滿名與利的紛爭，人性往往在世間生活中爲了滿足個體生存、發展以及更進一步的私欲而陷溺於名利的爭奪中而使人性受到染污。故而，在很多人看來，爲了保持生命的自由與內心的純潔，需要遠離世俗的生活，在遠離世俗的生活中才能實現生命與道相應。而周海門所提倡的儒家之道正是要在世俗的生活去實現，要同常人一樣過著世俗的生活，行爲與常人無異，但是在世俗的生活中呈現出良知本性的眞實。故而，周海門以爲生命個體應該各安其本分，在自己的職位上做本分應該做的事情，這樣便是在實踐儒者之道。

　　　　道本無奇功，惟見在爲士子則習舉業，爲農夫則事耕田，爲比
　　　丘則誦經課，爲宰官則修政績，各素其位，各安其心，而道存乎其
　　　間矣。〔註67〕

　　雖然周海門提出儒家之道是在世俗的生活中實現，俗與眞不相違背。但

〔註67〕周海門：《東越證學錄》卷十《與范損之》，第 600 頁上。

是周海門同時提出俗與眞不相背離雖然在理論上成立，但是要眞正做到卻非常困難。如果不能眞正做到俗與眞不相背離，實踐主體便會產生兩種問題，如下所論：

　　或者取世相與實相不相違背之旨，謂不妨尋常行履，自可契道明心。勗損之者茲言爲至，而余亦不能外。然是言舉之易，眞了之難。不能眞了，爲病有二，余爲言其病。其一，習氣本重，心法未明，乃假託不背爲垛根，放蕩恣睢猶稱妙用。貪婪決裂自謂無拘，此匹夫之妄，號狂慧之撥無。雖使玄言玄論，難逃誅陷。其一雖謂善會，終隔一層，當下未即相應，現在每生疑畏。分別見伏，取捨根滋，將壞世間相而取實相。〔註68〕

　　周海門以爲若不能眞做到雖尋常行履，但可契道明心，便會產生二病。其中一種病是實踐主體自身還有很重的習氣，私欲很重，未能實致其良知，但是卻以世相與實相不相違背爲依據，其在世間的行爲都是爲了貪求私欲，但是卻以自己的行爲是良知本體之妙用。比如科舉，周海門以爲學者可以從事舉業，但是內心卻不可對中舉形成強烈的貪欲，這樣舉業也是良知本體的作用，科舉與德業不相違背。但是卻有一些人本來是私欲強烈，其科舉只是爲了滿足個人名利的私欲，故而強烈的希望中舉，爲了掩飾其內心的欲望，而自以舉業與德業不相違背爲藉口。周海門以爲這是第一種病。而第二種病，周海門以爲是壞世間相而取實相，這是指出離世間而尋道，以爲世間的事情不可取，只有遠離世間才能實現儒者之道。周海門以爲這兩種病都是違背儒家之道，與儒家之道不相應。而只有消除了這兩種病，不在世間事上執著於名利，同時又不捨世間，在生活世界中依其本分做事，以良知本體的作用呈現於其行事上，則是儒者之道。

〔註68〕周海門：《東越證學錄》卷六《渭水仙舟冊序》，第537頁上。

第五章　周海門哲學中的儒釋關係

　　周海門生活的時代是在晚明，明代，佛教整體已經非常衰微，但是在晚明佛教卻有一段短暫的繁榮時期，在此時期出現多位無論是學識還是修行上都非常著名的僧人。而此時，陽明心學仍然風靡全國。周海門作為陽明心學的傳人，其自身也對佛教非常感興趣，從青年時期就接受佛教，並且與禪宗僧人有密切的交往，並且有思想上的碰撞和交流。在佛教思想的影響下，周海門的心學思想具有濃厚的禪學色彩，他本人也力圖調和儒釋兩家的衝突，使得兩家能停止互相的指責與排斥，故而周海門提出了頗有特色的儒釋調和理論。本章重點論述周海門哲學思想中的儒釋關係，包括周海門與佛教中人的交往、對禪宗祖師的評價，對儒釋的融合以及對具有佛教因果色彩的袁了凡《立命文》及功過格的評價。

第一節　周海門在佛教界的活動

一、周海門與佛教人物的交往

（一）初入佛教

　　周海門最早接觸的佛教信徒當為其堂兄周繼實，周海門與周繼實相交甚篤，並且周海門在十九歲時與周繼實結文社。周繼實初向父親學習王龍溪心學，後究心於佛教，《嵊縣志》有周繼實的傳記：

> 周夢秀，字繼實，震之子。為邑諸生，自少以道學名。潛心篤
> 行，瞻視不苟。已而讀竺典，有悟，屏絕世味，惡衣糲食，晏如也。

> 性好施，囊錢不蓄。有所入，輒分給親友之貧乏者。時例庠生限年
> 起貢，次當及夢秀，義不敢當，以讓師友。事父孝，父亦賢智其子。
> 復宅為寺，夢秀實成焉。生平志行超卓，時以天下蒼生為念。……
> 〔註1〕

從以上周繼實的傳記中可知他篤信佛教，既肯變住宅為寺廟，並且好施而不蓄錢，實是一虔誠的佛教徒。周海門《東越證學錄》卷九《題繼實兄書後》對周繼實信仰佛教的狀況也有描述：

> 癸酉，余舉於鄉而兄（繼實）下第，百凡酬應皆兄料理。兄信
> 內典〔註2〕甚深，絕欲斷腥，遠貨利，囊中不蓄一錢，益孤高而名
> 日起，余親之敬之而見不能合。〔註3〕

癸酉年（1573年），周海門二十七歲，從上文可知周繼實大概在此年後對佛教信仰更加虔誠，並且在從事佛教的修行活動，而周海門此時對周繼實信仰佛教是不能贊同的，與之對佛教的見解不同，可見周海門此時還未接受佛教的思想。而周繼實主動以佛教的思想對周海門施以影響。

> 丁丑（1577），余舉進士，兄移書教我而余亦未之領略。〔註4〕

直至己卯年（1579），海門三十三歲時出使真州，周繼實來訪，在他持之以恒地影響下，周海門終於接受了佛教的思想。

> 己卯，余使真州，（繼實）來訪，時余有所醒發，機話乃投，
> 相視各不覺一笑。〔註5〕

周海門接受佛教後，與繼實對佛教思想常有探討：

> 庚辰（1578），余使蕪湖，兄亦至，值余大病垂死，兄晝夜省
> 視不怠，病中談證一切莫逆。

周海門與周繼實交往甚深，而周繼實也很方便因為他們之間的親密關係而對周海門持續施以佛教思想的影響。至1578年，此時周海門與周繼實對佛教的見解已經完全一致。

〔註1〕（清）嚴思忠修，蔡以瑺、陳仲麟纂：《嵊縣志》，中國地方志叢書華中地方
第188號，臺北成文出版社據清同治九年刊本影印，卷三第1209頁。

〔註2〕丁福保編：《佛學大辭典》對「內典」的解釋是：「佛之教典為內典，世之教
典為外典，佛者之自稱也。」從海門對「內典」一詞的運用，可知海門對於
佛教經典的尊崇。

〔註3〕周海門：《東越證學錄》卷九《題繼實兄書後》，第579頁下。

〔註4〕同上。

〔註5〕同上。

　　周繼實先學龍溪學，以龍溪心學基礎而入佛教。周海門從小與周繼實爲友，所宗亦是王龍溪心學。在共同的心學思想的基礎上，周繼實以其不懈努力，讓周海門終於從排斥佛教轉而完全接受了佛教思想。周繼實是影響周海門佛教思想的第一人。

（二）與紫柏達觀〔註6〕的交往

　　萬曆二十一年癸巳（1593），周海門四十七歲，在南京爲駕部郎。周海門在《東越證學錄》卷十三《達觀大師像贊》附《紀事》對自己與紫柏達觀的唯一一次交往有詳細的敘述：

>　　「予晤師在癸巳金陵賀氏園中位駕部郎時。乃予請見，固有年矣。先與瞿比部洞觀、傅太常大恒共介其徒。以往既到復卻，幾度策馬空歸，二君遂不復言求見，而予竟未已，至是晤焉。師鬚鬢不剪，頂著樵巾，體幹豐偉，坐立如山。晦翁所謂其人皆魁岸雄傑者是。已相見，慈容滿面，歡然如故。室中有數輩儒衣冠者，握筆沉思，肅如試舉。余坐定，侍者設席於前，具筆伸紙。予問故。曰：請與諸子同作《楞嚴經》中某四句講義，或偈亦可。予唯然，受之不爲異。隨與大師論他義，一二轉未竟，師輒呼侍者曰：周老先生面前紙筆撤過。又論一二轉，師曰：『硬撐也，硬撐』。頃之，侍者持客刺來報，乃鴻臚覺齋徐公。一徒起曰：老師今日體倦，徐公見可俟他時。某請辭之，便趨欲出。師曰：不可，到即請見。徐公向與予求見師不得，每偵予所至，皆尾之，故今刺得入，以予有人在門；刺得至師前，以予有人在室；其徒請命，以予在座。不然，師皆無由知矣。是如與徐公共午齋而散。明日，天始變色，街鮮人行，予衙有叩門者，詢之，爲師二徒。予出迓，言大師且來謁。少選，手持柱杖，闊步少趨，數徒擁挾而至，盤桓至暮始別。時從行有周叔宗、賀知忍，餘名氏不能悉。從行者曰：大師從未謁人，以是施君，異數也。予竊歎。是時胸中尚未盡穩，商量不得徹底。嗣後欲再證無緣，可恨！人言師奇怪，余睹俱如此。凡初見作難，皆諸徒所爲。予以目擊徐公一節可推。雖然，即師何病？世界不寬、時人眼孔不大，竟莫容此老。或以其入都爲病，而悲願深遠，殆不可測。

〔註6〕紫柏（1543～1603）明代僧。吳江人，俗姓沈，名眞可，號達觀，爲明末清初四大高僧之一。

予爲錢子題贊詞，更爲敘相見始末，重唏噓及此云。」〔註7〕

從周海門的敘述中，可以得出以下幾條信息：

1、海門在晤見紫柏達觀之前，對紫柏達觀是欽慕已久的。紫柏達觀爲當時禪宗重要領袖，海門對禪宗領袖內心的仰慕可見周海門對禪宗是有一定的信仰的，否則不至於長時間多次請求不果，而仍復求見。另外，周海門在敘述中對達觀溢於言表的稱讚也可見周海門對達觀是有相當的敬仰的。

2、周海門具有相當的禪學功底。首先周海門能夠書寫《楞嚴經》中某四句講義或者偈語。其次周海門與達觀可論議禪學，並且達觀明日又極不尋常地謁見他，若周海門於佛學爲泛泛之輩，則達觀必不會反謁見周海門。可知周海門在禪學上的見地應該是有相當的水平的。

3、當時，儒者與禪家的關係十分密切，很多讀書人乃至爲官的士大夫對禪學都有很大的興趣。

（三）與憨山德清的交往

德清（1546～1623），字澄印，晚號憨山老人，俗姓蔡，全椒人。德清與雲棲袾宏、紫柏真可、藕益智旭等並稱爲明末四大高僧。德清學識廣博，著述非常豐富，除了對佛教經論的注疏外，還有對《老子》、《莊子》、《中庸》等儒道經典的注釋，有強烈的融會三教的思想傾向。

萬曆二十五年丁酉（1597），周海門五十一歲，移官廣東。十月，周海門在五羊與德清相見。在《東越證學錄》卷十三《書覺音卷》對此有記載：

> 萬曆丁酉，余量移嶺表，十月始入境，頓彎五羊，而憨山上人者先自雷陽至止，余公事之暇，輒過其方丈，焚香啜茗以坐，或三日、五日、七日，一至即風雨不輟也。〔註8〕

在廣東任職的這一段時間，周海門對其與德清的交往有所描述，在《與憨山上人》中，周海門這樣寫到：

> 生初拜命東粵，遂無行意。既思曹溪、江門，此生不可不一尋問。上人在彼，亦不可蹉過。是以欣然就道。度嶺而東，半載間諸願盡酬。……〔註9〕

〔註7〕 周海門：《東越證學錄》卷十三《達觀大師像贊》附《紀事》，第 649 頁上～650 頁上。

〔註8〕 周海門：《東越證學錄》卷十三《書覺音卷》，第 657 頁下。

〔註9〕 周海門：《東越證學錄》卷十《與憨山上人書》，第 610 頁上。

　　而在《憨山老人年譜自序實錄》萬曆二十六年戊戌條下對周海門與德清的交往也有記載：

　　　　海門周公任粵杲鹽道時，問道往來。因攝南韶，屬修《曹溪志》。

　　　　粵士子向不知佛，適周公闡陽明之學，乃集諸子問道於予。〔註10〕

　　周海門在廣東任職的這一段時間雖然不長，大概只有一年左右，但是與德清的交往非常頻繁，周海門在廣東闡發陽明心學，還帶學生向德清問學，從這一舉動可見周海門對於禪學已經極為親近，並且有融會心學與禪學的傾向。通過周海門的講學，粵地向佛的學子也越來越多。在德清給周海門的書信《與周海門觀察》中，也有講到：

　　　　頭陀蒙以甘露見撒，清涼心骨，頓啟沉痾。此段因緣實非淺淺，
　　　　則後之懷，大似空生晏坐石室時，見法身不離心目間也。嘗謂個中
　　　　事須是個中人。嶺南法道久湮，幸得大悲手眼一發揚之，使闡提之
　　　　輩，頓發無上善根。比雖入室者希而知有者眾，皈依者日益漸佳，
　　　　如菩提樹下與。曹溪諸僧最難調伏，近來迴心信向者，蓋已十之二
　　　　三矣。惟此一段真風，皆從大光明藏中流出，足證居士此番宦遊，
　　　　實是龍天推出，乘大願輪而行也。《曹溪志》今始刻完，幸垂一語，
　　　　置之簡首，發揮六祖光明，點開人天眼目，庶不負此嘉會也。〔註11〕

　　周海門使粵地學者向佛，德清對周海門大加讚歎。德清稱周海門為「居士」，可見德清心中已視周海門為佛教在家信徒，並且以《曹溪志》付與周海門，請周海門作序，也可見德清對周海門的重視。則德清與周海門之間，實是非常親密的朋友，而周海門在佛教界也有相當的影響力。

　　萬曆二十六年戊戌（1598），周海門離開廣東北上，憨山德清自五羊送至曹溪水口，周海門作詩賦別：

　　　　縱說情空盡，難禁此日心。身同龍窟遠，話別虎溪深。坐雨開
　　　　蓮卷，乘風過寶林。並攜千里道，臨發更沉吟。〔註12〕

　　周海門在廣東任職時，上疏乞休未獲得朝廷允許，反而被任命為雲南布

〔註10〕 德清：《憨山大師夢遊全集》卷五十三《憨山老人年譜自序實錄上》，藍吉富主編《禪宗全書》語錄部十六第五十一冊，文殊文化有限公司1990年5月第1版，第813頁。

〔註11〕 德清：《憨山大師夢遊全集》卷十六《與周海門觀察》，第225頁。

〔註12〕 周海門：《東越證學錄》卷十五《憨山上人自五羊送予至曹溪水口賦別》，第686頁下。

政使司左參議，周海門在雲南也曾回信給德清。

> 別久渴仰，忽拜法音，兼領新刻，心目豁朗，喜可知已。週知甘露時普，皈依不少，然最堪入室者何人？必得一二大法器，展轉化導，乃爲快耳。楊少宰未晤，恐猶是未了之案。然既在一方，邇近自有期，非比僕浪蹤蓬跡，此生莫必也。僕乞休未允，蹢躅間又有滇中之命，雞足山中，非不一顧尋訪，然而母老難違，恐終不能就道。早晚又復陳情，得蒙允賜，便自萬幸。露地之牛，豐林茂草，足自適矣。《曹溪志》序，僕舉管如山，不能就一字，容日另報。〔註13〕

周海門此時因爲乞休未獲允許，故而在雲南的生活並不順心。雞足山是佛教聖山，周海門雖然心嚮往，但是爲不能乞休侍奉母親而煩惱，故而沒有能入雞足山中參訪，而且爲《曹溪志》作序也沒有能開始書寫。周海門完成《曹溪志序》是在再次乞休獲允回到家鄉之後，在萬曆三十二年甲辰（1604）〔註14〕。

周海門除了自己與德清交往思想外，在《答憨山清公》中，周海門還特別以書信請德清開示柯孝廉、陶石匱兄弟。

> 楊太史序文已佳，何云尚未愜意？蓋因大筆在後，特鄭重之耳。柯子（即柯時復）種種吐露，已知大有證入，但入微一著，禪師需再用激發之。劉季德已廥貢，可喜。得渠書，謂將過訪。秋盡尚未望見紫氣，不知其能不食茲言否。石匱公於此事甚切，不似近時學佛以名者，亦云過會禪師，時時念之。乃弟石梁，信力亦深，可稱蘇氏弟兄。僕近挾此二難，一開歎口。不然，死貓頭從何面前呈示哉？檀如來度嶺，時節已至，禪師亦當相隨木佛而行。影子在前，形不遠矣。望之！慶之！〔註15〕

楊太史即楊起元，與周海門同年中進士，爲泰州學派門人，與柯時復同爲周海門的友人。陶石匱在《明儒學案》中被列於海門之後，黃宗義以爲陶石匱之學多得之海門〔註16〕，故將陶石匱列爲海門門人。從上文可見，周海

〔註13〕周海門：《東越證學錄》卷十《與憨山上人》，第609頁下～610頁上。

〔註14〕周海門《東越證學錄》卷七《重修曹溪志序》第552頁上：「……余入嶺表在萬曆丁酉，別清公以戊戌，志成在己亥、庚子之間，而余序在甲辰云。」

〔註15〕周海門：《東越證學錄》，卷十《答憨山清公》，第622頁下。

〔註16〕黃宗義：《明儒學案》卷三十六《泰州學案五‧文簡陶石匱先生望齡》第868

門的友人、弟子與德清也有交往，周海門還禮請德清對他們以禪機激發之，從中可見海門已將心學的修養工夫與禪宗的修養混而爲一，故其友人、弟子也常接受禪師的教導。

反過來，接受德清佛教修行教導的弟子也有參訪周海門，接受周海門的教導的。

> 龍元溫來見，先生問其用功，元溫曰：「向從憨山禪師持咒有年。」曰：「得力否？」曰：「昨染瘴疾，甚爲愁苦，工夫未見得力，反是看大慧語錄精神覺爽。」曰：「語錄有疑否？」曰：「不見有疑，只見歡喜。」曰：「前見汝看時文，亦自得意歡喜，同否？」曰：「看語錄令人不能忘，看時文適興而已，歡喜雖同，似有深淺。」曰：「汝試再遇熱病，這看語錄的歡喜還不忘否？」元溫思之，曰：「恐不得能殼。」曰：「如此有何深淺？可惜汝這一生不是愁苦便是歡喜，被此二者來來去去便斷送了也。」曰：「然則必離此二者而後可乎？」曰：「豈必脫離，就中出頭，孟子言困衡而喻，是從愁苦出頭，周子言尋孔樂何事，是從歡喜出頭，切莫忘了『尋』字、『喻』字，透此二字，然後愁苦也得，歡喜也得，不然歡喜愁苦最能埋沒人，可懼也。」〔註17〕

上文的龍元溫必是一佛教信徒，而且是跟隨憨山德清修行多年的弟子。從龍元溫與周海門對話來看，周海門的語氣頗似龍元溫的師長，而龍元溫的語氣頗似周海門的弟子，可見在德清弟子心目中，周海門亦如同其師長。而在前文中，海門門人視德清亦如師長。周海門及其門人與德清及其弟子的交往密切可見一斑，也足見周海門與德清的親密關係。

（四）與湛然及其他僧人的交往

除與憨山德清有密切的交往外，另外一位與周海門有密切交往的禪師爲湛然圓澄禪師，在《會稽雲門湛然澄禪師行狀》中對禪師有介紹：

> 師名圓澄，字湛然，別號散木道人，會稽夏氏子也。……年十七喪父，十九喪母。竄甚充郵卒，因錯投公牒被攝懼辱，自投於江，漂流數里，漁者救行，澤中遇一僧，目之云：「是能出家，有大用。」師即求度出世。……師生於嘉靖辛酉歲八月五日寅時，住世六十有

頁：「先生之學，多得之海門，而泛濫於方外。」
〔註17〕周海門：《東越證學錄》卷二《新安會語》，第 451 頁下。

六，臘四十有三。……〔註18〕

周海門曾經邀請湛然禪師到其家鄉的寺廟講法，《行狀》中有記載：

（湛然）上堂開法會六，初壽興寺，次雲門廣孝寺，次徑山觀

音殿，即古千僧閣，次嘉興東塔寺，次雲門顯聖寺，次紹興天華寺。

講演經論會四十餘，初周海門居士請於剡溪明心寺，……〔註19〕

在周海門《東越證學錄》中，就有周海門請湛然到剡溪明心寺講經論道的記載，見於《請湛然師臨講席啓》：

汪洋有岸，資寶伐以通援；蒙稚無知，藉法輪而救度。靈山付

囑，歷劫難忘；鹿苑敷宣，逢時益暢。茲剡溪稱東南形勝，而明心

坐臺雁通衢，堂廡新開，衲僧駢集，顧六時之鼓常鳴而方丈之草漸

沒。恭惟法師本末一際，眞俗雙融。雖無相眞空而慈悲大願，每誓

不捨眾生。縱忘言寂滅而清淨音聲善能隨諸佛子。一方久瞻法眼，

四眾延佇毫光，用殫精心，特申敦請。宰官、居士同此涕淚投誠，

天人修羅一切皈依。萬祈速出，慈雲恭候，早垂甘露。咸本香象始

知獅子聲雄，葉止兒啼共仰老婆心切。謹啓。〔註20〕

周海門對湛然的邀請文雖然多是溢美之詞，但是行文時，教理純熟，對佛教典故信手拈來，儼然一位深入佛教經藏的佛門中人，可知周海門熟知佛教教理和歷史，並且對佛教極爲尊崇。另又可見周海門對湛然是十分推崇的，否則也不會邀請湛然到家鄉的明心寺講法。

周海門與湛然也常常在一起相會討論問題，如《湛然澄禪師語錄》卷六所記載湛然與弟子的問答：

問：「周海門相會否？」師曰：「嘗會。」曰：「他是道學耶？

禪宗耶？」師曰：「道學。」曰：「恁麼則不合也。」師曰：「在天而

天，在人而人。」〔註21〕

在周海門這一方的資料中，對於周海門與湛然禪師相會論學也多有記載，如《東越證學錄》卷五就記載在越中會學時，周海門與湛然的問答：

〔註18〕湛然圓澄撰、明凡錄、丁元公等編：《湛然圓澄禪師語錄》，卷八《會稽雲門湛然澄禪師行狀》，藍吉富主編《禪宗全書》語錄部十七第五十二冊，第 163～166 頁。

〔註19〕同上，第 166 頁。

〔註20〕周海門：《東越證學錄》卷十三《請湛然師臨講席啓》，第 652 頁下。

〔註21〕湛然圓澄撰、明凡錄、丁元公等編：《湛然圓澄禪師語錄》，卷六《問答》，藍吉富主編《禪宗全書》語錄部十七第五十二冊，第 86 頁。

> 湛然和尚謂：「一切惟心造，闢如人偶然吃一跌，何曾造此跌
> 來？」先生曰：「此跌造即有，不造即無。」……〔註22〕

明神宗萬曆三十二年九月十一日，湛然與周海門及眾人又在剡中相聚，周海門設宴，在宴會間，海門與湛然對是否應該食肉產生爭論。

> 甲辰閏九月十一日，邑中諸子鄭世德、全若可、劉沖倩、范孟
> 兼、王世韜、劉特倩、周聚之、王世弘、沈虞卿、余羅卿、王世文
> 輩同劉玉筍先生入剡，湛然和尚亦相與俱，先生設燕，具有魚肉。
> 湛然曰：「此味何來，皆從宰殺而致，諸公誠不宜食，儒教說遠庖廚，
> 庖廚之遠亦何救於宰殺，豈遠之將爲食地耶。」先生曰：「湛然之言
> 眞仁人之論，此心儒釋皆同，只因在家、出家因緣不同，故食肉斷
> 腥教法稍異……。」〔註23〕

除湛然禪師外，另外一位與周海門有交往的禪師是密雲圓悟禪師。《南宋元明僧寶傳》有其傳記：

> 禪師諱圓悟，字覺初，自號密雲，宜興人也。明嘉靖丙寅生於
> 蔣氏。師生八歲知世相無常，年二十六發宿慧，二十七負薪有省，
> 三十棄家，又四歲爲僧，四十桐棺悟道，又六歲，得受記莂。五十
> 二開化龍池，於是六建法幢，示寂之年，七十有七。〔註24〕

密雲禪師小周海門十九歲，年齡相差較大，然而由於兩人活動地點臨近，故而時有交往，且相交甚篤。《掯黑豆集》有對二人關係的描述：

> 海門周汝登唱道東南，師與之水乳相契。〔註25〕

在《續指月錄》中，也有對二人關係的描述：

> 師訪周海門居士，士以道學，門庭高峻，望隆一世，師與之本
> 色相見，脫略窠臼，士爲手舞足蹈。〔註26〕

從以上兩處引文可以看出密雲禪師與周海門非常投機，密雲禪師的禪風也影響到周海門。

〔註22〕周海門：《東越證學錄》卷四《越中會語》，第486頁下。

〔註23〕周海門：《東越證學錄》卷五《剡中會語》，第503頁下～504頁上。

〔註24〕自融撰、性磊補輯：《南宋元明禪林僧寶傳》卷十五，藍吉富主編《禪宗全書》
史傳部十八第十八冊，第1394頁。

〔註25〕心圓：《掯黑豆集》卷五，藍吉富主編《禪宗全書》史傳部二十八第二十八冊，
第101頁。

〔註26〕聶先編：《續指月錄》卷十八，藍吉富主編《禪宗全書》史傳部十四第十四冊，
第892頁。

　　周海門與明末四大高僧之一的雲棲蓮池大師〔註27〕也有交往，在清雍正所編的《御選語錄》卷十三《御選雲棲蓮池大師語錄》中有蓮池大師《答周海門》兩則〔註28〕，從中可以看出是周海門與蓮池大師書信往來討論善惡以及相關的修養問題，可見海門與蓮池大師也是頗有交往的。

　　通觀周海門的《東越證學錄》，與他交往的僧人還有雲庵上人、若虛、愚上人、磐石上人、普見上人、春谷上人、身禪師、海印上人、懷松禪師、瀛虛上人、萍蹤上人等，以及居士畢惟吉等。

　　從以上的論述，我們可以看出周海門所交往的佛教中人甚多，且多是當時佛教界的高僧。紫柏達觀、憨山德清、雲棲蓮池爲明末佛教史四大高僧之中的三位，周海門生平與三大高僧同時，且均有直接交往，尤其與德清交往最篤。此外，周海門在佛教界也有相當的地位，佛教界人視周海門爲在家居士，而且還有僧人就修行問題向他請教，可見當時的佛教界中很多人也視周海門爲佛教居士群體的領袖。周海門與佛教界的交往以及其在佛教界的地位都說明了周海門已經不只是一個純粹的陽明心學的傳人，還是一位對禪學有極深造詣的在家佛教徒。

二、對惠能大師的推尊

（一）參訪曹溪

　　中國佛教在唐朝達到極盛，成立八大宗派，而禪宗是流傳最廣泛、對中國佛教及中國思想文化影響最大的佛教宗派。南朝梁代，印度僧人菩提達摩從印度來到中原，遂以其獨特的禪法在中土傳播，這時並未形成一個有影響力的宗派，只是限制在一個很小的範圍內傳播。後來禪宗僧人將早期禪宗史

〔註27〕蓮池大師（1532～1612）明代高僧。俗姓沈，名宏，號蓮池。常精修念佛三昧，力闡禪淨雙修。居杭州雲棲山，因又稱雲棲大師，爲淨土宗第八代祖師。

〔註28〕雍正：《雍正御選語錄》卷十三《御選雲棲蓮池大師語錄》，藍吉富主編《禪宗全書》史傳部十四第七十八冊，第205頁有《答周海門》：「諸惡莫作，眾善奉行。當下布毛滿地，何待拈吹，那更說同說別，直饒是同，早已成兩橛去也。鳥窠初不曾鈍置白公，偏厚侍者。然雖如是，於前言不會玄旨，只麼止惡行善，亦不誤人。若向古人道如來不斷性惡及兀兀不修善等處錯會，爲禍不少。」第206又有《答周海門》：「月雖皎潔，水清濁而影別昏明。心本昭靈，事善惡而跡分升墜，豈得以月體本無清濁而故云濁水爲佳。心體本無善惡而遂云惡事不礙，既存空見，便悖圓宗。識渠善惡雙空，正好止惡行善。定禁止惡行善，猶是識渠未眞。步步行有，口口談空，此今日聰明人參禪之大病也。」

敘述成主要由五位祖師所代表的禪宗傳承系統，即初祖菩提達摩，二祖慧可、三祖僧璨、四祖道信，五祖弘忍。至四祖道信時，禪宗已經初具規模，跟隨道信習禪的人漸漸多起來，而至五祖弘忍時禪宗的影響漸漸在全國展開，弘忍門下的傑出弟子也非常多，惠能大師便是其中的一位，另外一位最重要的弟子即是神秀大師。弘忍之後，惠能主要在廣東曹溪南華寺弘揚禪宗，而神秀作爲國師主要在當時的國都長安一帶弘揚禪法。因而，禪宗史有惠能所代表的南宗禪與神秀所代表的北宗禪之分。

後來，惠能大師的重要弟子神會北上與神秀的弟子論戰，戰勝了北宗禪，北宗禪的勢力漸漸式微，而南宗禪的勢力卻不斷增長，進而影響至全國，惠能所開創的南宗禪便成爲禪宗唯一的代表。唐代雖然佛教昌盛，但是經唐武宗滅佛，佛教的勢力開始衰弱，特別是以天台、華嚴、唯識爲代表的教門很快衰敗，在全國失去了影響，而禪宗所受損害不大，反而以更快的速度在全國傳播，終於成爲後來佛教最大的宗派，禪宗幾乎成爲中國佛教的唯一代表。

在惠能大師之後，南宗禪又花開五葉，陸續形成五家七宗〔註29〕，禪宗風靡天下，故而惠能大師是禪宗的實際創始人，而惠能大師也獲得了禪宗歷史上最尊貴的地位，後來的禪宗史傳絕大部分都是南宗禪的傳人所寫的傳記，而惠能被尊爲禪宗六祖，其地位甚至超越草創時期的前五祖而爲禪宗弟子所尊崇，惠能大師講法彙集而成的《六祖大師法寶壇經》也是唯一一部由中國僧人所講的被尊爲「經」的佛教著作，爲後世禪宗思想及修行的主要來源。

禪宗在佛教各宗派中，對中國思想文化影響最大，最能吸引大量的文人士大夫階層，爲他們所喜愛。唐末以至宋明，儒家內部闢佛浪潮雖然聲勢浩大，但是禪宗仍然對文人士大夫階層具有深遠的影響。至周海門所處的時代，禪宗的勢力仍然十分巨大，而周海門對禪宗也是倍加推崇，這從周海門對六祖惠能的推尊中可以看出。

曹溪是六祖大師弘法的主要地點，爲禪宗祖庭。萬曆二十五年丁酉（1597）年，周海門入廣東爲官，周海門特地前往曹溪南華寺瞻禮六祖眞身〔註30〕。在廣東這一段時間，周海門對曹溪南華寺非常重視，特別囑咐好

〔註29〕五家七宗：我國南宗禪各派的總稱，又稱五派七流。五家即臨濟宗、曹洞宗、潙仰宗、雲門宗、法眼宗，加上由臨濟宗分出的黃龍派和楊岐派，合稱爲七宗。
〔註30〕周海門：《東越證學錄》卷七《重修曹溪志序》第551頁上：「余移官嶺表，

友憨山德清重修寺志〔註 31〕。德清重修《曹溪志》成，所請作序的人便是周海門。而海門對爲《曹溪志》作序是極爲重視的，以至於「舉管如山，不能就一字」〔註 32〕。從德清囑託周海門作序到周海門作序完成大概有近四年的時間，如此長的時間完成一篇序，其間雖有周海門事物纏身的原因，恐怕最重要的原因還在於周海門對曹溪志序的重視，以至於反覆斟酌，故而用去較長的時間才完成。

從周海門瞻仰惠能大師眞身以及爲《曹溪志》作序可以看出，周海門內心對禪宗惠能大師的尊崇非同一般。

（二）以惠能大師對比孔子

周海門爲重修《曹溪志》所作之序，其間對惠能大師的推尊見於全篇，並且以禪宗之曹溪比作儒門之洙泗，而以惠能大師比作儒門之孔夫子。其所作序文如下：

> 余移官嶺表，因得至韶水上曹溪瞻禮六祖眞身，方度嶺初地，見一華表卓立，題曰「禪林洙泗」。因竊歎禪本曹溪，儒宗泗水，彼此相況，庶幾近之。蓋嘗縱論宇內名區所在，賢聖託跡在峨眉則有普賢，在五臺則有文殊，在普陀則有觀音，非不各稱靈奇，然而智者於此見斯了然，苟非其人，不生奇特之想，即起渺茫之疑者不少矣。後在少林則有初祖，在黃梅則有忍師，自是東土眞宗。然而一雨初滋，眞言未普。單辭密語，鐵壁懸崖，中根俗士湊泊不易矣。惟至大鑒肇生，曹溪說法，而後上下俱接，顯密齊彰。數卷《壇經》依希《論語》，隨緣率履，不越尋常。夫人試觀新州百姓而知佛祖即是凡夫也，觀安置母宜而知出家即是在族也，觀隱身避難而知神通即是見用也，觀平直頌偈而知法語即是恒言也，觀問難請益而知機鋒即是唯諾也，觀香泉寶嶺而知西天即是東土也。上智上根，一毫不得馳騁，愚夫愚婦隨人可以與能。

因得至韶水上曹溪瞻禮六祖眞身。」眞身：高僧圓寂後，整具遺體保存下來，或塗以金、漆，多作趺坐式，保存在墓塔或寺廟中，稱肉身或肉身菩薩，此稱爲眞身，南華寺保存有惠能大師的肉身。

〔註31〕 釋德清：《憨山大師夢遊全集》卷十五《與屠赤水》：「海門居士攝南韶時，屬貧道纂其志。」

〔註32〕 周海門：《東越證學錄》卷十《與憨山上人》，第 610 頁上。

闢佛者足自相忘無言，崇佛者庶幾不入歧路，下學上達與孔同旨，
承前啓後與孔同功，以曹溪擬洙泗，豈不庶幾近之哉。嗟乎，自
有宇宙即有此溪山，直至唐時，寶林斯顯，謂非天地造設以待眞
人不可。自師之顯以迄於今，棟宇千楹，山田千頃，僧徒千眾，
香火千年，一毫不改，引之更自無窮，謂非人天阿護以衍眞傳不
可。蓋自杏壇孔林而外，於此爲奇甚矣。曹溪之不可不到也。……
〔註33〕

　　在以上引文中，洙泗是指洙水與泗水，爲孔夫子當年傳授弟子學問的地
點。曹溪是惠能大師傳授南宗頓悟禪法的所在地。故而曹溪所指代是惠能大
師，而洙泗所指爲孔夫子。周海門以爲以曹溪比作泗水是非常恰當的，也就
是海門以爲惠能大師在禪宗歷史上的地位就如同孔夫子在儒學史上的地
位。孔夫子作爲儒學的開創人，其地位在儒學史上是顯而易知的。惠能大師
並非禪宗的首創者，但是周海門以爲惠能大師在禪宗史上的地位等同孔夫子
在儒學上的地位，可見周海門對惠能大師的推尊是在其他禪宗祖師之上的。
同時，周海門以爲惠能大師之前的前五祖其教法不能普及所有人，只能針對
一些根器極好的弟子，而惠能大師的教法卻可以普及到上等根器及下等根器
的人，言下之意，只是到惠能大師之時，禪宗的教法才走向完備，更臻於成
熟，而且海門更以惠能大師所講的《壇經》在禪宗的地位等同於《論語》在
儒學上的地位，可見周海門對惠能大師所講《壇經》的推尊。

　　周海門之所以如此推尊惠能大師以及《壇經》，乃是因爲惠能大師及其
《壇經》的思想是會通禪宗與儒門的重要基礎。他以爲惠能大師的思想與孔
門思想如出一轍，皆是「隨緣率履，不越平常」，也就是在現實的生活情境
中進行心性的修養，修養不是好爲怪異之行，修養不能離開平常的生活情
境。故而周海門以爲惠能大師在《壇經》中所表達的也是「下學上達」的工
夫，這是與儒門的修養宗旨是相同的，而惠能大師對禪宗的貢獻與孔夫子在
儒門的貢獻是相同的。因而，周海門以爲孔夫子教學的杏壇孔林之外，曹溪
便是具有重要意義的地點所在，不可不去。周海門對惠能大師的推尊於此了
然可見，從中我們也可見周海門思想中會通儒學與禪學的思想傾向。

〔註33〕周海門：《東越證學錄》卷七《重修曹溪志序》，第 551 頁上～552 頁上。

第二節　融合儒釋

一、周海門融合儒釋的思想來源

　　周海門的思想主要來自王龍溪和羅近溪，尤其以王龍溪對海門的思想影響最大。王龍溪爲王陽明最重要的弟子之一，而羅近溪爲王艮泰州學派門人，王艮爲王陽明另一重要弟子。黃宗羲《明儒學案》記載有周海門與近溪的一段教學：

> 近溪嘗以《法苑珠林》示先生，先生覽一二頁，欲有所言，近溪止之，令且看去。先生悚然若鞭背。故先生供近溪像，節日必祭，事之終生。〔註34〕

　　《法苑珠林》乃是佛教的類書，唐釋道世撰，鈔出佛經中有關的材料一千條，分三十部一百八十餘目，可說是對有關佛教教理及信仰系統進行細緻的分類。以上引文記載羅近溪指示周海門讀《法苑珠林》，而周海門讀之「悚然若鞭背」，而且因此終生供祭羅近溪，則周海門從《法苑珠林》中所獲得的佛教理論對其影響十分重大是可以想見的，則周海門思想必不得不受佛教的影響，這是顯然的。

　　羅近溪雖對海門影響甚大，並且周海門亦被黃宗羲的《明儒學案》歸爲泰州學派，然而周海門實應該屬於龍溪的傳人。本文第一章已有詳細的論證，此處不再贅述。故王龍溪對佛教的態度會直接影響到周海門，下面一段引文可以看出王龍溪對佛教的態度。

> 友人問：「佛氏雖不免有偏，然論心性甚精妙，乃是形而上一截理，借路悟入，未必非此學之助。」先生曰：「此說似是而實非，本無上下兩截之分，吾儒未嘗不說虛，不說寂，不說微，不說密，此是千聖相傳之秘藏，從此悟入，乃是範圍三教之宗。自聖學不明，後儒反將千聖精義讓與佛氏，才涉空寂，便以爲異學，不肯承當。不知佛氏所說，本是吾儒大路，反欲借路而入，亦可哀也……先師嘗有『屋舍三間』之喻。唐虞之時，此三間屋舍原是本有家當，巢許輩皆其守舍之人。及至後世，聖學做主不起，僅守其中一間，將左右兩間甘心讓與二氏。」〔註35〕

〔註34〕黃宗羲：《明儒學案》，第853頁。
〔註35〕王畿：《王畿集》，第14頁。

　　王龍溪三屋之說承襲自王陽明，從以上王龍溪與友人的對話中可知，龍溪「屋舍三間」之說不過是借喻先秦儒學本來包含了道家和佛教兩個思想系統，只是後來的儒家學者沒有大的格局，縮小了儒學的內涵。王龍溪以爲當堯舜之時，儒學便存在，且包含三個思想系統，而且巢許皆包含於其中〔註36〕，王龍溪以爲佛教是出世之學，當時雖未傳入中國，但巢許之流即其宗派。這樣，王龍溪就以爲在唐堯之時，儒學的精神實質上包含了佛道兩家，然而後來的儒家沒有大的能力和格局，僅守較小的一部分儒學思想。王龍溪的解讀當然是很不恰當的，唐虞之時有儒家之學難免臆想，巢許的故事即便眞實，也不是佛教宗派。王龍溪之所以如此牽強附會，其目的無非是辯解他人指責其思想雜禪，爲心學異端，不是純粹的良知之學。然而，王龍溪的心性論確實在附會佛教，試圖融合佛教，且看下文：

> 　　性是萬劫不壞之眞體，所謂無漏清淨法身。只緣歷劫虛妄，凡心不了，故假修命延年之術，以爲煉養復性之基，徒守後天渣滓，不究性源，到底只成守屍鬼，永無超脫之期。上品先天之學，所不屑道也。若能見性，不爲境緣所移，到處隨緣，緣盡則去，去來自由，無所礙滯，如金之離礦，潛藏變化，皆由自得，方成大超脫。
> 〔註37〕

　　這是王龍溪給魏水洲的一封書信的引文。他以性爲清淨法身，則是以心學的核心概念「性」等同於佛教之核心概念「法身」〔註38〕，也就是心學所要盡之「性」即是佛教修行所要達到的「自性」。則王龍溪以爲儒家之「性」即是佛教之「性」，王龍溪融合佛教與儒家的核心思想的意圖由此可見。

　　以上所論羅近溪與王龍溪均是在對待佛教態度上有融合佛教思想的人，羅近溪還親自指導周海門閱讀佛教典籍。則從學派劃分上，無論周海門之學歸屬於近溪和龍溪中任何一人，他在思想傳承上，受到儒釋合一思想的影響是必然的。另外，在第一節，筆者已經詳細說明海門與當時僧人的交往。雖然明代的佛教相較於唐宋較爲衰敗，但是明代晚期，佛教界出現了四大高僧，佛教相對勃興。而海門在世時期，與其中三代高僧蓮池、紫柏、憨山均有交

〔註36〕巢許是巢父和許由的並稱。相傳二人均爲堯時人，隱居不仕，堯知他們有才能，先後要把君位讓給他們，也避而不受。後以巢父和許由爲隱士的代稱。
〔註37〕王畿：《王畿集》，第203頁。
〔註38〕（明）一如等撰《三藏法數》：「謂如來法性眞常，湛然清淨，周遍法界。經云：佛以法爲身，清淨如虛空，是名法身。」

往，特別是與憨山交往甚密，多有思想的交流。周海門在心學傳承中的地位以及與佛教重要人物的思想交流都決定了海門成為晚明儒釋合一思潮中一個十分重要的代表人物並不是偶然的，是有其思想傳承上的必然性的。下面，我將就周海門自身的哲學文本來分析海門思想中的儒釋關係。

二、周海門思想中的儒釋關係

（一）總　論

周海門的編著中有一部名為《佛法正輪》，又名《直心編》，乃為集中闡發儒與禪之間關係的文獻，卷上為佛門諸語，計十八則，卷下為儒門諸語十八則，玄門諸語四則，又另附三則。周海門編纂《佛法正輪》的緣由，他的門人方如騏在其《直心編引》中敘述道：

> 高皇帝曰：「聖人無兩心，盡心、明心皆此心也。」儒言道心、人心而佛言緣慮心、緣影心、清淨心、無住心，至於辨明八識，剖示真心，事理交融，言思路絕，惟心之旨，吐露無餘，蓋視儒言為更詳且著矣，故使言心而不入微則已，入微則自然符合，無能迴避，所謂不得不然者耳，不得不然而又不能不鬪，是以人見以為竊取而崇佛者不服，遂至愈鬪愈趨，故毋若明判其不同之跡而不諱其不二之心，明判其跡則狥跡者自合力排而不諱其心，彼悟心處何嫌兼取，身不相濫而道則為公，自古大儒高禪皆明此理，此吾師海門先生佛法正輪之所由輯也。〔註39〕

方如騏在上述引文中表達了心學在面對佛教時的狀況。心學與佛教唯識學均是人的心性之學，然而作為一個龐大的系統，佛教在對人心的剖析上遠比心學精細，而且其「識所緣，唯心所現」的宗旨在突出心的主體性上比心學走得更遠。故而，方如騏承認佛教「視儒言為更詳且著」。這樣，心學不得不面對的一個尷尬處境是：如果要細微分析人的心性，則繞不開佛教唯識學的思想系統，然而為了維護儒家心學的正統地位，又不得不鬪佛。然而借助佛教的教理來鬪佛，反而越鬪佛傾向於佛教的人越多。在這樣一個尷尬的處境之下，周海門採取的對佛教的策略是「明判其不同之跡而不諱其不二之心」，這樣一種調和儒釋的思想，周海門在《佛法正輪引》中有具體論述：

〔註39〕周海門：《佛法正輪》，美國哈佛大學哈佛燕京圖書館藏中文善本彙刊 33，商務印書館、廣西師範大學出版社，第 105 頁。

儒與禪合乎？曰：不可合也。儒與禪分乎？曰：不可分也。何
以明之？譬之水，然水有江有河，江不可爲河，猶河不可爲江，必
合爲一，雖至神不能此，儒禪不可合也。江河殊矣，而濕性同流行，
同利濟，同到海，同必岐爲二，雖至愚不許此，儒禪不可分也。不
可合者，因緣之應跡難齊；而不可分者，心性之根宗無二。〔註40〕

　　在上文中，周海門界定儒與釋的關係爲不可合不可分的關係。周海門還
以江河的關係爲例作了闡釋。儒與禪之不可合是因緣之應跡不同，而儒與禪
不可分是其心性無二。所謂因緣之跡不同，是指儒與禪在具體的實踐中，所
面對的社會因緣條件不同，因而所採取的具體形式不同。然而雖然儒與釋採
取的具體形式不同，但是儒與禪的實踐活動中，其心性都是相同的。周海門
以這樣一個「不合不分」的關係論既可使自己在心性之學上正當地借用佛教
的心性之論，同時又保持儒家獨立的價值及其主導地位，以及儒家思想在社
會中呈現的具體形式。可謂很好地解決了其弟子方如騏提到的心學的尷尬處
境。接著周海門對儒與禪之間的攻訐各自進行了批判：

儒者執儒以病禪，曰：禪，異端也，足以亂正也。襲人口吻，
辭而拒之，乃使離言絕慮之旨、知生知死之微皆推之於禪而不敢當
之爲儒，夫如是則儒門泂粗淺淡薄矣，無惑乎有志者之逃禪，雖曰
尊儒而實礙之，雖曰闢佛，而實毀之，則今時爲儒者之過也。〔註41〕

　　周海門對儒者的批評可謂與其師王龍溪一脈相承，周海門以爲儒者之辟
佛，使得儒者不能承當儒學中精微之旨，而這精微之旨是儒與禪的公道，並
非是禪所獨有的，一旦儒者的思想中有「絕言絕慮」、「空」、「寂」等概念，
便會被指爲禪，周海門以爲這使儒家的思想精神趨於淺薄，不能使儒家思想
闡釋得更加深奧、微妙，從而使有志於心性之學者在更高的思想與實踐需求
上得不到滿足，因而進入佛教，故而周海門批評闢佛者雖然尊崇儒家，但是
實際上對儒門有害。周海門又對禪宗中批儒的人進行了一番批評：

禪者執禪而病儒曰：「儒，世法也，非以出世也。謂爲別有壞
而取之，卒使日用飲食之常、經世宰物之事，皆推之於儒而不敢當
之爲禪，夫如是，則禪家泂不可以治家國天下矣，無惑乎崇儒者之
力排，雖曰信佛，而實謗之，雖曰崇佛，而將禍之，則今時爲禪者

〔註40〕周海門：《佛法正輪》，第112頁。
〔註41〕周海門：《佛法正輪》，第112頁。

之過也。〔註42〕

周海門在此是批評一些禪師執著於出離世間而批評儒家爲世間之法，這樣禪家就不能擔當齊家、治國、平天下的責任，故而佛教受到儒家的排斥，周海門批評這類禪師雖然崇尚佛教，實際上是在禍害佛教。

周海門在此批評儒釋兩家之間的互相攻奸者，其立足點是在於他認爲眞正的佛教和儒家在根本精神上是統一的，這些闢佛者是沒有完全理解孔子精神的全體，而闢儒者是沒有完全透徹了悟大乘佛教的思想內涵。故而周海門以爲儒者之過，並非是他們不懂佛教，而是不知孔子思想中精微之處亦通於佛教。而禪者之過不是他們不知儒家，而是不知維摩、華嚴的宗旨，維摩、華嚴以爲佛教所修證到的眞如實相與家國天下不相背離，修行不離世間，世間即是出世間，世間與出世間不二。

通過對闢佛與闢儒者的批評，周海門努力消弭儒與禪之間的衝突，並且通過對儒釋之間思想的創造性闡釋來進一步實現儒、佛之間的統一與融合。

（二）儒佛之心同

上一節討論到海門會通儒釋關係的重要手段是判儒釋之心同而跡不同。海門的思想繼承陽明心學，也以心爲其思想的核心，而在佛教特別是禪宗中，心這個概念也具有核心地位，從而，陽明學的「心」便很自然和佛教的「心」發生了聯繫。這主要體現在以下幾個方面：

（1）以心性修養爲宗。禪宗初以「藉教悟宗」爲宗旨，隨著禪宗的發展，漸漸對佛教理論不甚重視。到惠能南宗禪，便特別以不立文字、教外別傳、直指人心、見性成佛爲宗旨。與華嚴、天台等宗重視佛教理論的系統化闡釋不同，南宗禪認爲佛教教理的論說系統以及一切的宗教形式其目的只是爲了徹悟佛教的宗旨，這個宗旨就是明心見性，南宗禪以爲在修行的過程中如果執著於語言文字，便會形成文字障，阻礙徹悟心性。因而，南宗禪強調直接把握佛教的核心宗旨，而反對糾纏於文字語言和教理的系統化闡釋而忽視對佛教宗旨的把握。故而，南宗禪是以心的修養與領悟爲宗旨，重視心性的實地修養，反對純粹理論的探討。在修行實踐上，強調師傅對徒弟的直接教導，在現實的生活情境中以生動活潑的方式使弟子的心性發生變化。故禪宗與以前的佛教宗派相比，直接集中於心性的修養，反對繁瑣的宗教儀軌和

〔註42〕同上。

理論建構，進而又常能突破嚴苛而固定的宗教戒律，從而呈現出自由活潑、簡易直截的宗教形態。周海門心學的特點同樣表現為以心為宗，將儒學的核心定位為心性修養。在為海門《聖學宗傳》所作序中，陶望齡這樣寫道：

> 宗也者，對教之稱也。教濫而訛，緒分而閏。宗也者，防其教之訛且閏而名焉。故天位尊於統，正學定於宗。統不一，則大寶混於餘分；宗不明，則聖真奸於曲學。然宗無外教之宗而宗所以教，猶人非異跡之人而人所以跡耳。《易》曰：「天下同歸而殊途，一致而百慮。」夫途徑錯糅，至心而一。智故百變，克體則齊。萬途宗於一心，萬慮宗於何慮。以微妙而揭道心之目，以未發斯有大中之名，為生生之本則曰仁，為化化之基則曰義。無為故命曰至誠，粹精而稱為性善，道州狀之以太極，河南標之以一體，在子靜乃立其大在，敬仲則號精神，在姚江為不學不慮之良，在安豐為常知常行之物，斯皆宗之異名也。〔註43〕

陶望齡在這段序言中明確指出了周海門「聖學宗傳」書名的內涵，他以「宗」與「教」對舉，指出所有的言教無非是為了明確宗旨，不同的儒家學者雖然有不同的理論和言教，但是其宗旨卻是根本一致的。陶望齡以為應該明宗，如果不能明宗，則不能防止言教的訛誤。陶望齡以為萬途宗於一心，則是以為一切言教，其宗旨只是為了明「心」，因為不同的儒者對「心」的特點的描述的側重點不同，心有不同的異名，如道心、大中、仁等等，雖然名稱不同，但是皆是宗之異名，宗即是一心。陶望齡以為周海門的《聖學宗傳》其目的正是為了揭明儒家的心宗。在《聖學宗傳》一書中，周海門所收錄的人物包括了傳說中的人物，如伏義、神農等，也包含了從孔夫子以來儒學史上的重要儒家代表人物，摘錄了有關這些人物的歷史記載及其理論，再加以自己的評述，因而，這是周海門筆下的儒學史，其中，周海門以為在這樣一個儒學史中，各個不同的儒者雖然其理論不同，但是都在揭示儒學的宗旨，而這個宗旨自古及今都是一致的，即是以心為宗。

（2）儒之心即佛之心。禪宗與心學都重視對心的分析，周海門以為佛教唯識宗對心的分析比儒學更加精細，但是禪宗所揭示的心與心學所揭示的心體是一致的。在第二章及第三章中，周海門對心這個概念的思想，筆者已經進行詳細的分析。筆者以為，周海門在對「心」這個概念的闡釋，確實與佛

〔註43〕周海門：《聖學宗傳》，陶望齡《聖學宗傳序》，第1～2頁。

教有相當的相似之處。

1、心是萬物的本原。在本書的第二章，周海門以心為萬物的本原，其思想帶有濃厚的宇宙論色彩，但依筆者的推測，周海門是受到佛教思想的影響，其根據有二：

首先是周海門對佛教唯心思想的推崇。在《佛法正輪序》中，周海門講道：

> 儒言道心、人心，而佛言緣慮心、緣影心、清淨心、無住心，至於辨明八識，剖示真心，事理交融，言思路絕，惟心之旨，吐露無餘，蓋視儒言為更詳且著矣。〔註44〕

在此段話中，周海門以道心、人心〔註45〕對言緣慮心、清淨心，則是以儒家的道心等同於佛教的清淨心。周海門以為佛教所闡釋的惟心之旨相比於儒學更加詳細明白。所謂唯心之旨，乃是佛教所闡明的「一切惟心造、萬法由心生」的宗旨。佛教重視對世間萬物緣起的理論說明，而佛教唯識學以第八識即阿賴耶識為核心，說明世間一切萬物皆是由第八識的種子變現而出，乃至山河大地等皆是第八識變現所生，從而確立「識所緣唯識所現」的宗旨，這就是周海門所謂的「惟心之旨」。周海門以為佛教所闡釋的「惟心之旨」相較於儒言更加詳細著名，這裡的儒言無非是陽明心學一系的觀點，從周海門的語氣可以看出周海門對佛教的惟心之旨是極為肯定的，認為佛家的惟心之旨比心學的闡釋更加清楚明白。則周海門必然是接受了佛學的惟心之說，故而在心與萬物的關係上，周海門的思想很明顯地受到了佛教的影響。在第二章，筆者講到周海門心為萬物本原的思想，雖然周海門是以太極的宇宙生成論模型為基礎，並且以太極為心，但是其真實的思想旨趣，卻是周海門心中所理解的佛教唯心思想。

其次是周海門對「天」概念的闡釋。在第二章中，筆者已經詳細論述周海門對「天」這個概念的闡釋。在周海門之前，「天」這個概念多指形而上的實體，在宇宙論上可以作為生成萬物的實體，在心性論上可以作為人性的根源。即使是以「心」為核心概念構建哲學體系的王陽明那裡，「天」這個概念作為形而上的實體的意義仍然存在。然而，在周海門這裡，他明確將「天」作為形而上的實體的意義徹底清除，並且明確提出人性自本自根，並非出於

〔註44〕周海門：《佛法正輪》，第105頁。

〔註45〕見《尚書·大禹謨》：「人心惟危，道心惟微，惟精惟一，允執厥中。」

天命之賦予，從而在其思想中確立了「心」的獨一無二的地位，將心學更向前推進了一步，一切唯心的宗旨得到更徹底的貫徹。

從佛教本身的思想來看，佛教反對存在一個形而上的實體作爲宇宙生成的本原，也反對眾生的心性出自於形而上的實體的賦予。就漢傳佛教本身的歷史來看，如來藏、佛性思想是漢傳佛教的主流，即主張一切眾生本有自性清淨心，因爲無名染著而生世間萬法，自性雖爲無名纏縛，但是自性仍然清淨。故而，心體是本自具足清淨自性，非從外得。周海門在論述「天」這個概念時，將其轉化爲「自然」的意義，也是強調所謂「天命之性」只是指人的心性是本自具足，自然而有的，無疑，這就使心的內涵更接近於佛教佛性論的「心」的內涵。

2、心性的無對之善。性善惡論是儒家的重要議題，但是周海門既沒有採取性善論也未採取性惡論，而是認爲心是無善無惡。在周海門看來，論到善、惡是心性發生作用後的性質，而心體本身是莫可名狀，非可用語言描述的，故而心體本身是無所謂善、惡的，如果眞要以善、惡言，周海門以爲性是「無對之善」，即非善惡相對之善。而周海門無對之善的思想來自於佛教禪宗的常總禪師，在第三章第一節筆者有論述。可見，周海門對心性善惡的思想是有受到佛教思想的影響。

綜上所述，周海門所提出的「儒佛之心同」是在其對「心」這個概念進行新的闡釋的基礎上得出的。通過對「心」的新的闡釋，周海門心學中的「心」概念與佛教的「心」概念在思想內涵上有了進一步的接近，從而爲周海門融通儒釋作了重要的鋪墊。

（三）以心爲本、自利利他

儒家之批評佛教，常以梁武帝爲例。佛經中屢有功德之說，認爲做建造佛寺、供養僧人等有益於佛教的事情，便能獲得很大的功德。梁武帝建造佛寺，爲了追求功德而使國家財富大量消耗，最終卻在侯景之亂中死亡。梁武帝佞佛而不得善終的歷史終成爲儒家闢佛的典型。周海門在其《佛法正輪》中摘錄了《六祖壇經·釋功德品》中達摩祖師與梁武帝的對話，達摩祖師認爲梁武帝造寺供僧的行爲一點功德也沒有，六祖惠能對此進行了解釋，他認爲眞正的功德是自見本性、眞實妙用。周海門引《壇經》中的這一品其目的是爲了證明禪門其根本是反求自心以及由自性起萬用，而不是形式上的供僧、造塔等外在行爲。故周海門論到：

蓋得本則不愁末，而務末必至迷本，梁武不反求自心自性，而
專務持齋、捨身、施僧、造寺以奉佛，反以釀佛之惑。以治天下國
家之亂，儒家深斥，佛祖大呵，顛倒之弊，一至於此，學佛者於本
末可不審哉。六祖深推原本以明功德，其言與帝王精一執中，永言
配命之旨相爲合轍，蓋不特傳佛心印而已也。〔註46〕

六祖惠能是禪宗史上一個重要的人物，他是南宗頓悟禪的開創者，而南
宗禪最終戰勝北宗禪，惠能亦成爲後來禪宗史上共同推崇的禪宗六祖。惠能
文化程度很低，故而惠能在講解佛教的思想時，往往借用了很多中國傳統修
身的語言，故而六祖論功德是「內心謙下是功，外行於禮是德」，「謙下」與
「禮」正是儒家的道德價值所在，周海門引六祖該段論述正是爲了說明六祖
推原之本旨也在於修養心性，而非外求福報功德，這正好與儒學以德行爲本
而不追求世間名利的宗旨是契合的。因而周海門以爲六祖「不特傳佛心印」，
言外之意，六祖也是在傳承儒家的心印，佛教的心印與儒家的心印是完全一
致的。佛教與儒家都是以修養心性爲本。

與梁武帝相對照，周海門《佛法正輪》還引宋太宗的故事說明佛教之自
利利人正是儒家之修身治國，且看周海門所引《宋太宗示宰臣》：

宋太宗新譯諸經，以示宰臣曰：「佛氏之教，有裨政理，普利
群生，達者自悟淵源，愚者妄生詆謗。朕於此道微識其宗，凡爲君
而正心無私即自利行也，凡行一善以安天下即利他行也。如梁武捨
身爲奴，此小乘偏見，非後世所宜法也。」

論曰：太宗之見，超梁武百千萬億分矣。〔註47〕

大乘佛教提倡自利利他，即在自身明心見性獲得解脫的同時，還要普度
眾生，利益其他一切眾生，這是大乘佛教菩薩道的重要內容。周海門引錄太
宗之說，正是爲了將佛教的核心宗旨「自利利他」與儒家的正心、平天下的
大學宗旨相互對照，以說明其統一性。佛教之自利乃是指佛教的明心見性，
即證悟眾生本具的不生不滅的自性，以了脫生死的痛苦，而利他乃是已經證
悟了生死的修行者以慈悲心去幫助其他的眾生，使其他眾生能擺脫煩惱痛
苦。在此，周海門引太宗之說不過是以禪宗之自利對等於心學之致良知，而
以禪宗之利他等同於儒家之安天下的仁愛理想，從而將佛教的根本宗旨與儒

〔註46〕周海門：《佛法正輪》，第115頁。
〔註47〕周海門：《佛法正輪》，第126頁。

家的理想進行了統一性的理解，從而實現佛教宗旨與儒家宗旨的融通。

（四）致良知與參禪

致良知乃是王陽明所提出，而為心學流派共認之修養方法，其目的是悟人人本具的良知本體，良知本體具眾理，不學而能，不慮而知。參禪是禪宗開悟見性的方法，其目的是為了讓人能了悟本心。周海門在《佛法正輪》中引用了《中峰祖師參禪論》後，論曰：

> 佛家參禪與吾儒致知明善必有事焉初無二義，入道惟此一路，餘皆旁蹊曲徑耳。參禪看話頭亦止是一法，大慧始專提此，從前如牧牛喚主人公，看是什麼在塵勞中打，念佛是誰，種種方便，隨人自取，只是決定信此一路，不要轉變，莫令污染，便是出頭日子，不然娛卻此一生，此中中峰所以說盡弊病，令人儆醒知歸。〔註48〕

心學自陽明開創，便有將心本體化的傾向，心學「心即理」，心不學而能，不慮而知的先天能力更是賦予了心以主導地位，陽明「致良知」教發展的必然趨勢便是悟良知本體，即是了悟心體。佛教以為人人本具佛性，也就是本具佛的智慧與慈悲。只是因為無明妄想而使人產生貪、嗔、癡等煩惱，雖然佛性為無明煩惱所纏覆，然而佛性不變，人的知覺、行為實際上均是佛性在無明纏覆下所發生的作用。周海門評論中所談到的「牧牛喚主人公」、「念佛是誰」等，無非是為了徹悟人中的佛性本體，也就是眾生本具的智慧與慈悲的自心。參禪需要一念不退轉心，自信本心即是佛，不弛求，不攀援，以不間斷的工夫來參悟眾生本具的自心佛性。而周海門思想中的心學修養亦重視自信良知本具，不可懷疑，以綿密的工夫去悟良知的本體。周海門既然以為參禪與致良知「初無二義」，則參禪所悟的自性清淨心便與心學致良知的良知本體亦並無二義了。禪學與心學都重視人心的本體，並且以徹悟心體為他們的修行目標，這無疑給儒佛的會通提供了基礎，因而周海門以為參禪與致知明善是相同的，兩者的目的均是為了悟到心的本體。

在《佛法正輪》下卷，周海門又有一段摘錄：

> 劉淳叟參禪，其友周姓者問之曰：「淳叟何故捨吾儒之道而參禪？」淳叟曰：「辟之於手，釋氏是把鋤頭，儒者是把斧頭，所把雖不同，然卻皆是這手，我而今只要就他明此手。」〔註49〕

〔註48〕周海門：《佛法正輪》，第123頁。
〔註49〕周海門：《佛法正輪》，第130頁。

劉淳叟的譬喻中，手就是指人的心體，周海門摘錄此段，無非是藉以說明無論是參禪還是儒家修養的方法，無非是爲了明瞭心體，而佛教所明的心體與心學所明的心體就是同一個。通過引錄這個儒家人物對於禪的態度，周海門無疑是爲了更有力地支持自己的判斷。

（五）在世與出世

作爲佛教僧人，必須要剔除鬚髮，離開父母，且不事嫁娶，自然沒有生育後代的行爲。而儒家重視家庭倫理，尤其儒家的孝道中「不孝有三，無後爲大」的思想觀念與佛教產生重大分歧，自佛教傳入中國，佛教與儒家在家庭倫理上的爭辯就沒有停止過。在周海門這裡，兩者在家庭倫理上的分歧自然是他要調合的主題。在《佛法正輪》中，周海門引用了《大慧禪師示眞如道人書》，今摘錄其中一段：

> 俗人在火宅中，四威儀内，與貪欲、嗔恚、癡爲伴侶，所作、所爲、所聞、所見無非惡業，然若能於此中打得徹，其力卻勝我出家兒，⋯⋯在火宅中打得徹了，不須求出家，造妖、捏怪、毀形、壞服、滅天性、絕祭祀，作名教中罪人，佛不教人如此，只說應以佛身得度者，即現佛身而爲説法，應以宰官身得度者，即現宰官身而爲説法，乃至應以比丘、比丘尼優婆塞、優婆夷身得度者，即皆現之而爲説法，又云治生產業皆順正理，與實相不相違背，但只依本分，隨其所證，化其同類，同入此門，便是報佛深恩也。〔註50〕

以大慧禪師所論，則出家與在家都可以進行佛教的修行，如果在家人能在世俗的生活中，面對世間貪、嗔、癡的種種煩惱，內心能夠降伏，則更勝於出家人，因而出家只是修行的一種方式，如果能在世俗的生活中修行，則不需要「毀形」、「壞服」、「作名教中罪人」，他還引用《觀世音菩薩普門品》的思想，認爲佛是以不同的社會角色與形象在度化眾生，比丘、比丘尼只是其中的出家眾，還可以以宰官、優婆夷、優婆塞等在家人的形象和角色度化世人，故而佛並沒有要求佛教的修行一定是要違背世俗的生活，而是應該依於其本分去修行，「治生產業皆順正理，與實相不相違背」，在世間修行亦可，關鍵是要自在無煩惱。在《東越證學錄》中，有這兩段記載：

> 有念佛大類比丘行者，先生（周海門）語之曰：「經云應以居士宰官身得度者即現身而爲説法，此非我外有個佛來説法，只是自

身自度，自法自說，吾輩既是宰官、居士身，隨還他一個宰官、居士，即此便是說法，更不得別生取捨。夫學無他，素位而已，生如是，死如是，貧賤如是，富貴如是，隨緣自在便了，若必捨居士、宰官而爲比丘，舍現今而希來生，盡屬妄見。」〔註51〕

　　有友問：「儒生有深信佛法出家者，如何？」先生曰：「此等勿論儒道不許，即佛法未之許也。佛原說治生產業，不相違背，宰官身、居士身、比丘身、各各隨緣，不相混濫，此如來之教也。《壇經》言：『若欲修行，在家亦得。』故其偈云：『恩則孝養父母，義則上下相憐。心平何勞持戒，行直何用修禪。』此祖師之教也。大慧言學道就從塵勞中打出，不須毀形易姓、滅宗祀，作名教中罪人，佛不教人如此，此大善知識之教也。然則必欲出家，豈眞知佛教者哉！凡一切做作，棄此就彼，俱是取捨心，奇特心。此心調伏，消化不去，更說甚皈依佛法，凡此皆是初入門時導師所誤，故師承不可不審愼之哉。」〔註52〕

周海門引錄六祖大師及大慧的思想只是爲了證明儒家的名教與佛教修行並不衝突，一方面，既可以消除儒家對佛教破壞家庭社會倫理的批判，使得佛教能夠更容於中國社會。另一方面也是爲了使儒家學者不至出家學佛，因爲在家儒者的修證也能夠證悟心性本體。如此，正如周海門所說，儒不必出家入禪，各各隨緣修行，關鍵在於調伏自心，不去攀援取捨，自在無礙。

（六）佛教之戒與儒家之戒

佛教有非常嚴格的戒律，這些戒律是用來規範佛教修行者的觀念和行爲。這些戒律，有一些是與儒家的道德規範是一致的，如不殺人、不偷盜等等。然而，從佛教的某些戒律來看，儒者的某些行爲是明顯違反佛教戒律的。因而，佛教的戒律規範與儒家所普遍接受的道德準則在許多時候有非常明顯的衝突。如喝酒、吃肉都是佛教戒律所禁止的行爲，然而在儒家卻是非常正常的行爲，周海門與湛然和尚曾經就在此事上有過一場爭論：

　　甲辰閏九月十一日，邑中諸子鄭世德、全若可、劉沖倩、范孟兼、王世韜、劉特倩、周聚之、王世弘、沈虞卿、余羅卿、王世文輩同劉玉笥先生入剡。湛然和尚亦相與俱，先生（周海門）設燕，

〔註51〕周海門：《東越證學錄》卷四《越中會語》，第485頁下。
〔註52〕周海門：《東越證學錄》卷二《新安會語》，第449頁。

具有魚肉。湛然曰：「此味何來，皆從宰殺而致，諸公誠不宜食，儒教說遠庖廚，庖廚之遠亦何救於宰殺，豈遠之將爲食地邪。」先生曰：「湛然之言眞仁人之論，此心儒釋皆同，只因在家出家因緣不同，故食肉斷腥教法稍異。君子遠庖廚，亦只不忍見不忍聞，仁心自然，非爲食肉之地也。吾且問禪師食肉之戒固爲殺生，即如飲酒、茹葷皆非宰殺而佛教與肉同戒，何也？」湛然曰：「飲酒之戒爲有一等人飲酒亂性，廢時失事者設，特遮罪耳，不比殺生，吾今未除。至若食葷，惹惡鬼跟隨，佩香則賢聖歡喜，故五辛不可不戒。」先生曰：「飲酒、食肉較罪輕重則淺，況飲酒亂性，殺、盜、淫皆從此生，可謂輕耶。謂惡鬼之隨，賢聖之喜，繫於葷香，抑又淺矣。明德惟馨，穢德惟臭，心邪是惡鬼，心正是賢聖，可求之於外乎。大抵人生嗜欲，根生於貪。聖賢立教，使人除貪心而已。貪心之除，隨緣自盡。因緣在釋，則受釋之戒，不食肉、不飲酒、不茹葷，不可言孰重而孰輕，孰可犯而孰不可犯也。因緣在儒，則受儒之教，不近庖廚，不爲酒困，齋必變食。不必舍儒而徇釋，亦不必據釋以病儒也。故戒者心戒，不求諸心而以罪福感應爲言，小乘之見解，去至道遠矣。」〔註53〕

　　周海門與湛然禪師的一場宴會引起周海門與湛然禪師對佛教戒律的一段論爭。因爲在宴會上有魚肉，湛然禪師向周海門及其弟子、友人發難，以爲魚肉乃是殺生而來，有違仁愛之心，並且批評儒家「遠庖廚」無濟於宰殺動物，既然「遠庖廚」，就不應該食動物之肉。從佛教的戒律來看，是禁止殺生食肉的。儒家經典《論語》中，孔子提及「遠庖廚」，但是從《論語》的記載來看，孔子是食肉的，因而儒家並不曾把「不食肉」作爲儒家的道德準則，故儒者是食肉的。這樣，佛教不食肉的戒律便和儒者食肉的習慣產生衝突。湛然對周海門的發難正在於此。周海門的應對是肯定佛教不殺生食肉的仁愛之心，但是同時強調儒家「遠庖廚」也是出於仁愛之心，佛教的仁愛之心與儒家的仁愛之心是相同的，只是佛教徒與儒者所處的因緣條件不同，故而所遵守的規範不一致。

　　周海門又反問湛然禪師佛教爲何斷葷〔註54〕？湛然禪師以爲食葷則會

〔註53〕周海門：《東越證學錄》卷五《剡中會語》，第504頁下。
〔註54〕葷：佛教徒稱蔥、蒜等有特殊氣味的菜。

有臭味，有惡鬼跟隨，賢聖不喜，故而有不食葷之戒。湛然禪師的回答是來自於佛教的經典，而周海門並不以爲然，以爲湛然是陷入罪福感應，乃小乘的見解，未達大乘以心爲本的深刻內涵。周海門以爲聖賢立教的目的是在「心」，在內心的德行，而不是罪福感應。因而，戒的本質是心戒，其目的是戒心之貪等惡念。而戒斷人的噁心、惡行則依照人所處的因緣條件去實行。如果一個人出家爲僧，則依照佛教的戒律去行爲，不食肉、不飮酒、不茹葷，從而完成心的修養。如果爲儒生，則依照儒家的教法去修養，遠庖廚，不爲酒困等等，也是在完成心的修養。周海門以爲儒與釋所達到的對心的修養的目標是一致的，故而周海門以爲在儒則不必捨儒家的規範去遵守佛教的戒律，在佛教也不必依照佛教的戒律去批評儒家的行爲規範。

綜上所述，周海門在調和佛教與儒家在行爲規範上的差異時，他緊緊抓住以心爲核心，肯定兩教對內心的道德要求是一致的，並無衝突之處。行爲規範的差異只是兩者處於不同的因緣條件之下，各自採取的行爲規範不同而已，行爲規範所要達到的目的是一致的。周海門試圖以這樣一種方式去調和佛與儒在行爲規範上的衝突，使信仰這兩種思想系統的人能夠各守其規範，不要互相攻擊，從而既實現儒釋在道德價值意識上的統一，又使雙方尊重對方的行爲方式。

（七）佛與儒家聖人

對比佛教人物和儒者，兩者有很大的差別。在佛教文獻中，屢屢有修行者神通的記載，在佛經中，對佛菩薩超越於一般人的神通能力更是有大量的描述，神通被視爲佛教修行成就者的一個重要標誌。而在儒家的文獻中，儒者只是行動能力與一般人相同的個體，並無超越一般人能力的神通，儒者只是在個體的道德修養上超越於一般人。針對佛教修行者與儒者在生命能力上的差異，周海門的弟子對此也對周海門有問難。

> 或問佛氏有神通，吾儒獨無神通，何也？先生曰：「目含萬象、耳含萬聲、鼻含萬臭、舌含萬味，見前俱是神通，此人人所同者，何謂無神通。至於作用不同，則不可盡泥，如邵康節之先知，濂溪不做，大禹之神功，聖人之所以爲聖，全不在此。」〔註55〕

> 思位問：「佛說放光現瑞，謂何？」先生曰：「此是本有的，

〔註55〕周海門：《東越證學錄》卷一《南都會語》，第 438 頁上。

> 夫子溫、良、恭、儉、讓，堯光被四表，格於上下，都是放光處。」
> 思位曰：「釋迦明說百千億萬劫事，何孔子不言？」先生曰：「夫
> 子言百世可知，百世以俟聖人而不惑，何嘗不言。」思位曰：「夫
> 子只言可知，若釋氏則明言汝前劫是何人，今劫是何人，來劫復
> 何人，此似不同。」先生曰：「始終不離當下，佛言千百億劫即言
> 須臾事，汝但返照自身，適一念迷便前劫是眾生，今一念覺便即
> 今是佛，再迷則來劫復是眾生，常覺則來劫常是佛，各各可言，不
> 待佛也。」〔註56〕

　　在佛教中，佛有種種神通，上文中王思位所問的佛放光現瑞則是許多佛
教經典所記載的其中的一項神通。佛教作為一種宗教，對其崇拜對象佛的描
述往往有強烈的神秘主義傾向，儒家聖人的形象雖然也經過儒者加工，但是
仍然是一個世間人的形象。針對弟子對佛與聖人形象差異的問難，周海門雖
然正面進行了回應，強調儒家的聖人也是具有極高能力的人，並且與佛的神
通進行了比附。筆者以為這種比附只是周海門牽強附會的一種應對機制，周
海門在調和佛與儒者的差異時，將其形象差異從神通的比較上轉移到心的覺
悟上。故而周海門以為「聖人之所以為聖，全不在此」，即不是在神通上，
而是在心的覺悟上。從以上第二段引文中「各各可言，不待佛也」一句可知，
周海門以為佛之為佛是在於心的覺悟，同樣儒家聖人之為聖人也是在於心的
覺悟。前文筆者已經介紹過周海門以為儒釋之心相同，則佛與儒家聖人所覺
悟的心體亦是相同，則佛與聖人同。

（八）對周海門融合儒釋的總結

　　周海門融通儒釋關係的出發點是「明判其不同之跡而不諱其不二之心」，
其重心在於禪宗的明心見性的自性清淨心便是心學的致良知本體，在認為儒
釋心性本體相同的情況下，進而判定儒不必成為禪，禪也不必成為儒，儒禪
各有其適合社會的因緣和形式，故而應該互不相雜，保持自身的獨立性，但
是又互不批判。

　　周海門心學融合的對象是大乘佛教，而闢佛的對象主要是二乘。周海門
以為大乘重視自心的修行，特別是大乘的般若思想以涅槃與生死不二，將在
世與出世可以很好的融合起來，人不必逃離世間去尋求另外一個清淨的世

〔註56〕周海門：《東越證學錄》卷五《剡中會語》，第494頁下～495頁上。

界，只要能了悟自己的自性清淨心，也可以在世間修行，而且大乘修行者正是要以世間作爲修行的場所，發菩提心，以布施、愛語、利行、同事的四攝法去普度眾生。大乘的思想很好地解決了在家與出家的矛盾，特別是禪宗以自心修行爲重點，忽略外在形式的特點給周海門融合儒釋提供了十分重要的基礎。故而大乘佛教特別是禪宗便成爲周海門的心學去融合的對象。另一方面，周海門以爲聲聞、緣覺二乘應該是儒家批評的重點對象，不只是儒家要批評二乘，即使是在佛教內部，二乘也是大乘佛教的信徒所批評的對象。這是因爲二乘的修行方式與儒家特別是心學的思想內涵有十分重大的分歧。二乘的修行強調人生是痛苦的，人應該斷離與世間的關係，尋找一個清淨的地方修行，獲得自我的清淨解脫，這是二乘修行的最終目的。二乘在修行上嚴格重視戒律的遵守，沒有戒律在具體生活情景中的變通。故而，二乘與儒家在理論與實踐上的衝突是無法調和的，周海門也時常提到闢佛者，當闢二乘之學，故而周海門是融合大乘之學，而闢二乘之學。

　　周海門區分大乘與二乘，並且選擇大乘爲融合對象，他這樣一種處理儒釋之間關係的策略無疑是十分成功的。以前的理學家，將佛教作爲一個整體去批判，忽視佛教內部不同派別之間的差異，這樣往往會使批評籠統化，不能切中要害。周海門融合大乘、批判小乘的方式比之於前人，無疑更有創建性。

　　周海門對佛教和心學融合的思路是十分巧妙的。然而，在對心學良知本體與禪學的心體是相同的這一點上，周海門的論證還是十分薄弱的。禪宗是一個重視實踐的宗派，故稱之爲宗門，其思想的系統性和嚴密性都很薄弱。禪宗六祖惠能文化程度較低，因而其論述禪宗的思想多借用平常的語言，而在儒家文化浸潤於整個中國社會的背景下，這些平常的語言無疑帶有濃厚的儒家思想色彩，故而六祖惠能的語言系統中摻雜著大量的儒家式的語言。又自六祖以後，禪宗的發展主要接近於民間社會，故而其對佛教思想的闡述往往是簡易而樸實的語言，而非佛教教宗的學院式專業語言系統。並且禪師的語言多語錄體，而少系統的論述與辨析。故而僅僅依賴禪師的隻言片語，特別是這些禪師又多具備儒家的思想背景，要對其禪學思想作準確的理解是十分困難的。因而在這樣的一種情形之下，禪學儒家化似乎是一個趨勢。另一方面，儒家本身的學術系統很難給他確定一個明確的界限，就心學來說，對於心性的理解自古以來儒者就有許多不同的解釋，宋明理學家共尊孔孟，然

而對於孔孟心性論的闡釋也不是單一的、固定的，不同的人可以作出不同的闡釋，但是都可宣稱是得自於孔孟。在禪學思想浸潤中國數百年的情形之下，陽明心學一派很多思想家其心學思想已經受到禪學的影響，這樣在面對禪與心學的關係時，便很容易作出兩者互通的判斷。

儒釋融合是晚明思想中一個重要的特點，周海門處理儒與禪之間關係的方式是獨特的，同時也代表心學對佛教態度的一個極大轉變，通過對周海門儒釋融合思想的論述，無疑可以更好地理解晚明心學的走向和兩教的關係。

第三節　周海門與袁黃之《立命文》

一、袁黃其人及與周海門的交往

對於袁黃其人，乾隆年間所修的《江南通志》有其傳：

> 袁黃，字坤儀，吳江人。萬曆丙戌進士，授寶坻知縣，省重役，裁苛派，築堤扞海水、闢曠土，擢兵部職方主事。時有援鮮之師，黃疏請赴軍，前贊畫遣奇士馮仲纓、金相往說倭將約盟解甲，事垂成，爲閫帥所忌，遂落職。天啓改元，追敍東征功，贈尚寶司少卿。黃博學尚奇，尤精律呂曆法。〔註57〕

袁黃又號了凡，他與周海門爲同時代人，並曾與周海門有過交往。在《東越證學錄》卷七中，對他們的交往有記載：

> 余早年不知是事，有從兄剡山者乃苦行頭陀，與我談不能入，一日會袁公於眞州，一夜之語而我心豁然，始知世間有此正經一大事，皈依自此始。余迄今不能一日忘此公之恩，公於接引人固有緣也。〔註58〕

所謂是事是指對佛教的信仰。從上文中可知，周海門初不信佛教時，袁黃與周海門在眞州有一夜的交談，而經過一夜的交談，周海門由不信佛教轉而相信佛教，從而皈依佛教。周海門在眞州時是萬曆七年（1579 年），而上文作於萬曆二十九年（1601 年）。時隔二十二年，周海門仍然不能忘記袁黃與他的對話，並且對袁黃將其引入佛教心存感激之情，可知袁黃實爲引發周

〔註57〕（清）尹繼善等修：《江南通志》卷一百四十《人物志》，臺灣文淵閣四庫全書。
〔註58〕周海門：《東越證學錄》卷七《立命文序》，第 549 頁上。

海門思想轉變的重要人物。

　　周海門與袁黃的交往僅見於上一段引文，但是周海門與袁黃的著作卻有密切的關係。袁黃曾經寫過一篇文字，周海門為該篇文字作序，即《立命文序》，並且對該文的印行作出重要的貢獻。

　　　　萬曆辛丑之歲，臘盡雪深，客有持文一首過余者，乃檇李了凡袁公所自述其生平行善因之超越數量得增壽胤，揭之家庭以訓厥子者。客曰：「是宜梓行否耶？」余曰：「茲文於人大有利益，宜亟以行。」〔註59〕

　　客人對袁了凡的文字頗多疑惑，在周海門的說服下終於答應了將袁了凡的《立命文》付諸印行。且周海門特別在文末有所添加。

　　　　茲文之行，利益必廣，雲谷老人余在留都聞其名而今始識其面，獅子音當自有聞而醒悟者。於是更引古德語三條附後，授客梓行。古德語者：一萬繁事實；一中峰善惡論；一龍溪子禍福說云。〔註60〕

　　從上文可見周海門對袁了凡《立命文》的認同與重視，袁了凡與周海門雖直接交往不多，但是袁了凡的思想與行為卻對周海門形成較大的影響，這是確定無疑的。

二、周海門與《立命文》的福禍思想

　　《東越證學錄》卷七的《立命文序》是周海門為袁了凡的這篇文章所作的序，則當時袁了凡此文名為「立命文」。在商務印書館發行王雲五主編的《叢書集成初編》第976冊收錄有袁了凡的這篇文章，只是其名不是「立命文」，而是「訓子文」。周海門對該文如此推崇，那麼該文的內容如何呢？

　　該文敘述了袁了凡自己的一段經歷及其對人生的感想。袁了凡在年輕時遇一老者孔先生，此老者對袁了凡一生的命運作了預測，而後袁了凡的經歷與老者的預測分毫無差。故而，袁了凡以為人的命運皆是定數，無法變更，故而淡然無求。後來，袁了凡在南京棲霞嶺遇雲谷禪師，與雲谷禪師有長時間的交談。雲谷禪師以為人的命運並非是定數，「命自我做，福自我求」〔註61〕，只要人能

〔註59〕周海門：《東越證學錄》卷七《立命文序》，第548頁下。
〔註60〕周海門：《東越證學錄》卷七《立命文序》，第549頁上。
〔註61〕袁黃：《訓子言》，叢書集成初編第976冊，商務印書館，1939年12月初版，

積極行善積德，不僅人的德行會得到提升，而且人的功名、財富等都會得到改善。雲谷禪師還送給袁了凡功過格，讓袁了凡將每日所做的善事、惡事都記錄在功過格上，以知道自己所做善事的多少。袁了凡按照雲谷禪師的教誨，修養道德，並且在功過格上記錄自己的善惡，積極從善去惡。隨著袁了凡所做的善事越來越多，袁了凡的命運也發生了變化，他後來的人生經歷終於衝破了孔先生對其命運所做的預測。袁了凡的功名、壽命、子嗣狀況都比所做的預測要好。從而，袁了凡總結出自己的立命之論：「稱禍福自己求之者乃聖賢之言，若謂禍福為天所命則世俗之論矣。」〔註62〕故而，了凡以為人當改過而遷善，則人的命運必定發生改善。

訓子文末附有功過格，人們可以藉此記錄生活中所做的善事與惡事，並且不同的善事、惡事有程度的差別不同而分成不同的等級，如救免一人死為百功而收養一無依為五十功，致一人死為百過而破一人婚為五十過。從而根據記錄可以準確計算自己一段時間的功過量。

功過格在了凡後在社會上十分流行，清代彭際清所編的《居士傳·袁了凡傳》對了凡功過格的影響評論道：

> 了凡既歿百有餘年。而功過格盛傳於世。世之欲善者慮無不知效法了凡。〔註63〕

了凡的功過格也影響到周海門，周海門也將自己生活中的善、惡等行為記錄在功過格上，如《日記錄序》所述：

> 余覽了凡公立命之言，因以勸二三子共發積善之願，而予以身先焉，為錄以記，月系以日，日系以事，雖纖小弗遺，雖冗沓弗廢也。〔註64〕

袁黃的《訓子文》及其功過格帶有非常明顯的禍福因果思想，其思想來自於佛教，同時又和中國的傳統思想緊密聯繫。佛教以為一切事情的發生都有其因緣，有如是因，便會有如是果，人們在生命中所遭受到的事件都是人們以前行為的結果。故而，當人先前積極行善，信奉佛教，便能獲得好的果報。相反地，如果一個人先前為惡，則必定會獲得災禍。因而，在佛教看來，

第4頁。
〔註62〕 袁黃：《訓子言》，第12頁。
〔註63〕 彭際清：《居士傳·袁了凡傳》，卐續藏 n1646p0268 下。
〔註64〕 周海門：《東越證學錄》卷七《日記錄序》，第549頁上。

人的福禍皆是人自身行為的結果。袁黃的功過格其理論基礎就在於佛教的因果論，即人們通過積極的行善可以為自己帶來好的果報。功過格對人的善惡行為的定量計算最突出地反映了人們行善以求福報的思想。

然而，從現實的生活經驗看，許多道德高尚、廣行善事的人在現實中可能遭受巨大的災難，過著悲慘的生活。而那些道德低下、多行惡事的人卻在社會中高高在上，享受著巨大的財富和崇高的社會地位。佛教的禍福果報理論是建立在三世因果的理論基礎之上，即認為人有生死輪迴，這一生的福報是由過去生生世世的行為所決定的，而下一生的福禍則由這一生的行為來決定，故而有此生為惡卻得福報，那是因為此人過去生為善積德。而有此生為善卻遭災禍是因過去生做過惡事。佛教的三世因果說很好地解決了理論與現實的矛盾。

從儒家思想的角度來看袁了凡的《訓子書》及功過格，則不免發生衝突之處。首先，在孔子那裡，我們可以隱約看到其思想中有命定論的成分，這種命定論是指人生活於現實世界中，人們無法完全了知和掌控經驗世界，故而經驗世界所發生的事件對人所造成的災難或者幸福往往在很多時候是人無法預知的，更是人無法控制的。如：

> 伯牛有疾。子問之，自牖執其手曰：亡之，命矣夫。斯人也，
> 而有斯疾也；斯人也，而有斯疾也。〔註65〕

孔子因為冉伯牛病危而非常悲痛，從孔子的言語中可知他認為冉伯牛不應當有此疾病，但竟然有此疾病，且對此病無可奈何，孔子將其歸之於「命」，也就是人無法預料和掌控的遭遇。雖然在現實生活中，我們有時可以通過瞭解客觀世界的規律從而預知和掌握未來所發生的事情，但是，在很多時候，人遭遇到某種事件具有極大的偶然性。故而，在儒家思想中，人在經驗世界的遭遇並不一定與其過去的行為必然相關，而人在經驗世界的有道德的行為並不必然會導致人獲得幸福。作為儒家的兩個代表人物，孔子和顏回的遭遇也對儒家的思想文化形成重大的影響。

在儒家，孔子雖然有崇高的道德和深刻的智慧，被後輩儒者尊為聖人，但是孔子的一生大部分時間都是在顛沛流離中生活，汲汲如喪家之犬，未能實現治國平天下的理想。故而，從現實的世間幸福的角度來看，孔子的一生並不是幸福的。

〔註65〕何晏注，邢昺疏：《論語注疏》，第74頁。

另外，顏回作爲孔子最得意的弟子，德行爲孔門弟子第一，然而一生窮困潦倒，英年夭折。

> 子曰：「賢哉，回也。一簞食，一瓢飲，在陋巷，人不堪其憂，
> 而回也不改其樂。賢哉，回也。」〔註66〕

一簞食、一瓢飲的物質生活對於人來說是非常清貧的，顏回德行崇高，但是並未獲得現實豐厚的物質利益。而顏回的快樂並非是來自於生活物質充足的快樂，而是自身道德修養極高而由心所生的快樂。

從另一方面來看，當一個社會的政治出於非正義的狀況時，處於高位以及擁有巨大物質財富的往往是道德品質低下或者是與現實政治妥協的人，故而，儒家以爲在一個社會處於非正道時，如果一個儒者因爲做不義的事情而擁有名利和財富，則對於儒者來說是一種恥辱。故而孔子在《論語》中講到「邦無道，富且貴焉，恥也」〔註67〕。

因此，儒家以爲人的道德與人的幸福沒有必然性的聯繫，相反，道德與生活上的幸福往往是衝突和矛盾的。在這樣一種情形下，儒家強調作爲儒者要專心於個體的道德及利人的事業，而不應該以以追求個人在世間的幸福爲目標。即使是在良好的社會條件下，個人的道德和幸福是一致的，道德也是幸福的先決條件，即幸福是個體道德行爲的結果，而非個體行爲的終極目標。如果人以世間功名和財富作爲其行爲的目標，則人的道德修養及氣節可能受到影響，內心會走向不正。人爲了追求世間名利而採取的合道德的行爲便是動機不純正的，是有意爲善。

袁黃的功過格帶有十分明顯的功利傾向，並且有以獲得世間的功名富貴而誘導人向善的思想傾向。故而明末清初的大儒劉宗周以爲袁黃的《訓子文》及功過格是有意爲善：

> 袁了凡功過冊行，先生曰：「此意最害道。有過非過也，過而
> 不改是謂過矣。有善非善也，有意爲善亦過也，此處路頭不清，未
> 有不入於邪者。」〔註68〕

在周海門的《立命文序》中，拿著袁黃文章的客人對於是否梓行袁黃的文章也是頗有疑問，他詢問周海門「所稱祈求等可乎」，亦是在質疑人是否可

〔註66〕何晏注，邢昺疏：《論語注疏》，第75頁。
〔註67〕何晏注，邢昺疏：《論語注疏》，第105頁。
〔註68〕黃宗羲：《黃宗羲全集》第一冊，第255頁，浙江古籍出版社1985年。

以追求世間功名富貴。周海門對這個問題進行了解答。在《立命文序》中，
周海門對此有其理解。

> 余（周海門）曰：「上士假之遊戲以接眾生，中下援之鈎引而
> 入眞智，啓之入門誘之明瞭，茲文有無限方便存焉。」〔註69〕

周海門所說乃是以佛教的思想來解讀。在佛教中，有「先以欲鈎牽，後
令入佛智」的講法，其意義是指佛菩薩在救度眾生，先滿足人們在世間功名、
物質上利益的請求，使得眾生能夠漸漸能主動接近佛教、瞭解佛教、信仰佛
教，終至能夠修行佛法，證入佛的智慧。周海門言下之意是給予現實的利益
給人們是引導人們能夠走向更高的道德境界的一個十分重要方法，是其中的
一個「方便」，所謂方便就是一種變通的方式，並非眞實而終極的目的。周
海門以爲袁黃的《立命文》正是引導人進入佛教，直至理解佛法眞正內涵的
重要方法。因而，對世間功名富貴的祈求並非是佛教的核心理念，只是一個
便宜的方法使人相信佛教，進而去理解佛教的眞實義。

故而，周海門以爲袁黃的《立命文》是在啓人入佛門上有非常大的用途。
周海門還舉自己的例子來說明自己正是因爲袁黃的引導才進入佛教。袁黃對
周海門所說的話雖然無從可考，但很可能是袁黃《立命文》中所敘述的自己
的經歷以及對佛教的感想。周海門因之而開始接受佛教，並進而研讀佛教。

> 余早年不知是事，有從兄剡山者乃苦行頭陀，與我談不能入，
> 一日會袁公於眞州，一夜之語而我心豁然，始知世間有此正經一大
> 事，皈依自此始。余迄今不能一日忘此公之恩，公於接引人固有緣
> 也。〔註70〕

周海門以自己親身的經歷與感受體會到袁黃的《立命文》對於引人進入
佛教確實有重要的作用。

周海門還以爲要明白「事不爲礙」的道理，這樣，祈求福壽等世間幸福
也是沒有問題的。周海門說道：

> 余曰：「要在明瞭事不爲礙，不明了則雖求道德仁義，總是執。
> 心能明瞭，則便求福壽子孫俱成妙用，如農人力作，雖於豐歉無心
> 而田租可遷、甘雨宜祈也。孟子曰：『以堯舜之道要湯。』經云：『永
> 言配命，自求多福』，如是要求何不可之有。」〔註71〕

〔註69〕周海門：《東越證學錄》卷七《立命文序》，第549頁上。
〔註70〕周海門：《東越證學錄》卷七《立命文序》，第549頁上。
〔註71〕周海門：《東越證學錄》卷七《立命文序》，第19～20頁。

　　周海門所謂的「事不爲礙」是指事不礙理，也就是個體在世間上所獲得的利益並不妨礙個體的道德修養。周海門舉農人的例子來說明，農民雖然並不執著於莊稼收成的豐歉，但是農民還是要努力從事農事活動。因而，個體在自己事業上的努力並不妨礙個體的道德修養，每個人處在社會的某一個職位上，就要積極去做，事情的成功與否並不阻礙個體的道德，即使個體成功而獲得巨大的利益，這也並不說明此人是在道德上有虧。周海門以爲如果不能明瞭事不爲礙的道理，即使努力追求道德，則只是執著。周海門所說的是一類人以事相來判斷個體的道德，比如有人以爲固守清貧，認爲獲得世間功名和富貴是貪利，是不道德的。這就是不明了「事不爲礙」的道理，只是在具體事相上執取，而不能見其思想內涵。周海門以爲這樣一類人是執著於道德。

　　可見，周海門並不以爲世間幸福與個體的道德有矛盾，世間的幸福就一定會妨礙個體的道德。相反，周海門以爲如果內心能在具體事相上能夠不執著，不以事相爲礙，則即使去祈求世間的幸福，那也是心的作用的結果。

　　周海門以爲《立命文》中的「祈求」有特殊的內涵，並不同於一般的「祈求」。

　　　　客曰：「子爲是者，將有求乎？求必得乎？與世逐逐者何以異乎？」曰：「余求亦是有亦是無，與世同，亦與世異也。」客曰：「何以言之？」曰：「世所祈者，富貴福壽已耳。夫既爲人，則必欲富而不欲貧，欲貴而不欲賤，欲福而不欲禍，欲壽而不欲夭，欲即是求，豈非是有欲，自聖人以至途人一也，而何獨我豈非是間。然吾不求諸他而求諸自，不求諸外而求諸心，既曰自心，則誰司之而誰求之，誰受之而誰與之。求之者即司之者則無求，司之者即求之者即求之者則無司。受之者即與之者則無受，與之者即受之者則無與。故余所云求亦是有而亦是無，人所以欲富貴壽福者，豈非以其享諸身而樂諸心乎。然世有未享此者，心固戚戚，既享此者，心亦戚戚。夫然則不得固不得也。得亦不得，無一日而有富貴壽福之奉。吾則不然，未享此也，心無覬覦，既享此也，心隨止足。夫然則得固得也，不得亦得，無一日而非富貴壽福之中，故余所云得與世同亦與世異。」〔註72〕

―――――――――――

〔註72〕周海門：《東越證學錄》，卷七《日記錄序》第20～21頁。

　　上文出自周海門的《日記錄序》，《日記錄》是周海門依照袁黃《立命文》中的思想以及功過格的方式將其一天的善事與惡事記錄下來而成。周海門在序中施設問答，即周海門依照功過格記錄善惡是否是有所求，這樣的祈求與世間一般人追逐名利又有何不同。周海門的回答可以分為三個層次來解讀：

　　1、幸福欲求的普遍性與合理性。周海門以為既然為人，則每個人都是想求得世間的富貴福壽，富貴福壽代表的是生活的幸福，每個人都想要獲得生活的幸福，沒有人想要悲慘的生活，不論是聖人還是普通人，都是有幸福生活的欲求。這樣，周海門肯定了人對幸福的欲求是普遍的與合理的，他並不認為追求世間的富貴福壽有不合理之處。

　　2、求諸自心。周海門以為自己的所求與普通人不同，這是因為自己對幸福的追求是求諸自己的內心而不是求諸外在的人和事。從袁黃《立命文》中的觀點來看，人的幸福都是來自於自己善良的內心以及行為，故而人的幸福並不是由外在的人或者事決定的，不是由不可知的命運或者神明決定的，是由自己決定的。自己善良的內心與行為會給自己帶來世間的幸福。因而，自己既是求之者也是司之者，既是求之者也是與之者，故而自己是求而無求。對於一般普通人，並非通過自己的道德修養及行為去獲得世間的富貴福壽，而是通過鑽營等手段，以為人的富貴福壽是來自於在他人或者神明的賜予。因而自己的祈求與普通人的祈求是不同的。周海門的觀點是基於佛教的因果思想，每個人的遭遇，其原因都來自於個體的心念以及行為，故而個體的幸福是自身修養道德以及行善的結果，故而自己是自己幸福的決定者，因而幸福是求之於自己而非他者。而一般人追求幸福是求之於他人和外在的環境。故而，周海門以為自己是自求，與其他人的他求是不同的。

　　3、對幸福的態度。周海門以為富貴只是使人身心安樂。普通人在未得到富貴福壽時，是覬覦名利，故而憂愁。得到又害怕失去或者不能滿足，故而心亦憂愁。因而，普通人即使得到富貴福壽，因為無法身心安樂，實際上並未獲得。而自己未得到富貴福壽時，心無覬覦，得到時，內心能夠隨所得而滿足，因而沒有一刻不是在富貴福壽之中，也就是沒有一刻不在幸福之中。故而自己的所得與普通人是不同的。

　　總結上面三層意思，從袁黃的《立命文》及功過格中，周海門所體會及表達的思想是人的道德行為與人的富貴福壽是一致的，人追求個人的富貴福壽必定是要從個人的道德修養及實踐中來，因而個人對富貴福壽的追求並不

會與人的道德形成矛盾，反而會促進人修養道德。而如果一個人以為富貴福壽是來自於自己之外，則對個人富貴福壽的追求會影響到個人的道德修養。周海門以上三層意義，一層更進於一層，而第三層為最深入的內涵，從「心無覬覦」及「心隨止足」來看，個體的修養要達到無論在事實上富貴財富是不得或者得，心要隨時安定滿足。在這樣一個意義上，儒與釋又是相通的。

結　語

　　周海門的哲學思想與王龍溪一脈相傳，然而都是王陽明心學所開出，是
對陽明心學的進一步闡釋。前文筆者已經對周海門的學術思想進行了系統的
論述，然而，周海門的思想中值得注意的還有以下諸方面：

　　（1）周海門思想中的宗教化傾向。周海門思想的根源在儒家，然而周海
門本身又對佛教有極大的興趣，與禪宗僧人有密切地交往，這使周海門的心
學思想打上深深的禪學烙印。後人對周海門入禪的批評集中在他對「無善無
惡」的推崇及「即良知為本體」的修養理論。筆者以為對周海門的這種批評
還值得商榷，畢竟「無善無惡」與「即良知為本體」，強調心體自然流行的修
養方法從儒學內部的思想系統是可以發展出來的。然而，我們卻可從思想的
宗旨與方向來觀察某種思想的轉向。從儒學本身的傳統來說，重視內在的道
德修養是儒學的重點，而對社會、國家的關懷更是儒學的重要內容。儒家最
重要的六經都與政治有緊密的關係，尤其是《尚書》、《春秋》，根本上是政治
性的經典，即使是在宋代開始，為儒家學者所重視的四書中，政治仍然是四
書談論的重點。因而儒學的政治哲學的內涵是十分豐富的。從中可見儒學對
於現實生活的肯定，對於國家社會秩序的努力探索和追求。故人們常以為儒
學有兩個面向，其中一個面向是個體的道德修養，即內聖。而另一個面向是
參與政治，實現治國平天下的理想。內聖是儒者生命的重要內容，也是實現
外王的基礎，而外王是儒者生命充實化、圓滿化之所在。因而，缺乏了現實
政治的參與和對現實社會的貢獻，儒者的生命就顯得是殘缺的。雖然，在很
多政治腐敗的歷史條件下，許多著名的儒者沒有在現實的政治中發揮作用，
但是他們卻保持著對現實政治的深切關懷。因而，內聖外王是儒家的宗旨，

也是儒者的理想。在儒家經典《大學》中，這個宗旨已經表述得十分清楚。
而對於禪宗來說，雖然它經歷了中國化的一個過程，但是禪宗仍然是佛教的
一個宗派，因而，禪宗必然尊崇佛教的根本思想和教義，而佛教對現實世界
的基本看法是世界是不真實的，世界是虛妄的。正如禪宗所重視的根本經典
《金剛經》所講：「一切有為法，如夢幻泡影，如露亦如電，應作如是觀。」
因而，從佛教的根本立場來看，世界是虛妄的，世界的虛妄性根本上體現在
一切事物是因緣和合而成的，故而是不能獨立永恒存在的，故而一切事物是
無自性的，無自性即是空。從生命體本身來說，佛教以為人所見的世界是人
因為無明所變現，故而眾生所見的世界並不是真實的，然而人卻執著於世間
的無欲，從而在六道中輪迴。因而，佛教的根本宗旨是脫離六道輪迴，脫離
輪迴也就是否定現實人的世界的意義。禪宗屬於大乘佛教的一個宗派，雖然
它也主張在現實世界行菩薩道，但是行菩薩道的根本目的是成佛，故而其根
本宗旨仍然是否定世間生活的意義，無論是世間的倫理還是政治的意義。而
這與儒家重視現實，肯定人的生活，追求內在外王的人生價值是有根本的區
別的。

周海門乃至王龍溪在其思想上是有宗教化的傾向的。從周海門自身來
說，其關注點始終在個體的生命修養，而非現實的國家政治。從周海門的官
宦生涯來看，他在廣東為官時向朝廷請辭，朝廷不允，升任至雲南為官，周
海門又請辭。後來，朝廷兩次起用周海門，周海門兩次啟程之後又決定不為
官回到家鄉，只是在母親的勸誠之下才又為官。可見，周海門自己是無心於
在政治上有傑出的貢獻的。另外，從思想上來看，周海門雖然繼續著王陽明
致良知的思路來講，但是周海門致良知的目的卻有新的方向，如周海門在給
邵季躬的信中所述：

> 光陰易邁，時節難逢，各各俱入老境，拼命此生以了千萬劫之
> 公案，是目今第一急務。才換卻封皮，不知又作何等面目。半三不
> 界，必不能不迷失也。此區區日日自儆自懼之心，敢為足下陳之。
> 〔註1〕

從上面引文中我們可知周海門相信人是有輪迴的，人在死後會以新的身
體重生。另外，周海門以為人生的第一急務是了千萬劫之公案，所謂了千萬
劫之公案是指明心見性而脫離輪迴。而在周海門看來，致良知與佛教的參禪

〔註1〕 周海門：《東越證學錄》卷十《與山人邵季躬》，第614頁上。

相同，都是了悟心體，則致良知之目的也就是爲了脫離生與死的輪迴。從「此
區區日日自儆自懼之心」來看，生死問題已經成爲周海門所關注的核心問
題。則致良知不僅僅是一種道德修養，在周海門看來同時也是一種了脫輪迴
的手段。從此，我們可以看出對生命自身生死問題的關注成爲周海門哲學思
想的第一急務，人生抓緊時間所要做的是要了脫生死。則儒者治國平天下的
生命方向並非周海門所重視，周海門心學的精神方向已經與儒家傳統的精神
方向發生了偏離。良知心體也不只是生命個體道德的源泉，良知心體同時也
是永恒的不生不滅的絕對存在，悟良知本體便成爲脫離生滅變化的輪迴的途
徑。故而，周海門心學思想中所表現的生命方向已經宗教化。

　　（2）周海門哲學思想中淡化「理」的傾向。在黃宗羲看來，儒釋之分
別在於佛教強調心體之明覺，而儒家強調心之爲心在於理〔註 2〕。此理在黃
宗羲是天地萬物之理以及人倫之理，儒家肯定現實生活，重視人倫關係，就
必須重視生活的秩序，事物的規範，尤其是人倫之理。朱熹提出心即理，王
陽明提出心外無理，心即是理，雖然提法有不同，但是他們對理的強調是共
同的。理所代表的是儒家的道德價值。儒家重視人倫關係及個體的道德修
養，而人倫關係中的道德價值是人們相處的基礎，也是生命個體道德修養的
根本標準。故而，儒家非常重視其道德價值，如忠、孝、仁、義等，儒家將
其作爲人的先驗本性，從而使道德價值更具有權威性和有效性。筆者以爲周
海門從角色上是一位儒者，故而他並不會否認人倫之理，也並非否認儒家的
道德價值。但是他在思想的表達上確實對人倫之理的肯定較少。從周海門的
人性論來看，他從心體本然的虛寂狀態提出人性是無善無惡的，則儒家的道
德價值便無法在先驗心體上立足。雖然主張人性無善無惡而情有善惡，周海
門還是承認善是心體的正確活動方向。但是周海門對於主體的實踐活動，尤
其強調道德成熟的境界，即突出心體之自在流行的無滯性、自由性，故而周
海門強調在道德實踐中心體不起善念、惡念，只是自然流行，故而「心體無
善無惡」。對無善無惡的特別重視而缺乏從正面肯定儒家的道德價值，使得

〔註 2〕黃宗羲：《明儒學案》，第 181 頁：「釋氏於天地萬物之理，一切置之度外，更
　　　　不復講，而止守此明覺；世儒則不恃此明覺，而求理於天地萬物之間，所爲
　　　　絕異。然其歸理於天地萬物，歸明覺於吾心，則一也。向外尋理，終是無源
　　　　之水，無根之木，總使合得本體上，已費轉手，故沿門乞火與合眼見暗，相
　　　　去不遠。先生點出心之所以爲心，不在明覺而在天理，金鏡已墜而復收，遂
　　　　使儒釋疆界渺若山河，此有目者所共睹也。」

儒家道德價值的規範性與重要性在周海門的哲學中被大大削弱。

唐君毅先生在其著作《中國哲學原論》中指出：「大率天下之學術，既成風氣，則不免於人之僞襲而無不弊，不只王學爲然，……然僞襲王門之學者，亦自有其最易導致之弊。」〔註3〕周海門的哲學以上的兩種思想傾向也有其最易導致之弊，心學的禪學化導致了生命價值的取向發生根本的變化，由對社會、國家的深切關懷轉至對自我生死的密切關注，心學的修養目的最終的歸宿在於獲得永恒的生命精神以超越生死的局限。故而，傳統儒者強烈的治國平天下的情懷在這種宗教化的轉向中喪失。對儒家之理的忽視以及對自由境界的重視使得人們更加關注於心靈的自由狀態，自己內心的感受，自然主義的情感迅速膨脹，在自我的謊言與欺騙中越過道德價值的防線，成爲瓦解社會道德秩序的重要因素。則晚明思想界及社會所起之弊端，其責任未必在周海門及與他有相同思想傾向的人身上，但是，溯其源，周海門等人思想中的偏向卻是這些弊端產生的一個重大因素。

〔註3〕唐君毅：《中國哲學原論・原教篇》，第287頁。

參考文獻

一、周海門的著作

1. 周海門：《東越證學錄》，《四庫全書存目叢書》集部第 165 冊收清華大學圖書館藏明萬曆刻本。

2. 周海門：《周海門先生文錄》，《四庫全書存目叢書》集部第 165 冊收北京圖書館藏明萬曆張元憬等刻本。

3. 周海門輯：《王門宗旨》，《四庫全書存目叢書》子部第 13 冊收浙江圖書館藏明萬曆余懋孳刻本。

4. 周海門：《聖學宗傳》，《四庫全書存目叢書》史部第 98、99 冊收復旦大學圖書館藏明萬曆三十三年王世韜等刻本。

5. 周海門：《四書宗旨》，明崇禎二年鄭重耀刊本，中國子學名著集成第 20 冊。

6. 周海門：《佛法正輪》，美國哈佛大學哈佛燕京圖書館藏中文善本彙刊 33，商務印書館、廣西師範大學出版社。

二、儒家經典

1. 程顥、程頤：《二程集》，北京：中華書局，1981 年。

2. 何晏注、邢昺疏：《論語注疏》，北京：北京大學出版社，1999 年。

3. 黃宗羲：《明儒學案》，北京：中華書局，2008 年。

4. 黃宗羲：《宋元學案》，北京：中華書局，1986 年。

5. 黃宗羲：《黃宗羲全集》第一冊，浙江：浙江古籍出版社，1985 年。

6. 焦循：《孟子正義》，上海：上海書店出版社，1986 年。

7. 羅汝芳：《羅汝芳集》（方祖猷、梁一群、李慶龍等編校整理），南京：鳳凰出版社，2007 年。

8. 劉宗周:《劉蕺山集》,文淵閣四庫全書,臺北:臺灣商務印書館,1986年。

9. 黎靖德編:《朱子語類》第一冊,北京:中華書局,1986年。

10. 阮元:《尚書正義》,北京:中華書局,1980年。

11. 陶望齡:《歇庵集》,《續修四庫全書》集部第1365冊收華東師範大學圖書館藏明萬曆喬時敏等刻本。

12. 王弼注,孔穎達疏:《周易正義》,北京:北京大學出版社,1999年。

13. 王守仁:《王陽明全集》,上海:上海古籍出版社,1992年。

14. 王畿:《王畿集》,南京:鳳凰出版社,2007年。

15. 萬斯同:《儒林宗派》,文淵閣四庫全書,臺北:臺灣商務印書館,1986年。

16. 王先謙撰:《荀子集解》,北京:中華書局,1988年。

17. 汪榮寶撰:《法言義疏‧修身卷第三》,北京:中華書局,1987年。

18. 楊起元:《太史楊復所先生證學編》,《四庫全書存目叢書》子部第90冊。

19. 趙岐注、孫奭疏:《孟子注疏》,北京:北京大學出版社,1999年。

20. 周敦頤:《周子通書》,上海:上海古籍出版社,2000年。

21. 張載:《張載集‧正蒙》,北京:中華書局,1978年。

22. 朱熹:《四書章句集注》,北京:中華書局,1983年。

23. 朱熹:《論孟精義》,《朱子全書》第七冊,上海、合肥:上海古籍出版社、安徽教育出版社,2002年。

24. 周振甫譯注:《詩經譯注》,南京:江蘇教育出版社,2006年。

三、佛教類

1. 丁保福:《佛學大詞典》,上海:上海書店,1991年。

2. 道宣:《續高僧傳》,《大正藏》。

3. 德清:《憨山大師夢遊全集》,藍吉富主編《禪宗全書》語錄部十六第五十一冊,文殊文化有限公司,1990年。

4. 法藏著、方立天校釋:《華嚴金師子章校釋》,北京:中華書局,1983年。

5. 惠能:《六祖大師法寶壇經》,《大正藏》。

6. 鳩摩羅什譯:《妙法蓮華經》,《大正藏》。

7. 聶先編:《續指月錄》,藍吉富主編《禪宗全書》史傳部十四第十四冊,文殊文化有限公司,1990年。

8. 彭際清:《居士傳‧袁了凡傳》,卐續藏。

9. 求那跋跎羅譯:《楞伽阿跋多羅寶經》,《大正藏》。

10. 心圓：《揞黑豆集》，藍吉富主編《禪宗全書》史傳部二十八第二十八冊，文殊文化有限公司，1990 年。

11. 袁黃：《訓子言》，叢書集成初編第 976 冊，北京：商務印書館，1939 年。

12. 雍正：《雍正御選語錄》卷十三《御選雲棲蓮池大師語錄》，藍吉富主編《禪宗全書》史傳部十四第七十八冊。

13. 湛然圓澄撰、明凡錄、丁元公等編：《湛然圓澄禪師語錄》，藍吉富主編《禪宗全書》語錄部十六第五十一冊，文殊文化有限公司，1990 年。

14. 自融撰、性磊補輯：《南宋元明禪林僧寶傳》，藍吉富主編《禪宗全書》史傳部十八第十八冊，文殊文化有限公司，1990 年。

四、歷史、方志等著作

1. 班固撰、顏師古注：《漢書》，北京：中華書局，1962 年。

2. 過庭訓：《明分省人物考》，明代傳記叢刊第 140 冊，臺北：臺灣明文書局，1991 年。

3. （明）談遷：《國榷》卷八十六，北京：中華書局，2005 年。

4. （清）尹繼善等修：《江南通志》，文淵閣四庫全書，臺北：臺灣商務印書館，1986 年。

5. （清）嚴思忠修，蔡以瑺、陳仲麟纂：《嵊縣志》，中國地方志叢書華中地方第 188 號，臺北：臺北成文出版社據清同治九年刊本影印。

6. 永瑢等撰：《四庫全書總目》，北京：中華書局，1965 年。

7. （清）張廷玉等撰：《明史》第 24 冊，北京：中華書局，1974 年。

五、研究著作

1. 陳榮捷：《王陽明與禪》，臺北：學生書局，1984 年。

2. 陳榮捷：《王陽明傳習錄詳注集評》，臺北：學生書局，1998 年。

3. 蔡仁厚：《王陽明哲學》，臺北：三民書店，1983 年。

4. 陳來：《有無之境──王陽明哲學的精神》，北京：人民出版社，1991 年。

5. 陳來：《宋明理學》，上海：華東師範大學出版社，2004 年，第 2 版。

6. 葛兆光：《中國思想史》卷二，上海：復旦大學出版社，2000 年。

7. 郭朋：《明清佛教》，福州：福建人民出版社，1982 年。

8. 侯外廬等：《宋明理學史》（上、下卷），北京：人民出版社，1984～1987 年。

9. 嵇文甫：《晚明思想史論》，北京：東方出版社，1996 年。

10. 勞思光：《新編中國哲學史》，桂林：廣西師範大學出版社，2005 年。

11. 廖名春、康學偉、梁韋玄合著：《周易研究史》，長沙：湖南出版社 1991 年。

12. 呂妙芬：《陽明學士人社群——歷史、思想與實踐》，北京：新星出版社，2006 年。

13. 牟宗三：《生命的學問》，臺北：三民書局，1997 年。

14. 牟宗三：《從陸象山到劉蕺山》，臺北：學生書局，1979 年。

15. 牟宗三：《心體與性體》，上海：上海古籍出版社，1999 年。

16. 彭國翔：《良知學的展開——王龍溪與中晚明的陽明學》，北京：三聯書店，2005 年。

17. 錢穆：《王守仁》，北京：商務印書館，1947 年。

18. 錢明：《陽明學的形成與發展》，南京：江蘇古籍出版社，2002 年。

19. 容肇祖：《明代思想史》，上海：上海開明書店，1941 年。

20. 唐君毅：《中國哲學原論·原教篇》，北京：中國社會科學出版社，2006 年。

21. 唐君毅：《中國哲學原論·原性篇》，北京：中國社會科學出版社，2005 年。

22. 吳震：《陽明後學研究》，上海：上海人民出版社，2003 年。

23. 吳光主編：《陽明學研究》，上海：上海古籍出版社，2000 年。

24. 楊曾文：《唐五代禪宗史》，北京：中國社會科學出版社，1999 年。

25. 楊國榮：《王學通論——從王陽明到熊十力》，上海：三聯書店，1990 年。

26. 楊國榮：《心學之思——王陽明哲學的闡釋》，北京：三聯書店，1997 年。

27. 張學智：《明代哲學史》，北京：北京大學出版社，2000 年。

28. 左東嶺：《王學與中晚明士人心態》，北京：人民文學出版社，2000 年。

29. 鍾彩鈞：《王陽明思想之進展》，臺北：文史哲出版社，1983 年。

30. 島田虔次：《朱子學與陽明學》，西安：陝西師範大學出版社，1986 年。

31. 岡田武彥：《王陽明與明末儒學》，上海：上海古籍出版社，2000 年。

32. 荒木見悟：《明代思想研究》，東京：創文社，1972 年。

33. 荒木見悟：《阳明学の位相》，東京：研文出版，1984 年。

34. 荒木見悟：《中國心学の鼓動と仏教》，福岡：中國書店，1995 年。

35. 今關壽麿：《宋元明清儒學年表》，北京：北京圖書館出版社，2002 年。

六、期刊及論文

1. 鄧志峰：《晚明師道內涵的轉向——周汝登略論》，《古代中國：社會轉型與多元文化》，上海：上海人民出版社，2007 年。

2. 劉哲浩博士：《周海門哲學思想研究》，臺灣輔仁大學哲學研究所，1991 年。

3. 王湘齡碩士：《許敬庵、周海門九諦、九解研究》，國立中央大學哲學研究所，2002 年。

4. 彭國翔：《周海門的學派歸屬與〈明儒學案〉相關問題之檢討》，臺灣《清華學報》新三十一卷第三期。

5. 彭國翔：《王龍溪與佛道二教的因緣》，《中國哲學史》2001 年第 4 期。

6. 彭國翔：《王畿的良知信仰論與晚明儒學的宗教化》，《中國哲學史》2002 年第 3 期。

7. 許馨元碩士：《周海門及其〈聖學宗傳〉研究》，臺灣東吳大學中國文學研究所，1999 年。

8. 張克偉：《周汝登哲學思想初探》，《汕頭大學學報（人文科學版）》，1992 年第 1 期。

附錄一：周海門哲學中的儒釋關係

摘　要

　　在晚明的學術思想中，心學與禪學的關係是一個值得關注的問題。周海門是晚明心學中一個十分重要的人物，他師承王龍溪、羅近溪等人，在融合儒與禪的工作上，周海門有著其獨特的思想。本文將從海門的思想傳承出發，論述周海門的師承對他的影響以及海門融合儒禪的方法及其具體思想。

　　關鍵詞：心體；良知；參禪；融合

　　周汝登，字繼元，別號海門，浙江省嵊縣人。生於明世宗嘉靖二十六年（公元 1547 年），卒於明思宗崇禎二年（公元 1629 年），周海門爲王陽明心學一系傳人。自陽明創立心學，心學便在全國廣泛傳播，至周海門時，心學在全國已經佔據了主導地位。而隨著心學的發展，陽明心學也在傳承中發生著變化，特別是在明代晚期，心學與禪學融合的趨勢越來越明顯，而周海門即是其中的代表之一。本文將通過對海門哲學文本的分析，尤其是通過海門所編纂的《佛法正輪》來揭示海門儒釋合一的思想特點。

一、海門的思想來源

　　海門的思想主要來自王龍溪和羅近溪，尤其以王龍溪對海門的思想影響最大。王龍溪爲王陽明最重要的弟子之一，而羅近溪爲王艮泰州學派門人，王艮爲王陽明另一重要弟子。黃宗羲《明儒學案》記載有海門與近溪的一段教學：

近溪嘗以《法苑珠林》示先生，先生覽一二頁，欲有所言，近溪止之，令且看去。先生悚然若鞭背。故先生供近溪像，節日必祭，事之終生。〔註1〕

《法苑珠林》乃是佛教的類書，唐釋道世撰，鈔出佛經中有關的材料一千條，分三十部一百八十餘目，可說是對有關佛教教理及信仰系統進行細緻的分類。以上引文記載羅近溪指示周海門讀《法苑珠林》，而海門讀之「悚然若鞭背」，而且因此終生供祭羅近溪，則海門從《法苑珠林》中所獲得的佛教理論對其影響十分重大是可以想見的，則海門思想必不得不受佛教的影響，這是顯然的。

羅近溪雖對海門影響甚大，並且海門亦被黃宗羲的《明儒學案》歸爲泰州學派，然而海門實應該屬於龍溪的傳人。彭國翔先生已在《周海門的學派歸屬與〈明儒學案〉明儒學案相關問題之檢討》一文中有詳細的論證，茲文不再贅述。海門對龍溪推崇備至，並且自言其思想亦來自於龍溪：

或曰：「子於龍溪先生及門受業乎？」曰：「及門而未受業，受業而非及門矣。」曰：「何謂也？」曰：「予少年不知學，隆慶庚午，邑令君請先生入剡，率諸生旅拜，不肖與焉，雖侍側聽講，而不能領略，故及門而不可謂之受業。後予通籍後始知慕學，漸有所窺，思先生平日之言爲有味，取會語讀之，一一皆與心契，乃切歸依而先生此時逝矣，實受業而未及門也。」〔註2〕

隆慶庚午年，海門二十四歲，思想並未成熟，亦未產生對心學的嚮往。及至海門思想漸趨於心學，龍溪以前的教導對海門起到了啓發性的作用，並且使得海門取龍溪的會語閱讀，並且歸依於龍溪之學，則海門雖未長時間就學於龍溪，然而海門的思想來自於龍溪無疑。故龍溪對佛教的態度會直接影響到海門，下面一段引文可以看出龍溪對佛教的態度。

友人問：「佛氏雖不免有偏，然論心性甚精妙，乃是形而上一截理，借路悟入，未必非此學之助。」先生曰：「此說似是而實非，本無上下兩截之分，吾儒未嘗不說虛，不說寂，不說微，不說密，此是千聖相傳之秘藏，從此悟入，乃是範圍三教之宗。自聖學不明，後儒反將千聖精義讓與佛氏，才涉空寂，便以爲異學，不肯承當。

〔註1〕　（清）黃宗羲，明儒學案，北京：中華書局，2008，第853頁。
〔註2〕　（明）周汝登，東越證學錄，四庫全書存目叢書集部第165冊[M]，山東：齊魯書社，1996，第50頁。

> 不知佛氏所説，本是吾儒大路，反欲借路而入，亦可哀也……先師
> 嘗有『屋舍三間』之喻。唐虞之時，此三間屋舍原是本有家當，巢
> 許輩皆其守舍之人。及至後世，聖學做主不起，僅守其中一間，將
> 左右兩間甘心讓與二氏。」〔註3〕

從以上王龍溪與友人的對話中可知，龍溪「屋舍三間」之説不過是借喻先秦儒學本來包含了道家和佛教兩個思想系統，只是後來的儒家學者沒有大的格局，縮小了儒學的內涵。龍溪以爲當堯舜之時，儒學便存在，且包含三個思想系統，而且巢許皆包含於其中〔註4〕，龍溪以爲佛教是出世之學，當時雖未傳入中國，但巢許之流即其宗派。這樣，龍溪就以爲在唐堯之時，儒學的精神實質上包含了佛道兩家，然而後來的儒家沒有大的能力和格局，僅守較小的一部分儒學思想。龍溪的解讀當然是很不恰當的，唐虞之時有儒家之學難免臆想，巢許的故事即便眞實，也不是佛教宗派。龍溪之所以如此牽強附會，其目的無非是辯解他人指責其思想雜禪，爲心學異端，不是純粹的良知之學。然而，龍溪的心性論確實在附會佛教，試圖融合佛教，且看下文：

> 性是萬劫不壞之眞體，所謂無漏清淨法身。只緣歷劫虛妄，凡
> 心不了，故假修命延年之術，以爲煉養復性之基，徒守後天渣滓，
> 不究性源，到底只成守屍鬼，永無超脱之期。上品先天之學，所不
> 屑道也。若能見性，不爲境緣所移，到處隨緣，緣盡則去，去來自
> 由，無所礙滯，如金之離礦，潛藏變化，皆由自得，方成大超脱。
>
> 〔註5〕

這是王龍溪給魏水洲的一封書信的引文。龍溪以性爲清淨法身，則是以心學的核心概念「性」等同於佛教之核心概念「法身」〔註6〕，也就是心學所要盡之「性」即是佛教修行所要達到的「自性」。則龍溪以爲儒家之「性」即是佛教之「性」，龍溪融合佛教與儒家的核心思想的意圖由此可見。

以上所論羅近溪與王龍溪均是在對待佛教態度上有融合佛教思想的人，羅近溪還親自指導周海門閲讀佛教典籍。則從學派劃分上，無論海門之學歸

〔註3〕 （明）王畿，王畿集[M]，南京：鳳凰出版社，2007，第 14 頁。
〔註4〕 巢許是巢父和許由的並稱。相傳二人均爲堯時人，隱居不仕，堯知他們有才能，先後要把君位讓給他們，也避而不受。後以巢父和許由爲隱士的代稱。
〔註5〕 （明）王畿，王畿集[M]，南京：鳳凰出版社，2007，第 203 頁。
〔註6〕 （明）一如等撰《三藏法數》：「謂如來法性眞常，湛然清淨，周遍法界。經云：佛以法爲身，清淨如虛空，是名法身。」

屬於近溪和龍溪中任何一人，海門在思想傳承上，受到儒釋合一思想的影響是必然的，因而海門成為晚明儒釋合一思潮中一個十分重要的代表人物並不是偶然的，是有其思想傳承上的必然性的。下面，我將就海門自身的哲學文本來分析海門思想中的儒釋關係。

二、海門思想中的儒釋關係

（一）總　論

周海門的主要著作有《聖學宗傳》十八卷、《王門宗旨》十四卷、《東越證學錄》十六卷、《海門先生集》十二卷等。海門另有一書為《佛法正輪》，又名《直心編》，乃為集中闡發儒與禪之間關係的文獻，卷上為佛門諸語，計十八則，卷下為儒門諸語十八則，玄門諸語四則，又另附三則。海門編纂《佛法正輪》的緣由，海門的門人方如騏在其《直心編引》中敘述道：

> 高皇帝曰：「聖人無兩心，盡心、明心皆此心也。」儒言道心、人心而佛言緣慮心、緣影心、清淨心、無住心，至於辨明八識，剖示真心，事理交融，言思路絕，惟心之旨，吐露無餘，蓋視儒言為更詳且著矣，故使言心而不入微則已，入微則自然符合，無能迴避，所謂不得不然者耳，不得不然而又不能不闢，是以人見以為竊取而崇佛者不服，遂至愈闢愈趨，故毋若明判其不同之跡而不諱其不二之心，明判其跡則狗跡者自合力排而不諱其心，彼悟心處何嫌兼取，身不相濫而道則為公，自古大儒高禪皆明此理，此吾師海門先生佛法正輪之所由輯也。〔註7〕

方如騏在上述引文中表達了心學在面對佛教時的狀況。心學與佛教唯識學均是人的心性之學，然而作為一個龐大的系統，佛教在對人心的剖析上遠比心學精細，而且其「識所緣，唯心所現」的宗旨在突出心的主體性上比心學走得更遠。故而，方如騏承認佛教「視儒言為更詳且著」。這樣，心學不得不面對的一個尷尬處境是：如果要細微分析人的心性，則繞不開佛教唯識學的思想系統，然而為了維護儒家心學的正統地位，又不得不闢佛。然而借助佛教的教理來闢佛，反而越闢佛傾向於佛教的人越多。在這樣一個尷尬的處境之下，周海門採取的對佛教的策略是「明判其不同之跡而不諱其不二之

〔註7〕　（明）周汝登，佛法正輪，美國哈佛大學哈佛燕京圖書館藏中文善本匯刊33[M]，北京：商務印書館，廣西：廣西師範大學出版社，第105頁。

心」，這樣一種調和儒釋的思想，周海門在《佛法正輪引》中有具體論述：

> 儒與禪合乎？曰：不可合也。儒與禪分乎？曰：不可分也。何
> 以明之？譬之水然。水有江有河，江不可爲河，猶河不可爲江，必
> 合爲一，雖至神不能此，儒禪不可合也。江河殊矣，而濕性同流行，
> 同利濟，同到海，同必岐爲二，雖至愚不許此，儒禪不可分也。不
> 可合者，因緣之應跡難齊而不可分者，心性之根宗無二。〔註8〕

在上文中，周海門界定儒與釋的關係爲不可合不可分的關係。海門還以
江河的關係爲例作了闡釋。儒與禪之不可合是因緣之應跡不同，而儒與禪不
可分是其心性無二。所謂因緣之跡不同，是指儒與禪在具體的實踐中，所面
對的社會因緣條件不同，因而所採取的具體形式不同。然而雖然儒與釋採取
的具體形式不同，但是儒與禪的實踐活動中，其心性都是相同的。海門以這
樣一個「不合不分」的關係論既可使自己在心性之學上正當地借用佛教的心
性之論，同時又保持儒家獨立的價值及其主導地位，以及儒家思想在社會中
呈現的具體形式。可謂很好地解決了其弟子方如騏提到的心學的尷尬處境。
接著海門對儒與禪之間的攻犴各自進行了批判：

> 儒者執儒以病禪，曰：禪，異端也，足以亂正也。襲人口吻辭
> 而拒之，乃使離言絕慮之旨，知生知死之微皆推之於禪而不敢當之
> 爲儒，夫如是則儒門洵粗淺淡薄矣，無惑乎有志者之逃禪，雖曰尊
> 儒而實礙之，雖曰闢佛，而實毆之，則今時爲儒者之過也。〔註9〕

海門對儒者的批評可謂與其師龍溪一脈相承，海門以爲儒者之辟佛，使
得儒者不能承當儒學中精微之旨，而這精微之旨是儒與禪的公道，並非是禪
所獨有的，一旦儒者的思想中有「絕言絕慮」、「空」、「寂」等概念，便會被
指爲禪，海門以爲這使儒家的思想精神趨於淺薄，不能使儒家思想闡釋得更
加深奧、微妙，從而使有志於心性之學者在更高的思想與實踐需求上得不到
滿足，因而進入佛教，故而海門批評闢佛者雖然尊崇儒家，但是實際上對儒
門有害。海門又對禪宗中批儒的人進行了一番批評：

> 禪者執禪而病儒曰：「儒，世法也，非以出世也。謂爲別有壞
> 而取之，卒使日用飲食之常、經世宰物之事，皆推之於儒而不敢當

〔註8〕 （明）周汝登，佛法正輪，美國哈佛大學哈佛燕京圖書館藏中文善本匯刊33[M]
，北京：商務印書館，廣西：廣西師範大學出版社，第112頁。

〔註9〕 （明）周汝登，佛法正輪，美國哈佛大學哈佛燕京圖書館藏中文善本匯刊33[M]
，北京：商務印書館，廣西：廣西師範大學出版社，第112頁。

之爲禪，夫如是，則禪家洵不可以治家國天下矣，無惑乎崇儒者之
力排，雖曰信佛，而實謗之，雖曰崇佛，而將禍之，則今時爲禪者
之過也。〔註10〕

海門在此是批評一些禪師執著於出離世間而批評儒家爲世間之法，這樣
禪家就不能擔當齊家、治國、平天下的責任，故而佛教受到儒家的排斥，海
門批評這類禪師雖然崇尚佛教，實際上是在禍害佛教。

周海門在此批評儒釋兩家之間的互相攻奸者，其立足點是在於他認爲眞
正的佛教和儒家在根本精神上是統一的，這些闢佛者是沒有完全理解孔子精
神的全體，而闢儒者是沒有完全透徹了悟大乘佛教的思想內涵。故而海門以
爲儒者之過，並非是他們不懂佛教，而是不知孔子，孔子思想中精微之處亦
通於佛教。而禪者之過不是他們不知儒家，而是不知維摩、華嚴的宗旨，維
摩、華嚴以爲佛教所修證到的眞如實相與家國天下不相背離，修行不離世間，
世間即是出世間，世間與出世間不二。

通過對闢佛與闢儒者的批評，海門努力消弭儒與禪之間的衝突，並且通
過對儒釋之間思想的創造性闡釋來進一步實現儒、佛之間的統一與融合。

（二）以心爲本、自利利他

儒家之批評佛教，常以梁武帝爲例。佛經中屢有功德之說，認爲做建造
佛寺、供養僧人等有益於佛教的事情，便能獲得很大的功德。梁武帝建造佛
寺，爲了追求功德而使國家財富大量消耗，最終卻在侯景之亂中死亡。梁武
帝佞佛而不得善終的歷史終成爲儒家闢佛的典型。海門在其《佛法正輪》中
摘錄了《六祖壇經·釋功德品》中達摩祖師與梁武帝的對話，達摩祖師認爲
梁武帝造寺供僧的行爲一點功德也沒有，六祖慧能對此進行了解釋，他認爲
眞正的功德是自見本性、眞實妙用。海門引《壇經》中的這一品其目的是爲
了證明禪門其根本是反求自心以及由自性起萬用，而不是形式上的供僧、造
塔等外在行爲。故海門論到：

蓋得本則不愁末，而務末必至迷本，梁武不反求自心自性，而
專務持齋、捨身、施僧、造寺以奉佛，反以釀佛之惑。以治天下國
家之亂，儒家深斥，佛祖大呵，顛倒之弊，一至於此，學佛者於本

〔註10〕 （明）周汝登，佛法正輪，美國哈佛大學哈佛燕京圖書館藏中文善本匯刊33[M]
，北京：商務印書館，廣西：廣西師範大學出版社，第 112 頁。

－192－

末可不審哉。六祖深推原本以明功德，其言與帝王精一執中，永言
配命之旨相爲合轍，蓋不特傳佛心印而已也。〔註11〕

六祖慧能是禪宗史上一個重要的人物，他是南宗頓悟禪的開創者，而南
宗禪最終戰勝北宗禪，慧能亦成爲後來禪宗史上共同推崇的禪宗六祖。慧能
文化程度很低，故而慧能在講解佛教的思想時，往往借用了很多中國傳統修
身的語言，故而六祖論功德是「內心謙下是功，外行於禮是德」，「謙下」與
「禮」正是儒家的道德價值所在，海門引六祖該段論述正是爲了說明六祖推
原之本旨也在於修養心性，而非外求福報功德，這正好與心學以修心爲本而
不追求世間名利的宗旨是契合的。因而海門以爲六祖「不特傳佛心印」，言外
之意，六祖也是在傳承儒家的心印，佛教的心印與儒家的心是完全一致的。
六祖作爲中國禪宗的實際創始人，其權威性也正好給海門融通佛教提供了有
力的證據。

與梁武帝相對照，海門《佛法正輪》還引宋太宗的故事說明佛教之自利
利人正是儒家之修身治國，且看海門所引《宋太宗示宰臣》：

宋太宗新譯諸經，以示宰臣曰：「佛氏之教，有裨政理，普利
群生，達者自悟淵源，愚者妄生誣謗。朕於此道微識其宗，凡爲君
而正心無私即自利行也，凡行一善以安天下即利他行也。如梁武捨
身爲奴，此小乘偏見，非後世所宜法也。

論曰：太宗之見，超梁武百千萬億分矣。〔註12〕

大乘佛教提倡自利利他，海門引錄太宗之說，正是爲了將佛教的核心宗
旨「自利利他」與儒家的正心、平天下的大學宗旨相互對照，以說明其統一
性。佛教之自利乃是指佛教的明心見性，即證悟眾生本具的不生不滅的自性，
以了脫生死的痛苦，而利他乃是已經證悟了生死的修行者以慈悲心去幫助其
他的眾生，使其他眾生能擺脫煩惱痛苦。在此，海門引太宗之說不過是以禪
宗之自利對等於心學之致良知，而以禪宗之利他等同於儒家之安天下的仁愛
理想，從而將佛教的根本宗旨與儒家的理想進行了統一性的理解，以實現儒
釋的根本融合。

〔註11〕 （明）周汝登，佛法正輪，美國哈佛大學哈佛燕京圖書館藏中文善本匯刊33[M]
，北京：商務印書館，廣西：廣西師範大學出版社，第115頁。

〔註12〕 （明）周汝登，佛法正輪，美國哈佛大學哈佛燕京圖書館藏中文善本匯刊33[M]
，北京：商務印書館，廣西：廣西師範大學出版社，第126頁。

（三）致良知與參禪

致良知乃是陽明所提出，而爲心學流派共認之修養方法，其目的是悟人人本具的良知本體，良知本體具眾理，不學而能，不慮而知。參禪是禪宗開悟見性的方法，其目的是爲了讓人能了悟本心。海門在《佛法正輪》中引用了《中峰祖師參禪論》後，論曰：

> 佛家參禪與吾儒致知明善必有事焉初無二義，入道惟此一路，，餘皆旁蹊曲徑耳。參禪看話頭亦止是一法，大慧始專提此，從前如牧牛喚主人公，看是什麼在塵勞中打，念佛是誰，種種方便，隨人自取，只是決定信此一路，不要轉變，莫令污染，便是出頭日子，不然娛卻此一生，此中中峰所以說盡弊病，令人儆醒知歸。〔註13〕

心學自陽明開創，便有將心本體化的傾向，心學「心即理」，心不學而能，不慮而知的先天能力更是賦予了心以主導地位，陽明「致良知」教發展的必然趨勢便是悟良知本體，即是了悟心體。佛教以爲人人本具佛性，也就是本具佛的智慧與慈悲。只是因爲無明妄想而使人產生貪、嗔、癡等煩惱，雖然佛性爲無明煩惱所纏覆，然而佛性不變，人的知覺、行爲實際上均是佛性在無明纏覆下所發生的作用。海門評論中所談到的「牧牛喚主人公」、「念佛是誰」等，無非是爲了徹悟人中的佛性本體，也就是眾生本具的智慧與慈悲的自心。參禪需要一念不退轉心，自信本心即是佛，不弛求，不攀援，以不間斷的工夫來參悟眾生本具的自心佛性。而海門思想中的心學修養亦重視自信良知本具，不可懷疑，以綿密的工夫去悟良知的本體。海門既然以爲參禪與致良知「初無二義」，則參禪所悟的自性清淨心便與心學致良知的良知本體亦並無二義了。禪學與心學都重視人心的本體，並且以徹悟心體爲他們的修行目標，這無疑給儒佛的會通提供了基礎，因而海門以爲參禪與致知明善是相同的，兩者的目的均是爲了悟到心的本體。

在《佛法正輪》下卷，周海門又有一段摘錄：

> 劉淳叟參禪，其友周姓者問之曰：「淳叟何故捨吾儒之道而參禪？」淳叟曰：「辟之於手，釋氏是把鋤頭，儒者是把斧頭，所把雖不同，然卻皆是這手，我而今只要就他明此手。」〔註14〕

〔註13〕 （明）周汝登，佛法正輪，美國哈佛大學哈佛燕京圖書館藏中文善本匯刊33[M]，北京：商務印書館，廣西：廣西師範大學出版社，第123頁。

〔註14〕 （明）周汝登，佛法正輪，美國哈佛大學哈佛燕京圖書館藏中文善本匯刊33[M]

劉淳叟的譬喻中，手就是指人的心體，海門摘錄此段，無非是藉以說明無論是參禪還是儒家修養的方法，無非是為了明瞭心體，而佛教所明的心體與心學所明的心體就是同一個。通過引錄這個儒家人物對於禪的態度，海門無疑是為了更有力地支持自己的判斷。

（四）在世與出世

作為佛教僧人，必須要剔除鬚髮，離開父母，且不事嫁娶，自然沒有生育後代的行為。而儒家重視家庭倫理，尤其儒家的孝道中「不孝有三，無後為大」的思想觀念與佛教產生重大分歧，自佛教傳入中國，佛教與儒家在家庭倫理上的爭辯就沒有停止過。在周海門這，兩者在家庭倫理上的分歧自然是他要調合的主題。在《佛法正輪》中，海門引用了《大慧禪師示真如道人書》，今摘錄其中一段：

> 俗人在火宅中，四威儀內，與貪欲、嗔恚、癡為伴侶，所作、所為、所聞、所見無非惡業，然若能於此中打得徹，其力卻勝我出家兒，……在火宅中打得徹了，不須求出家，造妖、捏怪、毀形、壞服、滅天性、絕祭祀，作名教中罪人，佛不教人如此，只說應以佛身得度者，即現佛身而為說法，應以宰官身得度者，即現宰官身而為說法，乃至應以比丘、比丘尼優婆塞、優婆夷身得度者，即皆現之而為說法，又云治生產業皆順正理，與實相不相違背，但只依本分，隨其所證，化其同類，同入此門，便是報佛深恩也。〔註15〕

以大慧禪師所論，則出家與在家都可以進行佛教的修行，如果在家人能在世俗的生活中，面對世間貪、嗔、癡的種種煩惱，內心能夠降伏，則更勝於出家人，因而出家只是修行的一種方式，如果能在世俗的生活中修行，則不需要「毀形」、「壞服」、「作名教中罪人」，他還引用《觀世音菩薩普門品》的思想，認為佛是以不同的社會角色與形象在度化眾生，比丘、比丘尼只是其中的出家眾，還可以以宰官、優婆夷、優婆塞等在家人的形象和角色度化世人，故而佛並沒有要求佛教的修行一定是要違背世俗的生活，而是應該依於其本分去修行，「治生產業皆順正理，與實相不相違背」，在世間修行亦可，關鍵是要自在無煩惱。在《東越證學錄》中，有這兩段記載：

，北京：商務印書館，廣西：廣西師範大學出版社，第 130 頁。

〔註15〕（明）周汝登，佛法正輪，美國哈佛大學哈佛燕京圖書館藏中文善本匯刊 33[M]
，北京：商務印書館，廣西：廣西師範大學出版社，第 125 頁。

有念佛大類比丘行者，先生（海門）語之曰：「經云應以居士宰官身得度者即現身而爲説法，此非我外有個佛來説法，只是自身自度，自法自説，吾輩既是宰官、居士身，隨還他一個宰官、居士，即此便是説法，更不得別生取捨。夫學無他，素位而已，生如是，死如是，貧賤如是，富貴如是，隨緣自在便了，若必捨居士、宰官而爲比丘，捨現今而希來生，盡屬妄見。」〔註16〕

有友問：「儒生有深信佛法出家者，如何？」先生曰：「此等勿論儒道不許，即佛法未之許也。佛原説治生產業，不相違背，宰官身、居士身、比丘身、各各隨緣，不相混濫，此如來之教也。《壇經》言：『若欲修行，在家亦得。』故其偈云：『恩則孝養父母，義則上下相憐。心平何老持戒，行直何用修禪。』此祖師之教也。大慧言學道就從塵勞中打出，不須毀形易姓、滅宗祀，作名教中罪人，佛不教人如此，此大善知識之教也。然則必欲出家，豈眞知佛教者哉！凡一切做作，棄此就彼，俱是取捨心，奇特心。此心調伏，消化不去，更説甚皈依佛法，凡此皆是初入門時導師所誤，故師承不可不審愼之哉。〔註17〕

海門引錄六祖大師及大慧的思想只是爲了證明儒家的名教與佛教修行並不衝突，一方面，既可以消除儒家對佛教破壞家庭社會倫理的批判，使得佛教能夠更容於中國社會。另一方面也是爲了使儒家學者不致出家學佛，因爲在家儒者的修證也能夠證悟心性本體。如此，正如海門所説，儒不必出家入禪，各各隨緣修行，關鍵在於調伏自心，不去攀援取捨，自在無礙。

三、結　論

海門融通儒釋關係的出發點是「明判其不同之跡而不諱其不二之心」，其重心在於禪宗的明心見性的自性清淨心便是心學的致良知本體，在認爲儒釋心性本體相同的情況下，進而判定儒不必成爲禪，禪也不必成爲儒，儒禪各有其適合社會的因緣和形式，故而應該互不相雜，保持自身的獨立性，同

〔註16〕　（明）周汝登，佛法正輪，美國哈佛大學哈佛燕京圖書館藏中文善本匯刊33[M]，北京：商務印書館，廣西：廣西師範大學出版社，第34頁。

〔註17〕　（明）周汝登，佛法正輪，美國哈佛大學哈佛燕京圖書館藏中文善本匯刊33[M]，北京：商務印書館，廣西：廣西師範大學出版社，第14頁。

時互相包容。

儒釋融合是晚明思想中一個重要的特點，海門處理儒與禪之間關係的方式是獨特的，同他代表心學對佛教態度的一個極大轉變，瞭解海門對儒釋的融合，無疑可以讓我們更好地理解晚明心學的走向和儒釋兩教的關係。

附錄二：周海門哲學中「天」的內涵及其與「性」的關係

摘 要

在先秦的文獻中，「天」這個概念具有人格神以及超越於人之上的形而上的實體的意義，因而許多哲學家以人之性爲天所賦予，故而成爲天命之性，宋代理學家又提出人有氣質之性的思想，而氣質之性也是與天相關聯的。周海門是王陽明的再傳弟子，他對「天」的內涵進行了新的闡釋，否定「天」作爲形而上的超越於人的實體的內涵，從而否定人之性是天所賦予的，同時也否定人具有氣質之性，他認爲人之性是自本自根，自然具有的。

關鍵字：天、天命之性、氣質之性、自然

明代學者周汝登（1547～1629，字繼元，別號海門，嵊縣人）爲王龍溪弟子，王陽明再傳弟子。海門以心學爲歸宿，並且對心學多有發明，畢生致力於心學的傳播。他重視心性主體，對「性」這個概念多有闡發，他認爲「天」這個概念的意義是自然、本有，否定天是超越於人之上形而上的實體，從而否定人性得自於天的傳統哲學的觀點，以爲人性是自本自根，自然而有。《東越證學錄》是研究海門思想最重要的著作，該書將海門一生的重要講學及文章收錄其中，海門另一重要著作是《聖學宗傳》，是海門摘錄儒學史上重要人物的傳記及思想材料並加以自己的評述編纂而成，可以說是中國第一部儒學史。此外，海門還有《嵊縣志》、《四書宗旨》、《程門微旨》、《佛法正輪》

等著作。

一、傳統經典中「天」的內涵

「天」是中國哲學中一個十分重要的概念，天人關係是傳統哲學的一個重要命題。在很早的文獻中，「天」這個概念便已經出現了，並且具有豐富的內涵，體現了古人對天人關係的理解。

在西周早期的一些文獻，如《詩經》中，就出現了「天」這個概念，並且具有多重含義。第一種含義是作爲自然的天，如《詩經·唐風·綢繆》：「綢繆束薪，三星在天。今夕何夕？見此良人。」〔註1〕此詩句中的「天」是自然之「天」。又如《詩經·豳風·鴟鴞》：「迨天之未陰雨，徹彼桑土，綢繆牖戶。」〔註2〕其中「天」也是指自然的天。第二種含義是指生成人類的天。如《詩經·大雅·烝民》：「天生烝民，有物有則。民之秉彝，好是懿德。」〔註3〕「天生烝民」指上天生了眾民，則「天」是人生成的來源。第三種含義是指能庇護人類、給予人類以幸福或者災難的天，天具有了人格神的含義。如《詩經·大雅·烝民》：「天監有周，昭假於下。保茲天子，生仲山甫。」〔註4〕這句詩是講上天監視周朝，保祐天子，使其生育仲山甫這樣有德行的人。因而這裡的「天」便是能庇祐天子的神。又如《詩經·商頌·烈祖》：「自天降康，豐年穰穰。來假來饗，降福無疆。」〔註5〕這句話是指上天降下安康，使得穀物眾多，這是賜福給人類。再如《詩經·蕩之什·桑柔》：「天降喪亂，滅我立王。降此蟊賊，稼穡卒癢。」〔註6〕指上天降下喪亂，降下蟊賊吃掉莊稼，使得國家衰敗，所立的王滅亡。這是上天降下災殃的例子。

在早期的社會，人們以「天」具有人格神的含義，是人們崇拜的對象，特別是統治者崇拜的對象。人們一方面認爲人爲天所生，同時還認爲天在監視著人類，隨時會給人類帶來幸福或者災難。統治者是在接受了上天的任命之下才能統治人民，如果沒有上天的任命，則統治者的統治便會敗壞。因而，早期的「天」具有生育人類、統治人類的意義。

〔註1〕 周振甫《詩經譯注》，南京：江蘇教育出版社2006年5月第1版，第153頁。
〔註2〕 周振甫《詩經譯注》，第204頁。
〔註3〕 周振甫《詩經譯注》，第437頁。
〔註4〕 同上。
〔註5〕 周振甫《詩經譯注》，第502～503頁。
〔註6〕 周振甫《詩經譯注》，第425頁。

在中國傳統另一部經典《周易》中，先秦儒家對其所做的闡釋使「天」具有自然和人文的雙重意義，如對於《周易》乾卦的解釋，《象》曰：「大哉乾元！萬物資始，乃統天。雲行雨施，品物流行，大明終始，六位時成，時乘六龍以御天。乾道變化，各正性命。」乾道即是天道，由於天的變化運行，萬物各成其所是，因而萬物皆資始於天。從這樣對天的自然作用的觀察中，儒家抽象出「天」的人文內涵。《周易》乾卦《象》：「天行健，君子以自強不息。」「天行健」是形容天總是在不斷運行，沒有停止，強健而有生命力，滋潤萬物，生長萬物，而君子應該自強不息，即是效法於天的德行，如天一樣總是在不斷奮進，永不停息。因而，先秦儒家對《周易》所作的解釋中，人總是要通過自己的道德修養與天地合其德，天在其自然意義上具備了道德的內涵，而且成為儒者道德修養的宗旨和目標。因而，《周易》中的天既是自然意義的天，同時又是具有道德本體意義的形而上的天。

而關於人之心性與天的關係，在先秦的儒家著作中，只有《中庸》系統地討論這個問題。《中庸》開篇便明確提出人性與天的關係：「天命之謂性，率性之謂道，修道之謂教。」《中庸》以為人性乃是天命於人，是天賦予人的，因而人性本於天。此中的天不只是自然的天，同時具備形而上的哲學內涵，成為人之所以為人的根本基礎。人之道，即是率性，率性即是踐履天命之性，而性來自天道，因而實現人道，即是要實現天道，以人合天地之道。《中庸》提出「誠者，天之道也。誠之者，人之道也。」天之道即是誠，而人之道是「誠之」，也就是實現「誠」的境界，則能贊天地之化育，與天地參，即是能以人之德配天之德，以歸於天命之性。《中庸》以「天命之謂性」的哲學命題將天作為人性的本源，從而為人與天合德建立其理論基礎。

漢代董仲舒大提「天人感應」之說，天道與陰陽、五行緊密聯繫，天具有濃厚的宇宙論色彩，同時天還含有人格神的意義。如董仲舒在《天人三策》中所論：

> 臣謹案春秋之中，視前世已行之事，以觀天人相與之際，甚可畏也。國家將有失道之敗，而天乃先出災害以譴告之，不知自省，又出怪異以警懼之，尚不知變，而傷敗乃至。〔註7〕

本來一些災害乃自然現象，董仲舒以為這是上天給統治者的警告，目的

〔註 7〕 班固撰、顏師古注《漢書·董仲舒傳》，北京：中華書局 1962 年 6 月第 1 版，第 2498 頁。

是為了使統治者能夠自省，改善其統治。則在董仲舒思想中，天具有神靈的內涵，天文氣象等變化是在體現天的意志。

另外，董仲舒又以為人之性為天所命，人之性有所不同，這是由天所決定的。

> 臣聞命者天之令也，性者生之質也，情者人之欲也。或夭或壽，
> 或仁或鄙，陶冶而成之，不能粹美……。〔註8〕

董仲舒所謂的「性」是指人出生時的先天稟賦，不只是包含「仁」、「鄙」的道德內涵，同時還包含人的生命長短。董仲舒以為這些都是由天命之於人的，天造出人，同時賦予人道德善惡、壽命長短等特質。

由此可見，董仲舒思想中的「天」是居於人之上的造物主，同時也是人世間的最高統治者，因而「天」具有濃厚的神學意味。

至宋初，周敦頤作《太極圖說》，建立其宇宙論模型，並且以天道立人道，以人道合天道，「天」既有宇宙論的內涵，同時又具有形而上的本體的內涵，他對「天」的闡釋又回到《易傳》的立場。二程雖曾從學於周敦頤，但並不推崇周敦頤，他們的思想不重視宇宙論，「天」是作為形而上的本體出現。朱熹推崇周敦頤，並且為《太極圖說》作注解，朱子思想中「天」的意義也同時具有宇宙論與形而上的本體的內涵。從宋明儒的思想傾向來看，他們基本都反對漢儒將「天」作為人格神的思想傾向，天作為道德本體的內涵在宋明儒思想中得到重視。

然而，在海門的思想中，「天」的內涵又發生了變化。海門作為心學的傳人，其思想當然以「心」為核心，並且以「心」為萬物的本原。在面對「人」與「天」的關係時。海門對「天」這個概念作了新的解釋，「天」既不是具有人格神意義的天，也不是形而上的本體，而是具有了新的內涵。

二、海門思想中「天」的內涵

海門在杭州與弟子講學中，曾經講到過「天」，他說：「天之一字，自皋陶發之，實莫為而為之意。」〔註9〕海門所謂「天之一字，自皋陶發之」，是指《尚書・皋陶謨》中皋陶在與禹談論治國之道時，有這樣一段話：

〔註8〕班固撰、顏師古注《漢書・董仲舒傳》，第2501頁。
〔註9〕周海門《東越證學錄》卷三《武林會語》，四庫全書存目叢書集部第165冊，
　　　　山東：齊魯書社1996年8月第1版，第8頁。

皋陶曰：「……天工，人其代之。天敍有典，敕我五典五惇哉！天秩有禮，自我五禮有庸哉！同寅協恭和衷哉！天命有德，五服五章哉！天討有罪，五刑五用哉！……」〔註10〕

這段話的意思是天定的事功，人應該代為完成。天所定的倫理，有經常的法則，對於五常的法則，我們要厚道地去行；天所規定的爵位，有一定的禮法，要經常地維持著這禮法。官員們共同恭敬，就都和善了。天任命有德之人作官，規定了五種不同文采的衣服。天討伐有罪之人，用五種刑法去懲罰犯了五刑的人。在這段話中，出現了很多次「天」這個概念，天規定世間的倫理法則、禮法以及刑罰制度。海門以為「天」的概念首先就是出自於皋陶的這一段話。從這段話本身來看，天似乎是一個居於人之上的絕對統治者，規定了人世間的一切法則，從而使得人世間的倫理、禮法、刑罰等制度具有絕對的權威性。而海門以為這裡的天並不是指在人之上的一個超越的存在者，而是表達「莫為而為之」的意義。所謂「莫為而為之」的內涵，我們可從海門的文本中解讀出來。海門在《聖學宗傳》中關於皋陶這一部分，對這段話有評論：

其五典，皆人心之所固有。固有者，天也。聖人所為無毫髮人為，五典曰天倫，五禮曰天秩，命有德曰天命，討有罪曰天討，功曰亮天功，民曰視天民。招損受益以為天道。任官惟賢，以代天工。其動靜罔不純於天。故無為而治者，天心之無思無為也。〔註11〕

從海門這段評論中，我們可見海門以為「天」的意思是指「固有」，海門以為皋陶所謂的五典、五倫等皆是人心所固有的法則，並非是從外而有。聖人不加絲毫人為故意之念，其行為無不合於內心固有之法則，因而是無為而治。「天」在海門的解釋中已不再是居於人之上，向人發號施令，降下福祉或者災禍的至高無上的統治者，而是代表人們內心的倫理法則、行為規範皆是他們所固有的，並沒有所從來之處。而聖人皆以內心固有的道德法則行事，不雜以個人的私念，因而是「莫為而為」，而「天」的意思正是「莫為而為」或者「固有」。

海門以天的含義為「莫之為而為」，這是來自於《孟子》。海門在剡中講

〔註10〕 阮元《十三經注疏‧尚書正義》，北京：中華書局影印版，1980 年 10 月第 1 版，第 139 頁。

〔註11〕 周海門《聖學宗傳》卷一，四庫全書存目叢書集部第 98 冊，第 18 頁。

學曾與弟子有這一段對話：

> 祖玄問：「相參天命之謂性，毫無所見，但於處家庭間稍覺得力。」先生曰：「孟子謂『莫之爲而爲者，天也；莫之致而至者，命也』。孝悌乃不學不慮之良，即此便是天命。」〔註12〕

海門所引孟子這段話出自《孟子·萬章上》，其整段話的背景內容是：

> 萬章問曰：「人有言，『至於禹而德衰，不傳於賢，而傳於子。』有諸？」孟子曰：「否，不然也；天與賢，則與賢；天與子，則與子。昔者，舜薦禹於天，十有七年，舜崩，三年之喪畢，禹避舜之子於陽城，天下之民從之，若堯崩之後不從堯之子而從舜也。禹薦益於天，七年，禹崩，三年之喪畢，益避禹之子於箕山之陰。朝覲訟獄者不之益而之啓，曰：『吾君之子也。』謳歌者不謳歌益而謳歌啓，曰：『吾君之子也。』丹朱之不肖，舜之子亦不肖。舜之相堯、禹之相舜也，歷年多，施澤於民久。啓賢，能夠承繼禹之道。益之相禹也，歷年少，施澤於民未久。舜、禹、益相去久遠，其子之賢不肖，皆天也，非人之所能爲也。莫之爲而爲者，天也；莫之致而至者，命也……。」〔註13〕

從上我們可知孟子在這段話中所提到的「天」或者「命」乃是就人的命運而言。舜與益都有良好的德行，都被其君主選爲繼承人，並且都避先君之子。然而舜卻得到天下，而益卻沒有得到天下。孟子以爲兩人自身的條件相同然而最後人生的遭遇不同，是因爲人生的許多遭遇是人無能爲力的。孟子將這種人生無法控制的對人生造成影響的事件形成稱之爲「天」和「命」，因而孟子以「莫之爲而爲者，天也；莫之致而至者，命也。」

孟子這段話中的「天」與「命」本是針對人生的遭遇而言。而海門卻將孟子這段話中「天」與「命」的意義轉移到人性的問題上來。所謂「孝悌乃不學不慮之良」就是人的良知本性不是通過人後天有意的學習或者培養獲得的，而是人本身就有的，不去追求獲得良知本性，本性就自然獲得，因而是「莫之爲而爲，莫之致而至」。海門顯然將孟子的對「天」、「命」兩個概念的內涵作了些變化。孟子強調的是人的局限性，無法掌控自己生命的遭遇，人

〔註12〕 周海門《東越證學錄》卷五《剡中會語》，第 15 頁。

〔註13〕 焦循：《孟子正義》，《諸子集成》，上海：上海書店出版社 1986 年 7 月第 1 版，第 381 至 383 頁。

的很多遭遇是人無法預料的。而海門強調的是人的良知本性不需要人為的努力就具有。

三、天與天命之性、氣質之性

海門以為人們執人之性為天所降是因為在《尚書》中有「上帝降衷」之言。他說：「至湯乃有上帝降衷之言。人遂執以為性真天降，若有所與受。然者，夫性果可以與受之物哉。」〔註14〕「上帝降衷」一言出自偽古文尚書的《湯誥》一篇，清閻若璩已考證其為東晉梅頤所偽造，已成定論，故而不是西漢時期的古文尚書。因而，在先秦，人們並不曾見到「上帝降衷」之言，更不會據此以為性為天降，但是當時海門並不知道《湯誥》一篇為偽篇，因而海門之言並不準確。海門此句話的含義是人們以性為天所降的觀點是錯誤的，海門以為如果「性真天降」，則是性有與受之義，天是賦予者，人是接受者。從海門「然者，夫性果可以與受之物哉」一句的語氣來看，海門並不認為人性是可以與受的，這樣也就否定了人性是天所賦予的觀點。

海門又引程子之文講到：

> 程子之言曰：「詩書中凡有個主宰底意思者，皆言帝，有一個包涵遍覆底意思則言天，有一個公共無私底意思則言王。上下千百歲中，若合符契。」夫所謂意思者，誰之意思耶？亦可悟矣。故欲知性天之說以溯湯之旨者，必了了於程子之言。〔註15〕

這段程子之言見於朱熹所編《二程遺書》卷二，海門引程子之言無非是為了確證自己否定天為一超越的存在的推斷。在這段話中，關鍵是「有一個包涵遍覆底意思則言天」這一句話。程子以為當人們心中包涵遍覆的意思就以天來形容，故而海門抓住此句以為在古代文獻中，天並非實指某種存在物，而是形容某種「意思」而已。海門接下來一句反問「夫所謂意思者，誰之意思耶？」乃是指所謂「意思」只是人自心的意思，「天」的意義只是人內心的意義。海門通過引程子之語是論證自己對「天」這個概念的解釋，即否定「天」這個詞在傳統文獻中所代表的超越的存在的內涵，這樣自然就否定了天作為超越的存在物賦予人以人之性的觀點。

前文提到儒家最重要的經典之一《中庸》提出「天命之謂性」的哲學命

〔註14〕周海門：《東越證學錄》卷三《武林會語》，第8頁。

〔註15〕同上。

題，北宋以後的理學家如張載、朱熹等皆以「天命之性」作為自己人性論的核心概念。海門對「天命之謂性」這個哲學命題也作了自己的解釋。海門在越中向學生講學時討論到這個問題。

> 問天命之謂性。先生曰：「莫爲而爲曰天，莫致而至曰命。孟子注得分明。性，與受不得的，分合不得的。故人性自本自根，因其天然，自有不可得而知。故曰天命之謂性。凡言天者，如天成天設之意。邵子曰『自然之外別無天』亦自分明。張子韶亦云『不可知者爲命』。〔註16〕

在這一段話中，海門以孟子對「天」與「命」的定義，並且引邵雍與張九成的解釋，明確提出天命的含義只是指自然而得，不可知而得。故而「天命之謂性」這個哲學命題的含義只是說人性是自本自根，也就是人性是自身具足的，不是天所賦予的。

海門既然否認「天」這個概念指代超越人之上的存在，則人與天合德的理論是無法成立的。因而，海門在《題一樂堂冊》中否定了人天合德的思想命題。

> 吾又聞之程子曰：「天人本無二，不必言合。」《中庸》曰：「君子不可以不知親，思事親不可以不知人，思知人不可以不知天。」天人有兩名而知惟一知，一則天人寧有二乎？故造化在我，何天非人。學慮不事，何人非天。凡言合者，猶歧之也。歧之不離湊泊而不二乃始終一樂，悟此樂斯爲至。〔註17〕

海門以爲知天、知人只是一知，知天與知人不應該離析爲二知，因而天與人只是二名而不二。「學慮不事，何人非天」，指人本自具足良知自性，不須學慮，自然可順性而行，所謂天即是自然之意，人性自然具足，自然而發，則人即是天，人天不二。如果人要合於天，則是參雜人爲的思慮行爲，就是將人與天分離開，則人性不能自然而行，即是湊泊。故而，在海門以爲人即是天，天即是自然不加思慮的意思。

與天命之性相對，北宋理學家還提出氣質之性的概念，南宋朱熹對天命之性與氣質之性加以全面闡釋，以完善儒學的人性論，對人的現實行爲作出合理的解釋。從而，氣質之性與天命之性共同成爲構建儒學心性論的核心概

〔註16〕周海門《東越證學錄》卷四《越中會語》，第25頁。
〔註17〕周海門《東越證學錄》卷九《題一樂堂冊》，第13頁。

念。海門在否定天命之性的「天賦」內涵後，與弟子又對氣質之性有一段評論：

> 問：天命之性又有個氣質之性如何？先生曰：「言氣質之性，孔孟無有。孔子只曰『習相遠也』孟子亦只曰『其所以陷溺其心者然也』。言習言陷溺分明由我，言氣質之性，則諉之於天矣。」〔註18〕

氣質之性這個概念由北宋理學家張載首先在其代表作《張子正蒙》中提出：

> 性於人無不善，係其善反不善反而已。……〔註19〕

> 形而後有氣質之性，善反之則天地之性存焉。故氣質之性，君子有弗性者焉。〔註20〕

張載的概念中，「性」是指天地所賦予的天地之性，天地之性是從人的道德屬性來講，張載以為人之性是純善無惡的，只是在於人是否能夠返歸其天地之性。人在形成之後，就會有氣質之性，氣質之性是從人的自然屬性來講，張載以為「湛一，氣之本；攻取，氣之欲。口腹於飲食，鼻舌於臭味，皆攻取之性也。知德者屬厭而已，不以嗜欲累其心，不以小害大、末喪本焉爾。」〔註21〕則氣質之性當是指人的氣之攻取之性，是人的感官欲望。張載以為有德者不能以嗜欲累其心，也就是不能讓氣質之性熾盛，而應該返於其天地之性，有道德的君子不以氣質之性為性，而應該以純善無惡的「天地之性」為性。因而張載提出氣質之性的概念，其目的是在提出人性本善後解釋人為什麼又會為惡。

與張載同時期的二程兄弟以為「論性不論氣不備，論氣不論性不明」〔註22〕。在二程看來，孟子道性善，是孔子學說的真正繼承者，然而孟子沒有在理論上論證人為惡的原因，所以不備，而對氣質之性的闡釋可以彌補孟子學說的不足，故而朱熹以為「程子論性所以有功於名教者，以其發明氣質之性也」〔註23〕。程頤以為「性即理」，故性無不善，而人所受之氣有清濁不同，則人有善惡不同。

〔註18〕周海門《東越證學錄》卷四《越中會語》，第 25 頁。
〔註19〕張載《張載集‧正蒙》，北京：中華書局 1978 年 8 月第 1 版，第 22 頁。
〔註20〕張載《張載集‧正蒙》，第 23 頁。
〔註21〕張載《張載集‧正蒙》，第 22 頁。
〔註22〕黎靖德編《朱子語類》第一冊，北京：中華書局 1986 年 3 月第 1 版，第 67 頁。
〔註23〕黎靖德編《朱子語類》第一冊，第 70 頁。

　　朱熹繼承程頤「性即理」的思想，以「理氣的關係」來解釋天命之性與氣質之性的關係。朱熹以為人稟受天地之理而為性，他強調《中庸》「天命之謂性」是言理，不是言氣，而且每個人所稟都是理之全體。朱熹又以為「無那天氣地質，則此理沒安頓處。但得氣之清明則不蔽錮，此理順發出來。蔽錮少者，發出來天理勝；蔽錮多者，則私欲勝，便見得本原之性無有不善」〔註24〕，「論天地之性，則專指理言；論氣質之性，則以理氣雜而言之」〔註25〕，則氣質之性是合理與氣的現實的人性，氣之清明蔽錮程度決定天命之性是否能夠順發出來，如果氣質清明，天命之性就能不受蔽錮，完全順發出來，人就顯示為善行。而當氣質渾濁，天命之性就不能順發出來，人便產生惡行，而人的本原之性是善的。

　　朱熹以為「氣質之性」概念的提出很好地彌補了孟子的人性論，解釋了人會為惡的原因。但是海門卻以為「言氣質之性，孔孟無有」，言下之意是「氣質之性」這個概念在宋明儒最推崇的孔子和孟子的思想中找不到依據。對於人的善惡不同，孔子在《論語》中提到「習相遠」。孟子認為人為惡是因為「其陷溺其心者然」，也就是喪失其本心。海門認為無論是夫子言「習」還是孟子的「陷溺其心」，為惡的責任都是在人自身，而如果以「氣質之性」得自於天地，並且以氣質之性作為人為惡的依據，則是將為惡的責任推諉給天，而不是從人自身尋找人為惡的根據。

　　更進一步，張載、二程、朱熹都以為人的修養是要轉變人的氣質，使天命之性能夠順發出來，而海門則以為如果氣質之性是天所賦予，則氣質之性便不可改變，那麼朱熹等人所提出的轉變氣質的修養論就不能成立，他和弟子繼續討論：

　　　　曰：「言氣質之性，亦只要變化。」先生曰：「言習在我，則可變化。言氣質之性，天賦則不可變化。在我如器受染，我自染之，如衣受薰，我自薰之，故可變化。天賦則如紅花必不可為綠花，猶臭必不可為薰臭，變化亦虛語矣，可乎？」〔註26〕

　　海門以為如果將人為惡的原因歸結於氣，而氣由天地所賦予人，則氣便不可變化，海門以花為例：紅花與綠花都受天地之氣而成形，一為紅花，一

〔註24〕黎靖德編《朱子語類》第一冊，第 66 頁。
〔註25〕黎靖德編《朱子語類》第一冊，第 67 頁。
〔註26〕周海門《東越證學錄》卷四《越中會語》，第 26 頁。

－208－

為綠花，而紅花必不能轉變為綠花。同樣的，如果人有氣質之性，並且是稟賦於天，那麼人的氣質之性便不能發生變化，渾濁的氣質之性便不能轉變為清明的氣質之性，這樣朱熹等人所提出的轉變氣質之性以使人轉惡向善的修養方法就不能成立，這樣人不能去其惡而聖賢不能成，這顯然是與現實及儒家修身以入聖的宗旨是背離的。故而在海門分析來看，朱熹等人所提出的氣質之性的思想內部是有矛盾的。海門仍然以為人之為惡在於「習」，「習」是人們經常不斷的行為，一些經常性的惡的思想、行為使自己的本性受染，因而原因在於自己。海門以為只有原因在自己身上，則人才可以變化自己，才能去惡修善。

海門與弟子進一步對氣質的有無繼續討論：

> 曰：「然則氣質無耶？」先生曰：「氣質亦即是習，自氣自生自質自成，無有賦之者。夫性，一而已矣，始終惟我，故謂之一。若謂稟來氣質由天，而後來變化由我，則成兩截。孟子曰『非天之降才爾殊也』，言有氣質之性，則殊矣。」〔註27〕

海門以為所謂氣質只是「習」，是人自身的思想行為所形成，故而是「自氣、自生、自質、自成」，並沒有一個外在的賦予者。人的性只是一個，並沒有天命之性與氣質之性的區分，性是個體本自具有的，並非來自於天地。海門以為如果氣質是來自於天，而後來自己又可以變化氣質，則前後不統一，分成兩截。他還引孟子「非天之降才爾殊也」一文來說明人的差異並不是天的賦予不同，如果以朱熹等人「氣質之性」的說法，則人稟自天地是不同的，與孟子的思想不合。故而，在海門看來，稟自於天的氣質之性是沒有的。

海門弟子又針對氣的清濁對海門進行了問難。

> 曰：「昏明清濁之不同，何耶？」先生曰：「個個清，無有不同。」
> 曰：「人固有生而惡者矣，有教之而不改者矣，亦有雖不為惡只諭之義理，示之經書，一字不能通曉者矣，豈非渾濁？」先生曰：「生而惡者豈不知非，即穿窬亦知不可為穿窬，見忠孝未嘗不知稱歎也。何嘗不明，何嘗不清。教之不改者心亦難昧，刑威亦知懼也。指懼則何嘗不清，何嘗不明，經書義理或不能通曉，不知飲乎？不知食乎？不知父母兄弟之為親乎？知此則何嘗不清，何嘗不明，凡有不

〔註27〕周海門《東越證學錄》卷四《越中會語》，第26頁。

善，習而已矣，陷溺而已矣。故曰無氣質之性。」〔註28〕

在這段對話中，海門弟子與海門對氣的清濁進行了問難。海門弟子首先問人的氣質爲什麼有清濁不同。然而海門否定了弟子對人的氣質有清濁不同的設定，他認爲人的氣質個個清明，沒有不同。然後，海門弟子從經驗上對海門否認氣質的差異進行了駁難。海門弟子在這裡重點是從人的聰明愚笨上對海門進行駁難。從經驗上看，有生而爲惡的人，教育他不能有所改變，同時也有那些雖然不爲惡，但是教其經書義理也一字不能通曉。海門弟子言下之意是人有善惡之差異，海門可以以「習」或者「陷溺」來解釋，但是對於人先天上智力的差異，不是氣質稟賦有差異，又何來其他的原因。然而海門也是從經驗上進行了回答，在海門看來，人固然有生而爲惡者，但是也知道是非善惡，雖然爲惡，也知道不應該爲惡，見到忠孝之人也知道稱歎。爲惡之人即使屢教不改，然而內心對善惡的認知也不會埋沒。總而言之，即使是爲惡之人，內心的善仍然是清楚明白的，從這一點來看，海門以爲人的氣質是清明的。人爲惡，只是習而已，陷溺而已，因而氣質之性並不存在。海門對弟子的辯駁並不是很充分，海門弟子強調的重點在於人的學習能力，對於知識的理解能力先天有不同，也就是人在智力上有差異。而海門重點是強調人對善惡的認知，即使是爲惡之人，內心也是認爲不應該爲惡應該爲善，從而認定人的氣質都是清明的。海門並沒有從弟子提出的論點上加以有效地辯駁。只是我們從中可以看出海門是非常明確地否定氣質之性，而是從人自己的習性和陷溺來解釋人爲惡的原因。

四、總　結

勞思光先生在其《中國哲學史》中以爲王陽明的心學是宋明儒學發展的完成，是最逼近孔孟本旨的階段，是宋明儒學的高峰。他認爲宋明儒學經歷了三個發展階段〔註29〕，第一階段以周敦頤和張載爲代表，以「天」爲主要觀念，混有形而上學與宇宙論兩種成分；第二階段以二程和朱熹爲代表，淘汰宇宙論成分而保留形而上學成分。第三階段則以陸九淵、王陽明爲代表，所肯定者乃最高之「主體性」，爲心性論形態之哲學系統。勞氏以心性論及主

〔註28〕周海門《東越證學錄》卷四《越中會語》，第26～27頁。
〔註29〕參看勞思光《新編中國哲學史》第三卷上，廣西：廣西師範大學出版社2005年10月第1版，第39頁。

體性爲判斷的標準，以爲陽明是以「心」爲第一序的概念，陽明之學是主體性哲學的完成。

筆者以爲在陽明之學中，雖然陽明重視「心」而不重視「天」這個概念，但是我們仍然可以看出「天」這個概念在陽明心學中仍然具有超越於人之上的形而上實體的內涵，如王陽明所論：

> 先生（王陽明）曰：「性是心之體，天是性之原，盡心便是盡性。惟天下至誠爲能盡其性，知天地之化育。……」〔註30〕

從以上引文中我們可知王陽明仍然是以「天」爲人性所起的根源，天仍然是一超越於人之上的形而上的實體，並非如勞思光先生所說的陽明學只是以「心」爲核心的主體性哲學，只是在陽明心學中，「天」這個概念在陽明心學中已不再受到重視，「天」的意義在淡化，但是我們在陽明心學的資料中仍然可見「天」作爲形而上的實體的含義。

只是到海門時，海門對「天」這個概念非常重視，爲了突出人作爲主體的重要性，海門對傳統經典文本中「天」的含義進行了重新闡釋，使得「天」不再是化育萬物、超越於人之上的存在者，從而否定宋明儒學中許多哲學家以人性爲天授予的哲學觀點。海門以「天」爲固有、自然之意，從而認爲所謂天命之性的眞正內涵是人之性是本自固有，自然而有，自然而行。因而，人作爲一獨立主體的地位在海門哲學中得到極大的彰顯，人性不需要從形而上學的「天」那裡找到依據，人是自本自根，以其道德實踐活動實現人的自性。人的道德實踐的根源來自於人自身，而不是來自於天道，因而海門從根本上否定了天人合德的思想。

天人合德的思想在《周易》，特別是在解釋周易卦爻辭的《易傳》、《彖》、《象》、《文言》中集中體現，《中庸》也是天人合德思想的集中體現。海門否定了天作爲超越存在者的意義，也就否定了人天合德的思想命題，海門的思想是與《易傳》及《中庸》的思想顯然不同的。

在否定了天命之性的天賦內涵後，海門又否定了人有氣質之性，他認爲人的氣質都是清明的，並沒有清濁不同，人爲惡不是因爲氣質，只是人的習性不同，人心陷溺於外物。海門完全推翻了張載及程朱關於氣質之性的思想。

海門以「心」爲本，既否定天賦予人以人性，也否定人的氣質之性的存在，將人的善惡的本原皆歸於人的自心，強化了人自身在其哲學中的作用，

〔註30〕王陽明《王陽明全集》，上海：上海古籍出版社 1992 年 12 月第 1 版，第 5 頁。

同時也是在強化人在道德實踐中的自主性，因而，海門在對「天」這個概念作出新的闡釋後，其哲學使人作爲道德主體的地位得到了極大的提高，是陽明心學一系理論的新變化。

（作者單位：北京大學哲學系）

致　謝

　　寫作學術論文是一項十分艱苦的工作，從閱讀文獻、搜集資料、開始寫做到寫作完成經歷了十分漫長的一段時間。然而，在這個過程中，我卻學習到了很多。以前讀書總是漫不經心，所讀的東西很快就忘記了。然而，在閱讀文獻、收集資料的過程中，我需要將所閱讀文獻的重要內容按照不同的哲學問題分門別類，細細咀嚼思考，不僅更有利於完整瞭解思想家的思想，而且在反覆的咀嚼中，深入挖掘其思想內涵。寫作的過程是十分艱難的，沒有確鑿的資料論證便不能妄下判斷。故而，有時一個結論需要思索再三，廣泛尋找證據的支持。這樣，自己也漸漸形成了較為細緻而嚴謹的思考與寫作態度。

　　在論文的準備與寫作過程中，不僅對周海門本人的思想有了較為全面而深入的理解。同時，讓我感受頗深的是中國哲學的實踐性。周海門所屬的心學流派是道德實踐性很強的一個學術流派，要求實踐主體對生命的價值與方向有明確的宗旨，並以此為宗旨在日常生活中踏實踐履。中國哲學整個的傳統都非常注重對生命內在的研究與追問，並且重視生命個體的篤行。在閱讀思想家的文獻時，我所感受到的不是一種純粹的思想理論的表達，同時是一種真切的生命體驗的表達。對於我自己來說，論文的寫作不只是完成一項寫作任務。更重要的是通過閱讀與寫作直面思想家的內在精神世界和他所處時代的精神狀況，讓我對心學乃至中國哲學有了更深一層的內在體會，更有一種親切感，熟悉感，以至於愛之、樂之。

　　在這四年的學習過程中，要感謝我身邊的每一個朋友。其中，有一位在 2007 年突發心臟病英年早逝。雖然只是萍水相逢，但是他和我卻成為非常好

的朋友，他不僅在精神上支持我的學業，還堅持要在物質上資助我多買書、多讀書。他的離開曾經讓我十分悲痛，對他的感激與懷念深藏心底。

　　感謝我的論文指導教授魏老師，在博士四年的學習過程中，魏老師的課程讓我受益匪淺。在博士論文的寫作過程中，魏老師給予我充分的信任以及非常好的建議。此外，還要感謝所有給予我指導的師長：張學智老師、陳來老師、李中華老師、孫欽善老師等。感謝陳培榮在論文答辯過程中事務上的幫助。同時，還要感謝楊翼風師姐、敖英師姐、朱坤如師姐對我的關心與照顧；感謝侯博士和劉老師近五年對我的諄諄教誨。

　　最後，要感謝我的父母、叔叔、姐姐多年來對我的鼓勵與照顧。感謝我的未婚妻游明真盡心盡力的照顧我的身體，讓我在艱苦的寫作過程中保持充沛的精力。

　　博士畢業之後，期望自己能夠服務社會，以自己的微弱之力奉獻給國家、社會和我身邊的每一個人。